THE RESEARCH ON MANAGEMENT ACCOUNTING SYSTEM DESIGN OF COMMERCIAL BANK

张文武

现任中国工商银行党委委员、副行长。中国人民大学管理学博士，正高级会计师，全国首批特级管理会计师，北京国家会计学院战略咨询委员会委员。

1995~1998 年作为援藏干部支援西藏，2007~2020 年历任中国工商银行辽宁省分行副行长，工银安盛人寿保险有限公司执行董事、首席财务官，中国工商银行总行监事会办公室主任、财务会计部总经理。2020 年 5 月至今任中国工商银行党委委员、副行长，其间先后分管公司金融、信贷审批、金融科技、网络金融和运行管理等业务条线，具有较丰富的总分行、跨条线管理经验。

曾主持设计中国工商银行管理会计体系及上市后的会计信息披露相关工作，著有《商业银行管理会计核算体系研究与设计》和《商业银行分产品业绩核算体系研究与设计》两本专著，并在《中国金融》《银行家》《中国管理会计》《金融会计》《管理会计研究》等刊物上公开发表论文十余篇，具有较深厚的财务理论学术造诣。

THE RESEARCH ON
MANAGEMENT ACCOUNTING SYSTEM DESIGN OF
COMMERCIAL BANK

商业银行
管理会计核算体系研究与设计

（第2版）

张文武 ◎ 主编

中国财经出版传媒集团
经济科学出版社
Economic Science Press

图书在版编目（CIP）数据

商业银行管理会计核算体系研究与设计/张文武主编. --2版. --北京：经济科学出版社，2023.9
ISBN 978-7-5218-5198-4

Ⅰ.①商… Ⅱ.①张… Ⅲ.①商业银行-管理会计-研究 Ⅳ.①F830.42

中国国家版本馆CIP数据核字（2023）第185351号

责任编辑：孙丽丽 纪小小
责任校对：隗立娜
责任印制：范 艳

商业银行管理会计核算体系研究与设计（第2版）
张文武 主编
经济科学出版社出版、发行 新华书店经销
社址：北京市海淀区阜成路甲28号 邮编：100142
总编部电话：010-88191217 发行部电话：010-88191522
网址：www.esp.com.cn
电子邮箱：esp@esp.com.cn
天猫网店：经济科学出版社旗舰店
网址：http://jjkxcbs.tmall.com
北京季蜂印刷有限公司印装
710×1000 16开 20.5印张 315000字
2023年9月第1版 2023年9月第1次印刷
ISBN 978-7-5218-5198-4 定价：88.00元
（图书出现印装问题，本社负责调换。电话：010-88191545）

编委会名单

主　　编： 张文武

编写人员：（按姓氏笔画排序）

文晓艳　孙科伟　李欣悦　贾志刚

徐传德　栾　希　谌嘉席

再 版 序

党的二十大报告指出："高质量发展是全面建设社会主义现代化国家的首要任务。"① 企业的高质量发展将有效推进经济社会的高质量发展，管理会计作为企业价值创造的工具，在当前数字中国建设和对标世界一流财务管理体系的背景下，与新技术深度融合，必将迎来更加繁荣的春天。以高质量管理会计赋能企业高质量发展，助力推进中国式现代化，必将成为未来一个时期管理会计发展的新征程、新使命。

管理会计天生具有数据基因，数据的精细度和精准度决定了管理会计应用的广度和深度。通俗地讲，管理会计用数据语言说话，核算体系是管理会计的重要数据中枢，没有管理会计核算体系作支撑，将无法开展多维度的预算、考评、资源配置等工作，管理会计应用将成为无源之水、无本之木。从某种意义上讲，管理会计核算体系是对机构业绩的细化和细分，从更多维度、更细粒度去观测分析业务和业绩，如将机构损益表细化分拆到产品损益表，可从更细粒度分析每个产品的财务收支情况及盈利能力，为业务管理和经营决策提供有价值的数据支持，商业银行多年的实践充分证实了这一点。

基于核算体系在管理会计实践中的底座作用和重要性，本书重点介绍了以经济增加值（Economic Value Added，EVA）为核心的业绩核算体系，涉及商业银行产品、部门、客户、员工、机构和渠道六维度，包含三大收入和五项成本在内的全核算要素，完整计量和反映商业银行价值创造成果，为管理会计在赋能业务发展、辅助管理决策中提供重要数据支持。

① 《【理响中国】高质量发展是全面建设社会主义现代化国家的首要任务》，求是网，http：//www. qstheory. cn/2022 - 11/29/c_1129169701. htm，2022 年 11 月 29 日。

为保持本书的先进性和实操性，在修订过程中，对最新理论研究、政策制度、新技术融合和实证案例等进行了更新完善，确保相关内容与时俱进。与第一版相比，主要有四个方面的变化。

一是新政策。[①] 增加了《商业银行预期信用损失法实施管理办法》，对信用风险敞口进行阶段划分提出了更为具体、量化的要求，夯实预期信用损失法实施基础，规范实施过程；《商业银行金融资产风险分类办法》强调以债务人为中心的风险分类理念，将风险分类对象由贷款扩展至承担信用风险的全部金融资产，细化了重组贷款的定义；《商业银行资本管理办法》（征求意见稿）对信用风险、市场风险和操作风险资本的计量方式和标准均有新的要求；《全球系统重要性银行总损失吸收能力（TLAC）管理办法》和《关于全球系统重要性银行发行总损失吸收能力非资本债券有关事项的通知》，正式推出TLAC非资本债券工具，为我国TLAC实施明确路径。

二是新技术。科学技术是第一生产力，创新是第一动力，新技术在与数据要素的融合和加持下，充分发挥数据驱动和赋能作用，为管理会计在更多领域的深度应用提供了广阔空间。《商业银行管理会计核算体系研究与设计》（第2版）重点增加了以大数据、云计算、人工智能为代表的新技术在管理会计中的应用相关内容，例如：融合GPT[②] 和生成式人工智能（AI）技术，帮助商业银行更快捷、更准确生成所需的经营分析报告、业绩诊断报告，预测未来财务状况和业务发展趋势，洞察财务数据背后机构、产品、客户等多维交织的深层次关系和动因；应用流程自动化机器人（RPA）和光学字符识别技术（Optical Character Recognition，OCR），自动识别和抓取会计核算凭证、税票等信息，自动处理财务核算；应用移动互联、大数据平台等技术，通过手机、Pad等移动终端，实现经营指标和业务信息的准实时查询。

三是新方法。管理会计数字化趋势不可阻挡，数据中台作为底层数据管理和支持工具，将为管理会计数字化提供重要的数据供给和保障支持。

① 上述新政策将主要在“风险成本”和“资本成本”章节进行详细论述，此处仅简单介绍。

② 生成式预训练Transformer模型（Generative Pre－Trained Transformer），是一种基于互联网的、可用数据来训练的、文本生成的深度学习模型。

数字化必然催生大量数据，大量数据同时反哺数字化，数据作为基本生产要素对管理会计的价值创造将发挥重要的驱动作用。数据管理将全面保障企业级数据中台建设，以数据为资产，强化全业务链条、全生命周期管理，助力数据资产价值的发挥。应用数据中台技术，将有效推进商业银行业务数据化和数据业务化，实现共享、复用和创新的基本目标，为管理会计应用提供统一规划、统一设计、统一管控和安全可靠的数据支持。

四是新实践。财务共享平台依托先进的系统架构，不仅实现了财务开支管理信息在系统间紧密衔接、充分共享和约束控制，有效支撑了“从申请到采购，从采购到合同，从合同到报账，从报账到付款”的闭环管理流程，更重要的是将风险控制因子内嵌至共享服务的每一个环节，将财务制度及业务授权融入运行全流程，实现了财务规则在系统管理中的硬控制；客户案例中丰富了客户群业绩计量方法，增加分区域和分段客户业绩案例；业绩分成以客户资金在银行 GBC① 内部流动为例，在 GBC 主管部门联动中引入利益分享机制，提升协同效应，促进联动价值创造的最大化。

当前，在数字中国建设浪潮下，新一轮技术革命加速推进，必将推进管理会计的数字化和数字化应用。希望本书能给读者以启发和引导，通过持续深耕和涵养企业管理会计核算体系，建立以核算体系为基础平台的管理会计应用生态，在新技术的融合和驱动下，做强应用能力、做优核算体系、做大服务领域，为企业高质量发展做出新的贡献。

当然，本书是笔者的“一家之言”，书中难免存在内容纰漏、观点偏颇等不当之处，也恳请理论与实务界的专家学者们批评指正！

张文武

2023 年 9 月于北京

① G 为政府客户端，B 为企业客户端，C 为个人客户端。

序

管理会计与财务会计是现代会计管理的两大分支，近年来，管理会计在体系建设和基础应用方面取得了长足发展。2014年，财政部发布了《关于全面推进管理会计体系建设的指导意见》，之后陆续发布了系列应用指引，同时，管理会计建设纳入《会计改革与发展“十三五”规划纲要》，开启了中国特色管理会计元年。当前，管理会计已迎来重要发展机遇期，随着管理会计“政、产、学、研”全方位的推进，以及“业、财、税、技”一体化的融合，必将为新时代中国经济高质量转型发展提供动能，成为经济社会高效运行的重要抓手。

从管理会计体系看，大体可以区分为核算体系和应用体系两方面。而核算体系是应用的基础和前提，如果管理会计没有一套完整精确的核算体系，就难以为企业内部决策提供及时有用的信息，也就无法开展相应的预算、考评及资源配置等应用工作，从这个意义上讲，管理会计核算是管理会计应用的基石，没有核算体系作支撑，其应用将成为无源之水、无本之木。

当前，国内外学者关于管理会计理论、技术及应用的书籍、文章较多，而涉及管理会计核算体系有关的内容相对较少。十多年前，笔者曾就商业银行管理会计核算问题做过一些探索和研究，并在实践中落地见效。十多年过去了，当前我国商业银行的规模与效益、科技支撑能力、内外管理要求和内外部政策等都发生了深刻的转变。我们在实践中也不断与时俱进，同业在管理会计方面也取得了长足进展，商业银行对管理会计的内生需求不断提高。在这一背景下，实践中对管理会计核算的要求不是下降了，而是进一步提高了。

为与同业更好地交流核算体系建设问题，笔者和同事们结合自身的工作实践做了一些思考和研究，编写了《商业银行管理会计核算体系研究与设计》一书。本书结合我国商业银行的业务特点、组织体系，立足实务，较为全面地研究了商业银行以EVA为核心的多维度核算体系，对“多维一体”的核算要素、计量模型、数据源以及实证研究进行了比较系统的阐述，为商业银行管理会计核算体系建设提供了框架、范例和一些实践经验。

本书主要有以下几方面特点：一是核算要素及模型结合了当前新出台的政策和先进技术，保持了相关内容的时效性和实用性，如拨备成本引入《国际财务报告准则第9号——金融工具》（IFRS 9）的最新要求，内部资金转移价格采用贷款基础利率（LPR）机制。二是提出了无会计总账模式下营业网点业绩核算的方法。有总账的网点业绩核算相对简单，无总账模式需构建一套EVA核算模型，同时还需对具体核算要素定制模型、组织数据源。信息科技的快速发展，使得商业银行大规模提升数据处理能力成为可能。三是设计了基于管理会计总账的业绩分成方法。集中管理和分散营销已经成为多数现代企业的管理模式，“总对总”结算越来越普遍，本书设计了在管理会计总账框架内，实现一次分成、多维受益，“一揽子”解决多维度业绩分成和核算问题的方法。四是丰富了管理会计核算的维度，在机构、部门、产品、客户业绩核算相对完善的基础上，尝试构建了基于产品的渠道业绩和基于客户的员工业绩计量模型，以满足当前实际应用的需要。五是积极拥抱新科技，介绍了“大数据、人工智能、移动互联和云计算”（大智移云）等新技术在优化会计核算模式、智能数据分析以及“业财融合”等方面的应用。六是为读者分享基于大型商业银行管理会计核算体系建设的实践经验和启示。管理会计核算体系建设是名副其实的系统工程，需要高层一以贯之的支持，以及管理思路、组织推进、统筹协调、科技支持等方面的共同推进才能完成，本部分经验和启示可以为准备建设以及需完善管理会计核算体系的商业银行提供一定的参考。

本书是笔者和同事们多年理论探索和实践经验的最新总结，期待可以为各位同仁解决银行业管理会计核算体系建设问题提供有意义的借鉴。当然，商业银行管理会计目前正处于快速发展阶段，相关理论与实践也在不断变化，本书的一些内容或观点难免存在纰漏和不足之处，也恳请大家批评指正！

张文武

2020 年元旦于北京

目　　录

第一篇　研究基础

第二篇　核算要素

第三篇　核 算 维 度

第四篇　核算拓展

第五篇　技术支持

第六篇 结 语

第一篇

研 究 基 础

第一章　研究背景与理论基础

管理会计要发挥作用，核算是第一步。本章从核算以及建立核算体系的必要性出发，探讨了建立商业银行管理会计核算体系的意义，同时介绍了商业银行的一些实践发展情况，并系统阐述了该体系适用的理论基础。

第一节　研究背景

一、商业银行管理会计核算的必要性

根据“信息系统论”观点，会计本质上是一个以提供会计信息为主的信息系统，这些信息对经营管理起到重要决策作用。为了确保决策正确，通过会计核算得到的会计信息是否准确就成了关键。因此，会计核算是一项重要的基础性工作，它承担着提供准确会计信息的重任。

对企业而言，财务会计核算提供的会计信息通常受到一些准则、规则的约束，标准化较强，也更严格；而管理会计核算存在“自由发挥”的空间，没有统一的标准，可以“因企业而异、因管理而异”，这也使管理会计核算对企业精细化管理变得愈发重要。没有服务于内部的管理会计核算体系，企业内部的预算、考核、资源配置、薪酬激励等决策活动将难以开展，甚至无从下手。

以商业银行薪酬激励为例，根据相关激励理论，薪酬激励要以银行绩效评价为基础，通过管理会计对员工业绩的计量核算，就可以实现以绩效评价实施薪酬激励的目标。再如，随着利率市场化的持续深化，存、贷款利率已实现“随行就市”，中间业务的定价障碍也基本消除，商业银行需要对产品进行自主定价，建立产品定价机制就成为银行迫切需要解决的重要问题。银行可以通过管理会计的核算手段将费用成本、资金成本等银行

的核心经营要素按照产品进行核算，为产品定价提供依据，实现主动定价。此外，“以客户为中心”战略的落地实施需要客户业绩贡献的数据支撑，而管理会计的多维业绩核算方法和模型则能够满足对客户维度的贡献计量需求。

二、建立商业银行管理会计核算体系的必要性

从目前实践看，国内主要商业银行现在大都建立了自己的管理会计核算框架，但涉及的维度不尽相同。总的来看，目前有机构维、产品维、部门维、客户维、员工维等。近年来随着线上场景和服务的繁荣，渠道维也可以成为一个管理会计核算维度。但目前还缺少相关研究。

本书认为，管理会计核算涉及多个维度，不同维度展现的信息各不相同，而且维度之间并非割裂，而是存在一定关联。因此，需要建立一个完整的核算体系，才能更加全面、立体地了解企业经营情况，更好地支持企业经营决策，避免“盲人摸象”“以偏概全”等现象出现。此外，建立管理会计核算体系，可以丰富会计信息的内涵，更好地解决商业银行存在的上下级、部门、员工、产品之间的信息不对称问题。因此，构建管理会计核算体系成为商业银行管理的基础性工作。

三、主要商业银行的实践发展

（一）中国工商银行

中国工商银行（以下简称“工商银行”）在20世纪80年代就对责任会计、标准成本等问题进行了探索研究，但由于IT技术的制约，手工作业难以支撑庞大的数据需求和运行体系，这些做法并未在全系统持久推广。2000年前后，工商银行采取“全面成本管理”系列改革举措，包括资金集中管理、集中采购和精简机构等十多项工作，实现了成本管理的“三个转变”：费用控制向利润管理转变、事后管理向全过程管理转变、财务部门单独管理向全员管理转变。2001年，全面成本管理办公室以深圳分行为试点，重点针对机构、部门、产品及客户四个维度，探索建立起一体化的利润报告体系（简称“四分一体”），初步搭建起工商银行管理会计的核算框

架。2003年，投产分产品、分部门、分机构业绩价值管理系统（Performance Value Management System，PVMS），并于2005年完成全行范围的推广。[①] 之后，借助信息技术发展的成果，结合多维度进一步精细化管理的需要，工商银行对系统进行了技术整合，于2011年正式命名为MOVA并沿用至今。2019年，运用管理会计方法，创新研发了集团业绩分成系统。该系统以管理会计总账为载体，支持各机构间、各业务条线间逐级和跨级的实时业绩分成。系统仅调整管理会计账务体系，核心银行系统中的主机账务不发生改变，分成层级可延伸到网点。[②] 业绩分成结果与预算管理、考核评价、资源配置等财务工具无缝对接，形成一体化财务管理闭环。2020年，应用大数据、人工智能、知识图谱等新技术，研发基于业绩穿透的智能财务分析系统，借助管理会计差异分析工具，按照“财务→业务→客户”的分析链路，将业绩变化动因向业务和客户逐层穿透，自动找出业绩变化背后的业务发展和客户服务问题，智能生成“多维一体”的可视化分析报告（谷澍，2017；张文武，2018；贾志刚，2020）。

（二）中国农业银行

中国农业银行（以下简称“农行”）管理会计的建设和应用大致经历了四个发展阶段：

第一阶段：萌芽期（2003～2006年），主要任务是在农行财务管理系统（以下简称“FMIS系统”）下专门设立业绩价值管理系统模块（PVMIS），以产品为主，基于会计科目，尝试构建管理会计模型。

第二阶段：探索期（2006～2010年），PVMIS在提取FMIS财务成本数据的基础上，手工维护营业税金及附加和相关科目调整数据，按月生成业绩价值报表数据，并按期做好数据验证，为管理会计系统的建设做好前期探路。

---

① 该体系从产品、客户等多角度反映成本与收益：一是通过内部资金转移价格衡量资产业务的资金成本、负债业务的收益和资金营运的毛利；二是通过业务收入的划分界定不同业务单元的收入水平；三是通过计算期初、期末贷款预计损失概率的差异确认贷款产品风险成本；四是通过分部门成本计算界定各部门费用成本，并根据各部门成本动因选择合理的分摊基数向产品、客户及业务单元分摊，最终形成不同业务单元的投入产出业绩。

② 该分成方式与传统的实账分成不同。实账分成是基于核心银行系统的账务核算和资金汇划方式，工作量较大且操作风险较高。

第三阶段：成长期（2010～2014年），也称农行管理会计一期，本阶段主要开发管理会计系统，建设配套制度，开展产品、部门、机构（网点）维度的业绩价值报告，磨合管理会计规则，初步搭建管理会计体系整体框架。

第四阶段：成熟发展期（2014年至今），也称农行管理会计二期，本阶段主要是在一期经验积累的基础上，以客户为核心，从科目转向基于交易和账户数据的管理[①]，将业绩价值评价拓展至机构、产品、客户、员工（客户经理）等维度，及时对接上游系统，以数据集市为基础，构建以经济增加值（EVA）为核心指标的多维业绩计量模型，不断深入推进管理会计体系建设（郝玉斌等，2019）。

（三）中国民生银行

中国民生银行（以下简称“民生银行”）自2003年开始建设管理会计系统，整合管理信息，打破信息孤岛，2005年正式投入运行，为推进事业部改革、统一资金池管理和业务条线管理等提供了强有力的支持。2015年，为快速响应行内战略改革转型，提供适配板块条线、利润中心改革所需的精细化核算，民生银行上线了新管理会计系统。在数据层，梳理全行业务体系和系统流程，构建覆盖机构、条线、产品、客户、渠道、员工的六维度财务大数据平台，实现数据一致、源系统唯一。前端业务场景产生的所有单账户信息，经过财务大数据平台的加工后，在六个维度上都分别赋予了不同的属性值。同时，大数据平台也可为行内FTP系统、资产负债管理系统、资本管理系统、“风险调整的资本收益率”系统（RAROC）等内部管理系统提供源源不断的数据支持，为全行建立统一的数据资产管理体系奠定基础。在基础层，结合民生银行的经营管理特点，开发了包括协同销售、内部服务计价、成本分摊等在内的一系列基础模块，支持了营销管理过程中的利益补偿，建立了成本分摊机制，促进了客户深度

---

① 全维度数据生成主要分为两步。第一步以客户账户为基点，通过运用收入成本归集、分成、分摊等方法，生成以EVA为核心指标的账户级盈利数据。第二步在计算出客户账户盈利数据的基础上，再通过客户账户与产品和客户的直接对应关系，汇总生成产品和客户维度的业绩数据。其中，产品维度可根据产品部门对应关系生成部门和网点维度业绩报告，客户维度可衍生出客户及客户经理等维度业绩报告。

开发和营销定价。而基于这一系列基础模块所实现的多维盈利分析，实现了民生银行价值核算“一本账”，完成了业务数字化的全流程落地（李文等，2020）。

（四）中国邮政储蓄银行

与国内银行业同业2000年左右开始建立管理会计体系相比，中国邮政储蓄银行（以下简称“邮储银行”）管理会计体系建设相对比较晚。2016年系统上线，主要功能是促进成本精细化建设，管理会计系统数据质量不断提高，应用范围不断扩大，但是还存在着很多不足之处：管理会计系统功能比较单一，管理会计系统功能基本是成本费用精细化管理，管理会计系统功能运用片面薄弱，管理会计系统向业务系统传送数据不合理、不准确等（许秀芬，2021）。

不难看出，上述银行的管理会计发展都经历了较长时间，尤其是核算体系的建立。这是一项系统工程，而且处于前端，如果不能攻克这一难题，预算、考核等后续应用工作也就无法展开。如今，随着银行经营管理的精细化程度进一步增强和信息技术不断进步，管理会计核算体系的内容更为丰富，核算工作量更大，与技术的衔接更加紧密，对技术的需求更为迫切，因此有必要对其做更为深入的研究和设计。

第二节　理论基础

一、责任会计理论

管理会计的核心是责任会计，它主要为控制银行内部各层级、各单位的经营活动朝着预定目标和任务卓有成效地运行提供有用的信息。就管理会计核算的角度而言，责任会计相关理论包括以下内容：

（1）合理划分责任中心，明确规定权责范围。实施责任会计，首先要按照明确分工、责任易辨、成绩便于考核的原则，合理划分责任中心。只有确定责任中心，才能明确划分职责，做到分工协作、职责分明。其次必须依据各个责任中心生产经营的具体特点，明确规定其权责范围，使其能在权责范围内，独立自主地履行职责。

（2）合理制定内部转移价格。为分清各经济中心的责任，便于评价各责任中心的工作成果，各责任中心之间相互提供产品和劳务，应根据各自经营活动的特点，合理制定内部转移价格，并据以计价结算。所制定的内部转移价格，必须既有助于调动各个方面生产经营的主动性、积极性，又有助于实现局部和整体目标的一致。

（3）建立健全严密的记录、报告系统。要建立一套完整的日常记录、计算和考核有关责任预算执行情况的信息系统，以便为计量和考核各责任中心的实际经营业绩提供可靠依据。一个良好的报告系统，应当具有相关性、适时性和准确性等特征，报告的内容能够适应各级主管人员的不同需要，只列示其可控范围内的有关信息；报告的时间要适合报告使用者的需要；报告的信息要具有足够的准确性，保证评价和考核的正确合理性。

（4）定期编制业绩报告。通过编制业绩报告，对各个责任中心的工作成果进行全面的分析、评价，并按成果的好坏进行奖惩，以促进各个责任中心相互协调并卓有成效地开展有关活动，共同为最大限度地提高银行经营的总体效益而努力。

本书在研究设计管理会计核算体系过程中，成本分摊、内部资金转移价格和业绩分成等要素，以及机构、部门、客户等维度的内容均借鉴了责任会计相关理论。

二、系统管理理论

系统管理理论的主要观点是：

（1）组织是由五个不同的分系统构成的整体，这五个分系统分别是目标与价值分系统、技术分系统、社会心理分系统、组织结构分系统和管理分系统。分系统之间既相互独立，又相互作用、不可分割，从而构成一个整体。

（2）企业是由人、物资、机器和其他资源在一定目标下组成的一体化系统，它的成长和发展同时受到这些组成要素的影响，在这些要素的相互关系中，人是主体，其他要素则是被动的。管理人员需力求保持各部分之间的动态平衡、相对稳定以及一定的连续性，以便适应情况的变化，达到预期目标。同时，企业还是社会这个大系统中的一个子系统，企业预定目标的实现，不仅取决于内部条件，还取决于企业外部条件，如资源、市场、社会技术水平、法律制度等，它只有在与外部条件的相互影响中才能达到动态平衡。

（3）如果运用系统观点来考察管理的基本职能，可以把企业看成是一个投入—产出系统，投入的是资金、物资、人力和数据信息等资源，产出的是各种商品或服务。以系统的观点来考察和管理企业，有助于提高企业的整体效率。企业管理人员具备系统观点，就更易于平衡企业中部门个体与企业整体的关系，使得企业的管理人员不至于因为局部职能和利益而忽略了企业的总目标。

在我国商业银行管理会计核算体系研究与设计中，既要考虑商业银行面临的外部竞争压力和自身经营压力，也要兼顾我国商业银行管理现状。[①]在管理会计核算体系中，由于不同要素和维度的管理基础不同，也需要以系统、辩证的思维整体建设和推进。本书在管理会计核算体系的整体框架设计，分要素、分维度核算中都引入了系统管理理论，以求形成完整的管理会计核算体系。

三、价值链理论

价值链[②]（value chain）是研究竞争优势的有效工具，其理论方法是将企业的业务流程描绘成一个价值增值和价值创造的链式结构，研究如何通过计划、协调、组织和控制各个环节的工作，使各环节在相互联系的基础上同时具有处理物流、资金流和信息流的自我组织能力（夏颖，2006）。该理论认为要把企业经营活动视为一个整体，企业之间的竞争本质是整体价值链之间的竞争，而不仅仅是某个价值活动的竞争。

银行价值增值活动一般划分为两种，一个是基本活动，另一个是辅助活动。其中，基本活动包含银行运营业务、市场营销等内容，而辅助活动则包含银行基础设施建设、人力资源管理等。在基础活动和辅助活动的配

① 例如研究内部资金转移价格时，不仅要考虑银行内部收支的影响，还要考虑外部利率市场化迅速推进的现状；在费用成本核算中，不仅要考虑国外先进银行以及生产企业费用成本的发展，还要兼顾我国商业银行费用成本核算基础较为薄弱的现实。

② 价值链概念最早由波特于 1985 年在其所著的《竞争优势》一书中提出。

合下，形成了银行价值链。在价值链活动中，各个环节都需消耗一定资源，同时，并非每一个环节都可以直接创造价值，在实际过程中，部分特性价值活动可以创造价值，这些也是真正可创造价值的经济活动（李府员，2019）。通过把价值链应用在银行管理会计活动中，引导银行关注价值链中各个环节的价值和成本，帮助其实现价值创造。

为了计量链上各环节的价值，管理会计核算就显得十分重要，尤其是建立以 EVA 为核心的业绩核算体系。为了得到最终的价值结果 EVA，需要对很多经营环节进行会计核算，如资金运营活动形成的资金收支结果、风险经营的结果、业务运营的投入等，这恰好也是管理会计核算的要素。

第二章　商业银行管理会计核算体系概述

商业银行管理会计核算体系是以EVA为核心，由全要素按多维度搭建的一个综合业绩体系。纵向来看，全要素包括利息收入、利息支出、中间业务收入、投资收益、内部资金转移价格、费用成本、风险成本、税金成本等；横向来看，多维度包括产品、部门、客户、员工、渠道和机构等。每个维度通过要素的组合，得到该维度的业绩（EVA）。

第一节　多维业绩核算体系概述

一、以EVA为核心的业绩核算体系

当前商业银行计量经营业绩的指标较多，有拨备前利润、拨备后利润、净利润以及EVA等指标。构建管理会计多维业绩核算体系，选择核心业绩计量指标非常关键，要能够反映银行经营过程中的全部成本和收入，既包括显性成本也包括隐性成本，还要满足多维业绩计量的需要，更要适合商业银行战略规划、资本配置、经营预算、业绩考核等管理。

EVA是税后利润扣除资本成本后的剩余收入，它可以客观、真实评价企业经营业绩。20世纪90年代以来，价值管理逐渐在企业业绩评价中得到了广泛的认可。与传统的会计利润评价相比，EVA考虑了机会成本，有利于改善资本的配置效果，一笔经营业务若按传统的会计利润计算方法可能在账面上是盈利的，但若用EVA来计算，考虑风险因素和资本成本后有可能是亏损的。

因此，EVA绩效评价模式有利于银行的经营由注重规模向追求价值增值转变，有助于提高银行的竞争力。EVA既是一种业绩度量指标，也是重

要的绩效考核指标，可作为考核机构、部门、员工等维度的重要效益类指标，便于将价值创造的管理理念向多维度传导。

二、EVA核算模型及要素

从管理会计核算角度讲，EVA核算要素主要包括“四项收入、六项成本”，四项收入分别是利息收入、内部资金转移收入、中间业务收入和投资收益；六项成本分别是资金成本、内部资金计价成本、风险成本、费用成本、税金成本以及资本成本。其中，内部资金转移收入和内部资金计价成本以及资本成本属于管理会计业绩计量的范畴，财务会计一般不进行核算，需通过管理会计方法进行计量与核算，具体如图2－1所示。

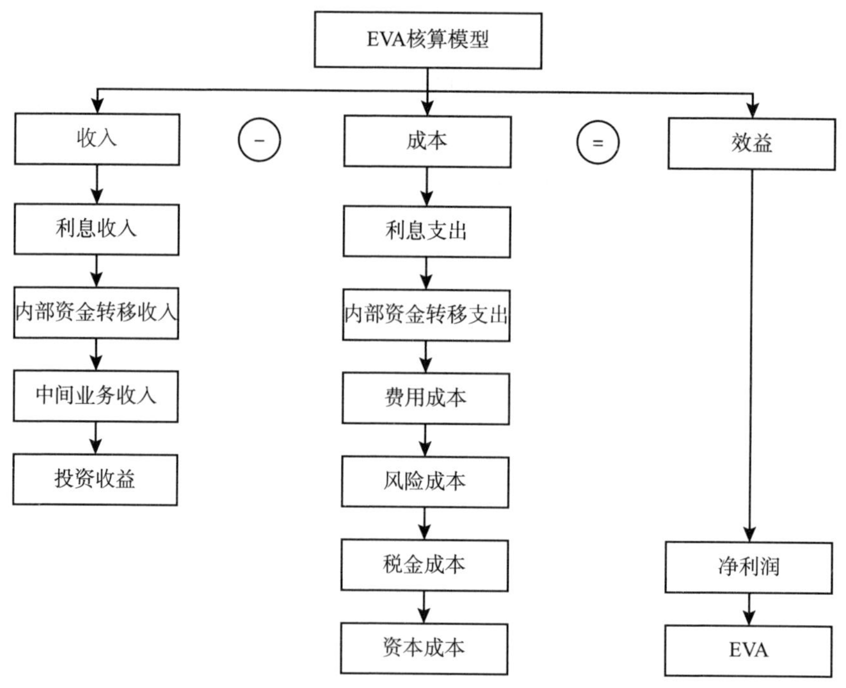

图2－1　EVA核算模型框架

第二节　多维业绩核算模型

一、产品维

从产品资产负债属性划分，商业银行产品可分为三大类，即负债类产品、资产类产品和中收类产品（见图2－2）。

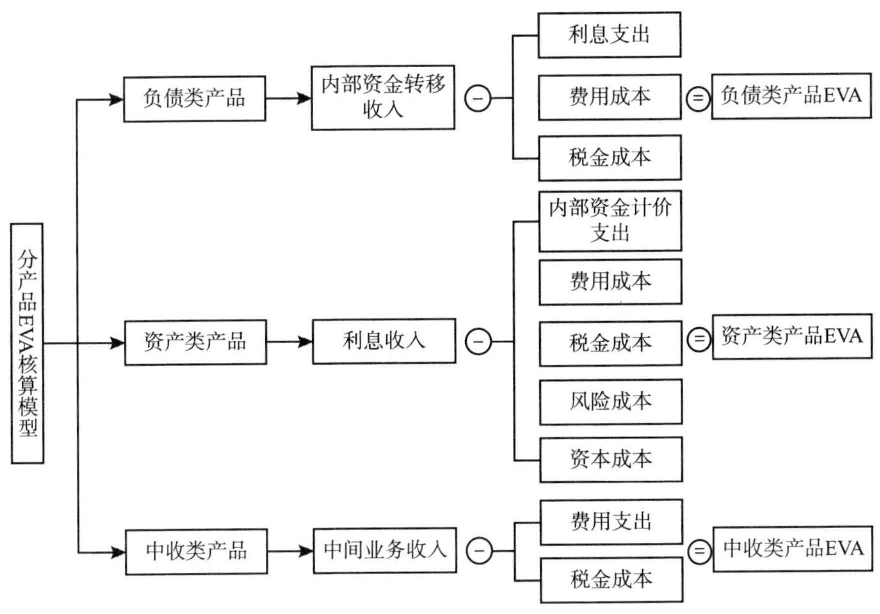

图2－2　分产品EVA核算模型

（1）负债类产品EVA＝负债产品日均余额×（负债资金对应期限转移价格－外部付息成本率）－应分摊的费用成本－税金成本

其中，负债资金对应期限转移价格是该产品的内部收益率，一定意义上可以理解为资金来源机构卖给资金应用机构的资金价格，资金价格的高低与负债产品的期限相匹配。

产品外部付息成本是资金成本，也代表银行支付给客户的利息等。

应分摊的费用成本指应由本产品承担的营业费用，包括产品的人力费用、研发设计费用、营销费用以及应由本产品分摊的管理费用等。多数产品费用成本不能直接从财务会计科目中获取，一般通过管理会计的成本核算模块获取，该模块通过对责任中心的成本归集、还原及分摊等环节，可以核算产品应承担的营业费用。

税金成本包括增值税附加和所得税成本，管理会计一般按指定的所得税税率模拟计算产品的所得税成本，如所得税税率设定为25%，产品所得税成本＝负债产品净利润×25%。

（2）资产类产品EVA＝资产产品日均余额×（外部收益率－资产类资金对应期限转移价格）－应分摊的费用成本－风险成本－税金成本－资本成本

其中，资产类资金对应期限转移价格即资金类产品的内部资金成本，代表了资金应用机构向资金提供机构的买入价格，该价格的高低与该项资产的期限相匹配。

外部收益率是该项资产的外部收入价格，即银行向客户收取利息收入的价格。

费用成本指该项产品应承担的费用。资产类产品费用的核算同负债类产品，由成本核算模块提供。

税金成本包括两部分内容：增值税附加和所得税，这两者均可根据系统预设的税率模拟计算。

税金成本＝资产类产品利息收入×增值税附加税率
＋资产类产品净利润×所得税税率

风险成本指该项产品计提的资产减值损失，包括信贷资产风险减值损失和非信贷风险资产减值损失。新金融工具会计准则实施后，该部分成本按预期信用损失法计提减值损失，计提公式为：

信贷资产减值准备＝该项资产违约概率（PD）×违约损失率（LGD）
×风险暴露水平（EAD）

该项成本主要通过信贷风险管理系统逐债项进行计算，并将结果指向具体产品。

资本成本可理解为该项资产所占用资本的机会成本。资本成本的计算公式为：

资本成本＝该项资产占用的经济资本×资本成本率

（3）中收类产品 EVA = 中收类产品收入 - 营业费用 - 税金成本

中收类产品的 EVA 核算相对简单，其营业费用包括两个部分，一是中收类产品的手续费支出，该支出一般可以直接指向具体产品，无具体指向的手续费支出需通过成本分摊模块还原到产品；二是营业费用，同其他产品的费用成本一样，中收类产品也需要承担相应的营业费用，该费用通过成本分摊模型获取。税金成本也分为两部分，一是增值税附加，二是所得税，两项税金成本均可通过系统预设的相关税率模拟计算。

二、部门维

（一）部门产品业绩

（1）部门与产品对照。部门业绩从计量的角度讲，就是部门所属产品业绩的汇总，要计量部门业绩，必须先明确部门与部门管理产品的对照关系，按照此对照关系，自下而上汇总部门产品业绩（见表 2 - 1）。

表 2 - 1　　某商业银行部门产品对照

产品代码	产品名称	部门名称	分享比例
11001	个人住房贷款	个人金融业务部	1
11002	个人消费贷款	个人金融业务部	1
21001	活期储蓄	个人金融业务部	1
21002	定期储蓄	个人金融业务部	1
24001	个人保证金存款	个人金融业务部	1
25002	机构托管存款	个人金融业务部	0.2
25004	个人结构性存款	个人金融业务部	1
25006	个人保本理财资金	个人金融业务部	1
51001	个人结算	个人金融业务部	1
51002	个人账户管理	个人金融业务部	1
52001	代理个人业务	个人金融业务部	0.79
54001	个人信息服务	个人金融业务部	1
54002	个人委托贷款	个人金融业务部	1
54003	个人贷款服务业务	个人金融业务部	1
54004	私人银行顾问咨询服务	个人金融业务部	0.3

（2）部门业绩核算。部门业绩是部门所属产品业绩的汇总。其计算公式为：

$$部门EVA汇总业绩 = \sum 部门所对照的各产品EVA \times 本部门分享比例$$
$$= \sum 机构本级所属产品EVA \times 本部门分享比例$$
$$+ \sum 辖属机构对应产品EVA \times 本部门分享比例$$

其中，机构本级所属产品 EVA = 本级利润中心（包括本部门产品的利润中心）产品业绩 + 本部门产品业绩。如机构本级未设置利润中心，则没有这部分业绩；本部门产品业绩指机构本部产品的业绩，如机构本级为管理机构或非对外营业网点，则本部门产品业绩主要是本部门产品应承担的费用成本。辖属机构对应产品 EVA 业绩可直接汇总下级机构对应产品的 EVA。

由于各种原因，可能存在一个产品由多个部门业绩共享的情况，在核算时要设置产品业绩分享系数，对应一个产品在多个部门间业绩共享，原则上分享系数合计应等于 1，以确保产品业绩合计与机构业绩保持一致（见图 2－3）。

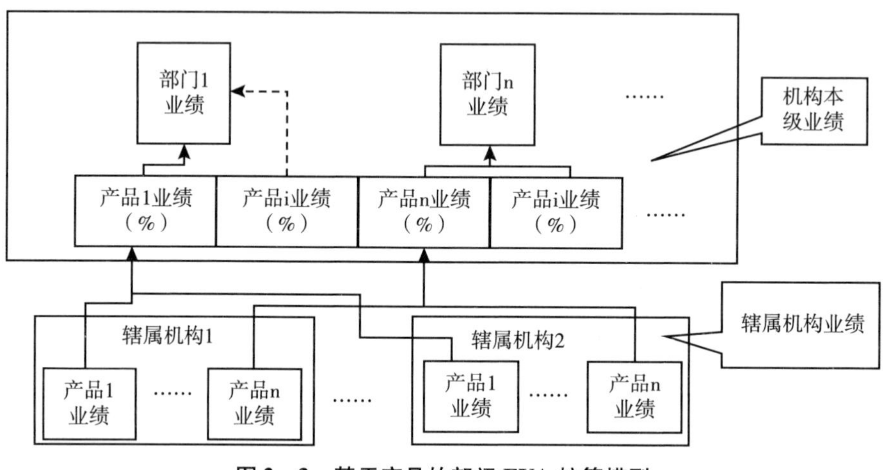

图 2－3　基于产品的部门 EVA 核算模型

（二）部门客户业绩

部门业绩除按产品汇总外，还可以按客户业绩进行汇总。这两类汇总的数据可能存在不一致，主要原因是客户可能持有其他部门的产品。基于客户的分部门 EVA 核算模型如图 2－4 所示。计算公式为：

$$部门\ EVA = \sum 部门所属客户\ EVA$$

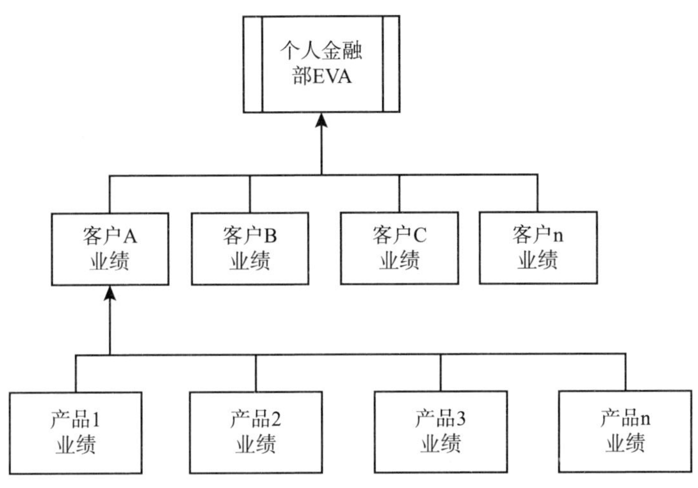

图 2－4　基于客户的分部门 EVA 核算模型

三、客户维

（1）客户业绩分类。客户业绩可分为资产类业务、负债类业务、中间业务类。

（2）客户业绩与客户账户。客户与银行的往来主要是通过在银行开立的账户进行体现和反映的，客户支付给银行的贷款利息收入是通过账户支付的，同理，客户收到银行存款的利息也是反映在客户的账户上。除特殊业务外，客户业绩的核算是通过统计客户账户业绩的方式完成的。

（3）客户业绩核算方法。客户业绩核算首先要统计客户账户下所持有产品的业绩，然后根据客户与客户账户的对照关系，对各账户业绩进行汇总，如图 2－5 所示。计算公式为：

$$客户\ EVA = \sum 客户各账户产品\ EVA$$

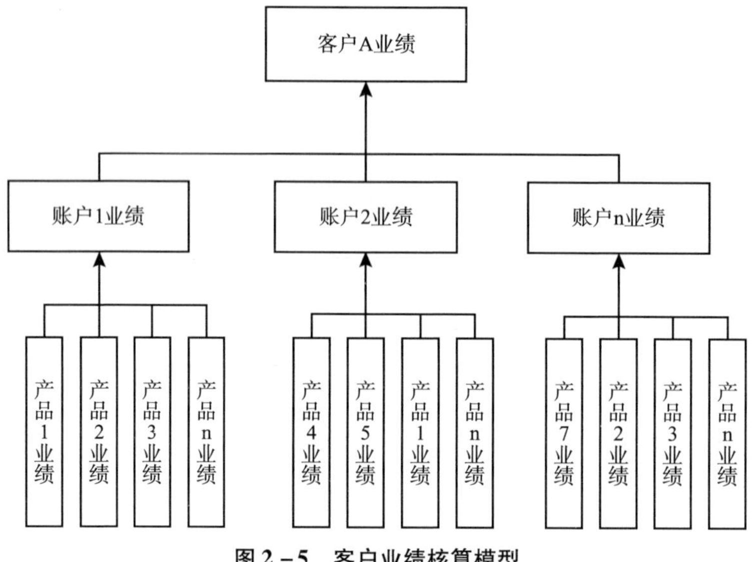

图2－5　客户业绩核算模型

（4）客户产品业绩核算（见图2－6）。

①资产、负债及投资收益类业绩的核算。这部分以资产、负债业务为主的业绩可基于客户账户产品业绩进行统计。

②中间业务收入。基于客户账户扣收的中间业务可以直接从账户交易明细获取，对于非账户类扣收中间业务收入，如客户购买的基金、理财、保险等收入，需要用按照业务量和费率计算收入的方法，将相关收入核算到客户。

③费用成本。客户费用成本分为两部分，一是直接费用，这类费用是费用成本可以直接明确地指向客户的费用，这类成本通过成本核算模块直接核算到具体客户，如积分奖励费用、银行卡产品支付的手续费支出等；二是间接费用，根据业务动因，将间接费用分摊到具体客户。

④风险成本和资本成本。风险成本和资本成本主要来自客户的资产类业务，可根据客户持有的不同资产类产品的风险成本和资本成本进行汇总统计。

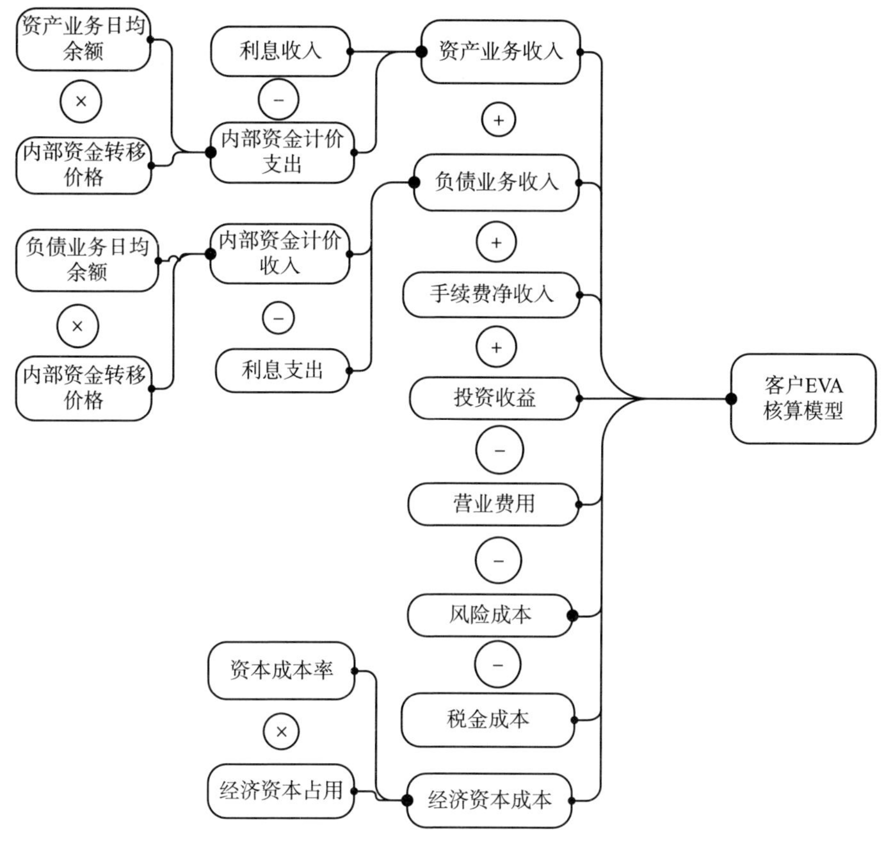

图2－6　分客户EVA核算模型

四、员工维

员工主要指客户经理，包括个人和对公两类。员工EVA核算模式可分为两种，一是管户客户模式，二是营销业绩模式。

管户客户模式指通过客户经理与管户客户的对照关系，统计汇总客户经理管户客户的EVA，核算的基础数据是客户业绩，通过客户与员工的映射关系汇总而成。

营销业绩模式指通过认领业绩的方式核算员工营销业绩，包括员工营销的存款产品、贷款产品以及中收类产品，通过不同类产品的转换系数，将营销业绩转换为产品EVA，汇总各类产品EVA形成员工业绩。

（1）管户客户模式。核算方法是汇总员工所维护客户的EVA，计算公式为：

$$员工\ EVA = \sum 管户客户\ EVA$$

其中，客户EVA数据来自客户维EVA。

员工EVA核算的关键是确定员工与客户的管户关系。一般而言，个人客户与员工基本保持一对一关系，对公客户存在多对一情况，即多个员工对应一个客户，对于多对一的管户情况，应设置客户贡献在员工间的分享比例，原则上分享比例之和不得大于1（见表2－2）。

表2－2　　　　员工与客户对照

员工	员工编码	管户客户	客户编码	分享比例
张三	501001	客户A	12001	1
		客户B	12002	1
		客户C	12003	1
		客户D	12004	0.7
		……	……	1
		客户N	12006	1
李四	501002	客户E	12007	1
		客户F	12008	1
		客户D	12004	0.3
		……	……	1
		客户X	12011	1

汇总客户EVA。根据上一步员工与客户的对接关系以及分享比例，汇总分管客户的EVA，形成员工EVA（见图2－7）。

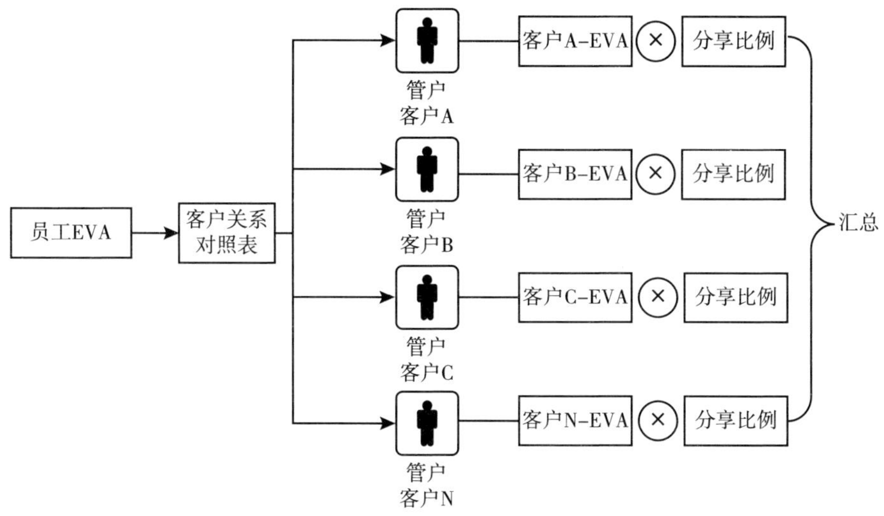

图2-7 员工EVA核算模型（一）

（2）营销业绩模式。先统计员工的营销业绩，再根据EVA转换系数，形成员工EVA业绩。计算公式为：

员工EVA = ∑（资产类产品营销业绩×资产类产品EVA转换系数）

+ ∑（负债类产品营销业绩×负债类产品EVA转换系数）

+ ∑（中收类产品营销业绩×中收类产品EVA转换系数）

其中，营销业绩指通过产品营销系统获取的产品营销业绩，如吸收的各类存款、投放的各类贷款以及营销的基金、理财、保险等产品。

EVA转换系数分为三种：资产类、负债类及中收类，营销业绩相当于“量”，转换系数相当于“价”，通过量×价模拟计算产品EVA，不同类产品的EVA转换系数不同。

资产类产品EVA转换系数＝资产类产品EVA÷资产类产品日均余额

负债类产品EVA转换系数＝负债类产品EVA÷负债类产品日均余额

中收类产品EVA转换系数＝中收类产品EVA÷中收类产品销售额日均

上述产品EVA贡献及规模类数据可从产品EVA模块获取（见图2-8）。

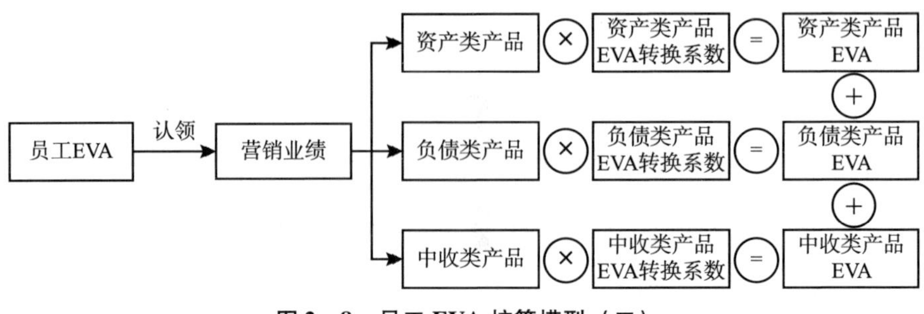

图2－8　员工EVA核算模型（二）

五、渠道维

分渠道EVA核算的基本逻辑是根据各渠道产品业务量（规模）占比将产品EVA分摊到各个渠道。当前，商业银行基本构建了比较完整成熟的产品、部门、客户业绩核算体系，渠道业绩的成熟案例不多，但各渠道销售量（规模）的计量相对完整，可通过分渠道业务量将产品EVA向各渠道分摊的方法，核算渠道EVA。计算公式如下：

$$
\begin{aligned}
\text{渠道 EVA} = & \sum\{(\text{产品 a 某渠道业务量} \div \text{产品 a 各渠道业务量}) \\
& \times[\text{产品 aEVA(不含费用)}] - \text{产品 a 某渠道费用}\} + \cdots \\
& + \sum\{(\text{产品 n 某渠道业务量} \div \text{产品 n 各渠道业务量}) \\
& \times[\text{产品 nEVA(不含费用)}] - \text{产品 n 某渠道费用}\}
\end{aligned}
$$

由于产品在不同渠道的费用成本不一样，所以不能直接将产品EVA在各渠道间进行分摊，可以先将产品的费用前EVA（不含费用成本的EVA）在各渠道间进行分摊，再将分摊后的结果减去产品分渠道费用，以此得到该渠道EVA，产品渠道费用可在费用分摊模块获取（见图2－9）。

（1）确定渠道分类。根据实际情况，明确当前渠道分类，从大类上可分为物理渠道和虚拟渠道，物理渠道包括网点（柜台、智能机具）、远程渠道等；虚拟渠道包括手机银行、网上银行、信用卡App等行内平台和微信小程序、第三方代理平台等行外平台。

（2）设定产品与渠道对照关系。在渠道分类的基础上，需建立产品与渠道的对照关系，即某一产品与其对应的渠道，一个产品可以对应一个渠道，也可以对应多个渠道，需根据实际情况确定。存款类产品基本实现多

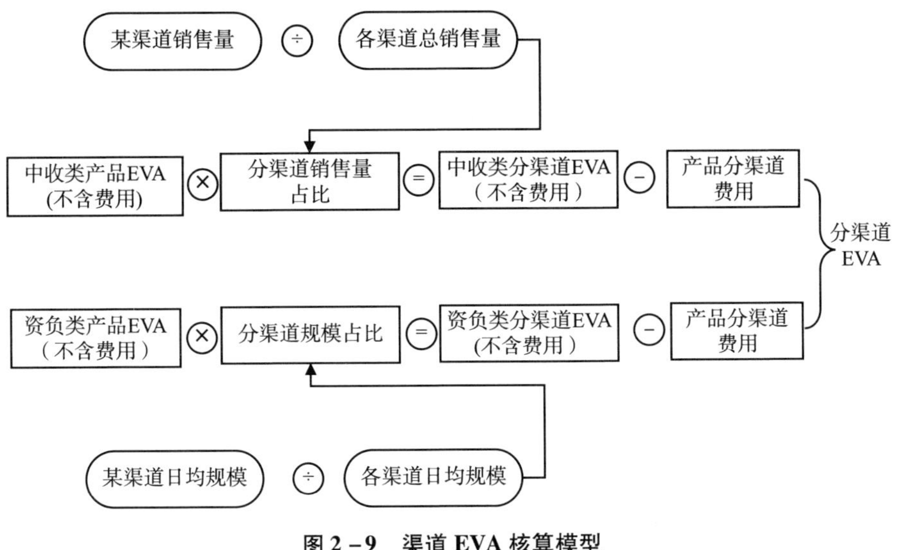

图 2-9 渠道 EVA 核算模型

渠道分布；贷款类产品大部分为单渠道（物理渠道）分布，部分产品也已实现多渠道扩展（手机银行）；中间业务产品由单渠道（物理渠道）向多渠道（物理渠道和虚拟渠道）拓展。

（3）统计各渠道业务量及业务量占比。在产品与渠道对照关系基础上，通过业务系统获取各渠道产品业务量（规模），并计算各渠道业务量占比。

（4）计算渠道 EVA。从产品维获取 EVA（不含费用），即产品 EVA + 产品营业费用，再根据各渠道业务量占比，将费用前产品 EVA 分摊到各渠道，根据成本分摊模块中产品的分渠道成本，计算产品 EVA。

六、机构维

机构 EVA 核算有两种模式，一是有总账模式，二是无总账模式。[①] 有总账模式指核算机构有会计总账，可以通过总账损益科目加工损益表，并据此计算机构 EVA；无总账模式的 EVA 计算相对复杂，需要构建 EVA 核

① 从商业银行会计核算的实际情况看，总行、分行、支行等机构均设有会计总账，基于核心银行系统效率及风险防控等考虑，部分商业银行未在网点层级设置总账。

算模型，且在数据源方面，需要从不同的业务系统获取数据并进行加工处理。

（1）有总账模式。该模式下根据EVA计算公式，除资本成本外，其他指标均可直接取总账科目数据。机构EVA计算公式为：

$$\text{EVA}=\text{净利润}-\text{资本成本}$$

其中，净利润可从机构损益表获取，资本成本 = 经济资本 × 最低资本回报（也叫“资本成本率”，详见本书第六章）。

（2）无总账模式。该模式下的两个基本任务是构建核算模型和组织数据源。

①构建核算模型。需要将营业网点的业务进行分类，针对不同业务类别确定相应的核算模型。如将网点业务分为三个类别，分别是资产业务、负债业务以及非利息收入。网点EVA的计算公式如下：

$$\begin{aligned}\text{网点 EVA}&=\text{营业净收入}-\text{非利息成本}\\&=(\text{资产业务利差}+\text{负债业务利差}+\text{非利息净收入})\\&\quad-(\text{费用成本}+\text{税金成本}+\text{风险成本}+\text{资本成本})\end{aligned}$$

其中，资产业务利差 = 资产业务收入 - 资产业务内部资金转移支出，资产业务内部转移支出 = 资产业务日均余额 × 相应期限内部资金转移价格；

负债业务利差 = 内部资金转移计价收入 - 负债业务利息支出，内部资金转移计价收入 = 负债业务日均余额 × 相应期限内部资金集中收入价格。

风险成本按照预期信用损失法计算资产减值损失，按照内评法逐笔计算贷款减值准备，计算公式为：

$$\text{风险成本}=\text{PD}(\text{违约概率})\times\text{LGD}(\text{违约损失率})\times\text{EAD}(\text{风险敞口})$$

经济资本均需区分信用风险、操作风险及市场风险分别计算经济资本占用额。

税金成本包括增值税附加和所得税，可根据预设的统一的参数模拟计算税金成本。

网点经济增加值计算逻辑如图2-10所示。

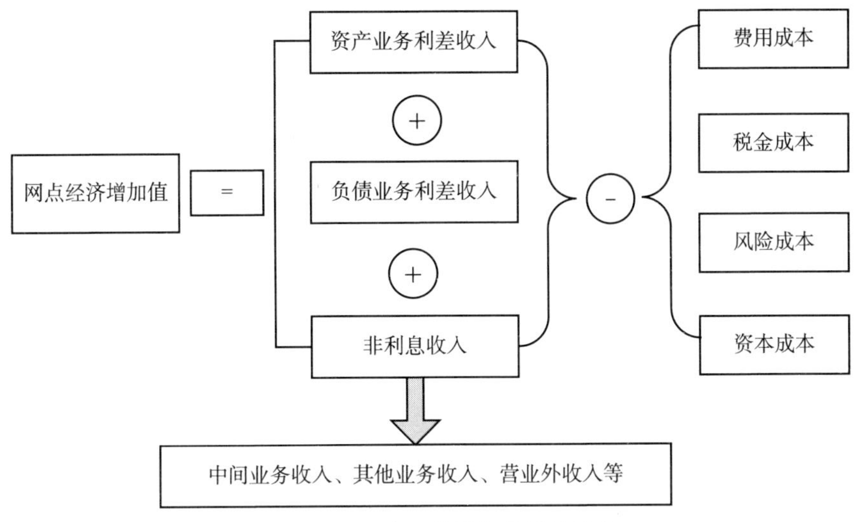

图 2－10 网点经济增加值计算逻辑

②组织数据源。由于没有网点维会计总账，上述模型中所有指标均需要从不同的数据源获取。除核心银行系统外，部分数据需应用管理会计模块获取，如网点成本数据、内部资金计价数据等。

七、多维业绩核算体系的内在联系

六个维度的业绩除员工外，总体而言，各维度业绩关系表现为“多维一体”。理论上，产品业绩 = 部门业绩 = 客户业绩 = 渠道业绩 = 机构业绩；在 EVA 核算逻辑方面，各维度核算方法统一，均通过四项收入和六项成本计量各维度 EVA；从各维度业绩计量的方法来看，分产品 EVA 核算模型是多维度核算体系的基础，基于分产品业绩，应用部门和产品对照关系，可以生成部门业绩，客户业绩虽以客户账户为基础汇总，但账户业绩的核心也是产品业绩，渠道业绩也是产品业绩按一定动因向渠道分摊的结果；从实务角度看，各维度要素数据源统一，指标口径相同，保证了各维度 EVA 计量结果的一致。

第三节 研究内容

根据以上论述，本书定义的管理会计核算体系是一个全要素、多维度的综合体系。纵向来看，全要素包括内部资金转移价格、费用成本、风险成本、税金成本等；横向来看，多维度包括产品、部门、客户、员工、渠道和机构等。每个维度通过要素的组合，得到该维度的业绩（EVA）。本书分别从纵向（要素）和横向（维度）介绍管理会计核算体系。

需要说明的是，管理会计的税金成本核算与财务会计核算的原理和方法类似，税金成本包括增值税附加和所得税两部分，均遵循我国税法要求，因此不对税金成本进行专门论述。①

由于商业银行业务日趋复杂，有些需要各机构、部门和人员的通力配合，为了调动各方积极性，需要对核算好的维度业绩进行分配。因此，本书还介绍了业绩分成的内容。同时，财务共享不断标准化和智能化的过程，从根本上解决了数据口径不统一、管理视角单一等问题，为管理会计的多维度核算，提供了更为标准、完善、精准的信息来源和数据基础。本书也对其进行了专门论述。此外，管理会计核算体系的建立，离不开信息技术的支持，本书也专门对近年来应用较多的技术（云计算、人工智能、数据中台等）进行了介绍。

全书研究框架见图2－11。

---

① 增值税附加是按照增值税税额的一定比例征收的税，主要有城建税、教育附加和地方教育附加。其中，城建税＝增值税×7%，教育费附加＝增值税×3%，地方教育附加＝增值税×2%。因此，增值税附加税＝应税收入×增值税率×附加税率＝应税收入×增值税率×（7%＋3%＋2%）＝应税收入×增值税率×12%。所得税是对生产经营所得征收的税种，所得税＝应纳税所得额×税率。

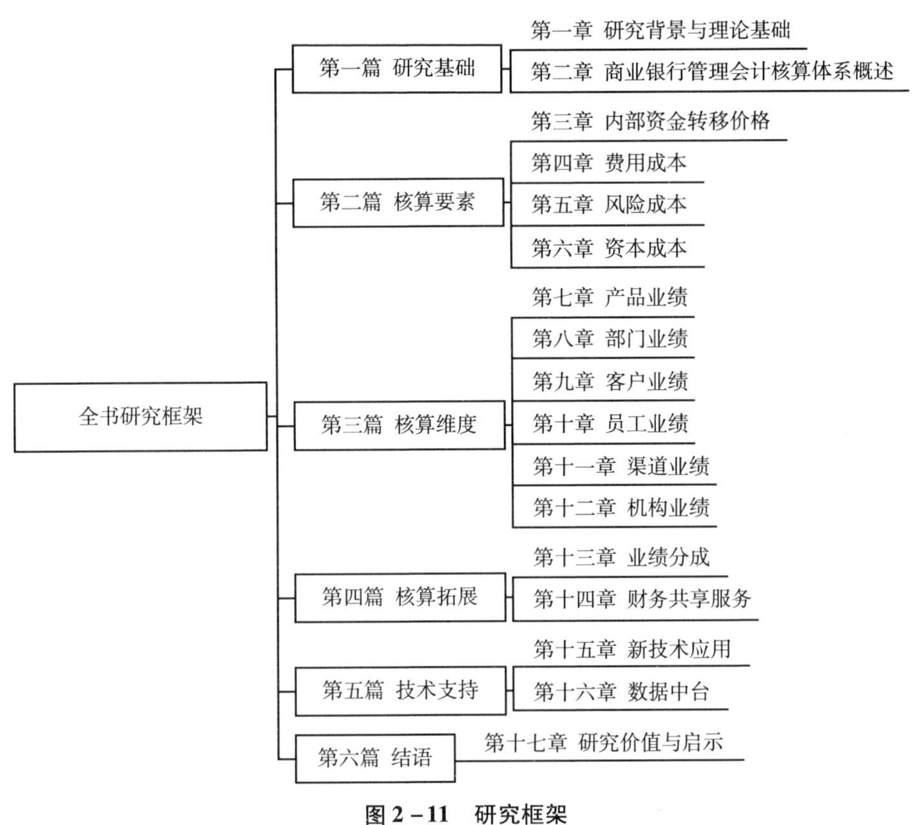

图 2-11 研究框架

第四节 小结

建立以 EVA 为核心的业绩核算体系是商业银行精细化管理的必然选择。EVA 反映了财务核算的基本要素，既包括显性成本也包括隐性成本，同时还可以衡量为股东创造的价值，既着眼发展，又统筹风险与安全，是一种基于价值管理的业绩计量和考核指标。商业银行作为经营风险的主体，构建以 EVA 为核心的多维业绩核算体系，可以将风险管理传导到每一个分支机构、每一个业务条线以及各个渠道和员工，同时，也有助于贯彻全面成本管理和价值创造理念，以业绩计量为基础，充分发挥预算、考核、资源配置等工具的作用，促进战略目标和经营目标的落地实施。

第二篇

核 算 要 素

第三章　内部资金转移价格

商业银行内部发生转移流动的主要项目是资金。商业银行在资金筹集中需要投入必要的费用成本，内部资金转移价格的引入，不仅影响筹资的资金成本，也会直接影响负债部门对筹资业务的资源投入；在资产收益率相对稳定的情况下，内部资金转移价格的变化，会影响对资金成本以外其他成本的管理，特别是在税金成本与资本成本相对固定的情况下，内部资金转移价格水平的高低，直接决定了资产部门对费用资源的投入程度以及风险成本的承受能力。相应地，银行内部资金转移价格制定是否科学，会直接影响银行不同部门对资金成本、费用成本以及风险成本的管理策略，以及业务发展导向。随着银行资金管理集中程度的深化、利率市场化改革不断推进，内部资金转移价格在银行管理中的作用越来越重要，成为银行管理最重要的理论与实务问题之一。

第一节　相关概念

一、基本概念

商业银行内部资金转移定价（Funds Transfer Pricing，FTP）是指银行基于战略及管理需求，内部的资金中心与各资金筹集和资金运用部门之间按照一定规则，对资金进行有偿转移，向资金筹集部门支付资金收益，向资金运用部门收取资金成本的一种内部资金管理模式（见图3－1）。

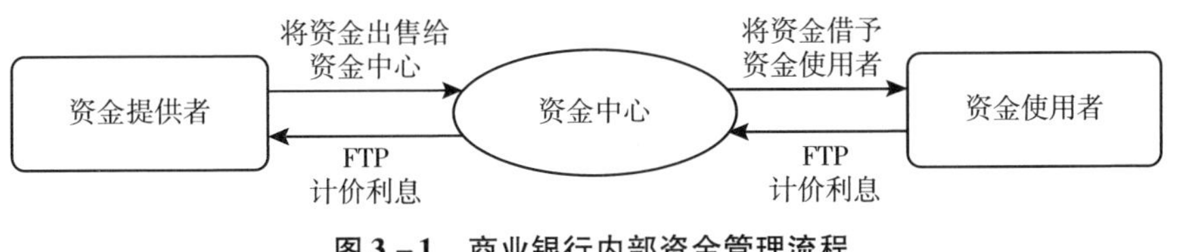

图3－1　商业银行内部资金管理流程

由于银行的资金来源与资金运用分属不同部门负责，如何衡量负债产品（如存款）和资产产品（如贷款或资金交易产品）业绩，以及在此基础上形成资金筹集部门与资金运用部门业绩，如何促进不同部门管理目标协调一致，避免不同部门过于强调局部利益，牺牲银行的整体利益，成为银行内部管理中一个非常关键的问题。在研究这一问题的过程当中，引入内部资金转移价格是一个公认的解决方法。

习惯上，FTP 模式下的资金管理称为“全额资金管理”，以往商业银行总分行之间、分支行之间资金轧差后的上存下借称为“差额资金管理”。“全额资金管理”模式下总分行的流动性管理、利率管理等都发生了一系列变化，具体如图 3－2、表 3－1 所示。

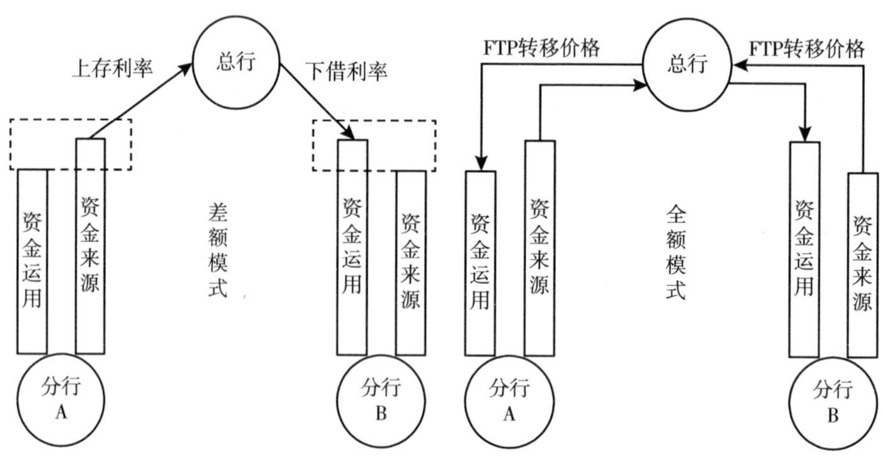

图 3－2　差额与全额资金管理对比

表 3－1　　差额资金管理模式与全额资金管理模式对比

资金管理方式	差额管理	全额管理
资金转移范围	差额资金	全额资金
分支行资金支配权限	分支行拥有大部分资金支配权限	分支行可支配的资金有限
总行对分支行资金控制	难以有效控制分支行资金变动	集中调控、统一配置
流动性管理	分支机构管理自身流动性	总行管理全行流动性
风险管理	分支机构管理自身的利率风险和流动性风险	总行集中管理利率风险和流动性风险
资金使用效率	分支机构最优	全行最优

二、主要功能与作用

（一）公平绩效评价

内部资金转移价格自诞生之日起，目的就是科学、公平地进行绩效考核。运用内部资金转移价格工具之前，商业银行从利润报表中能体现资产业务产生的利息收入，但负债业务由于只有利息支出而无收入，其经营贡献无从衡量，绩效考核也陷入困境。有了内部资金转移价格之后，商业银行的资金管理部门、资产业务部门、负债业务部门形成了一个资金流的三点循环：资金管理部门居中，对资金在内部进行“买卖”，且每一次“买卖”都标上了价格；资产业务部门在内部购买资金，其利润等于贷款收益和贷款资金的内部配置成本之间的差额；负债业务部门吸收资金后出售给资金中心，通过 FTP 计量出应享有的集中收益，再减去支付给客户的利息就得到负债业务的利润，解决了之前无法衡量负债经营贡献的问题。随着科技水平不断提高，目前多数商业银行已实现逐账户、存单、借据粒度内部资金成本或收益的计量。在此基础上，FTP 也为产品、部门、机构、员工等维度进行绩效考核提供了可能，且业绩计量的精准性、时效性进一步提升。同时，由于相同期限的同类业务享有统一的内部价格，基于此的绩效考核更加客观、公平。

（二）分离利率风险

从 FTP 的产生背景来看，分离利率风险是商业银行引入 FTP 的触发因素之一，具体包括重新定价风险、收益率曲线风险、基准风险和期权性风险。在实施 FTP 之前的差额管理模式下，利率风险由经营单元自行承担，收益随外部利率变化而波动；实施 FTP 之后，通过采取期限匹配定价等方法，可在业务发生时锁定每笔业务的点差，使各项资产负债业务的利差率在其存续期内保持相对稳定。这样，商业银行的利率风险就从基层行分离出来，集中至总行，并在总行层面形成全行整体的管理需求，实现全行利率风险的统一对冲，同时有效解决流动性风险。基层行可以将注意力集中于信用风险和操作风险的管理。

（三）优化资源配置

商业银行业务的发展需要配置资源加以推动，但资源是有限的，如何利用有限资源，最大限度地推动业务发展，是银行管理层需要不断探索的问题。一方面，FTP有助于准确识别利润来源，明晰核算各项业务的利差贡献，并将资源向贡献较好的业务倾斜，进而提高投入产出效率。另一方面，FTP作为价格杠杆可以有效体现总行战略，与传统的调节手段相比，FTP更为市场化，更直接、高效，商业银行可以围绕全行发展战略及阶段性的业务重点，适当调整某类业务的FTP，扩大或缩小其FTP利差，引导各级机构主动拓展或收缩、退出某类业务。比如在市场利率水平较低且利率抬升风险较小的周期内，可以提高短期限负债和长期限资产的内部利差，适度加大期限错配，最大限度地赚取期限利差。但当利率抬升风险加大，从利息收入角度来说，就应该反方向调节，锁住一定的长期限低成本资金来源，同时缩短资金运用期限，从而追求更高的再投资收益。

（四）引导产品定价

随着利率市场化的深入推进，商业银行利差不断收窄，产品定价管理的重要性更加凸显，而FTP能较好地明晰定价边界，有效发挥引导产品定价的作用。以贷款产品为例，由于每一笔资金运用都由总行进行全额配置，内部资金转移价格成为贷款业务外部定价的“下限”，在此基础上考虑LPR、运营成本、税金成本、风险成本、资本成本和预计利润等因素，即可确定贷款业务的外部价格水平；又如存款产品，每一笔资金来源都由总行进行全额集中，内部资金转移价格为存款业务外部定价提供了“上限”，在此基础上结合费用成本、预计利润和存款准备金等因素，即可确定存款业务的外部价格水平。

内部资金转移价格与外部定价关系如图3－3所示。

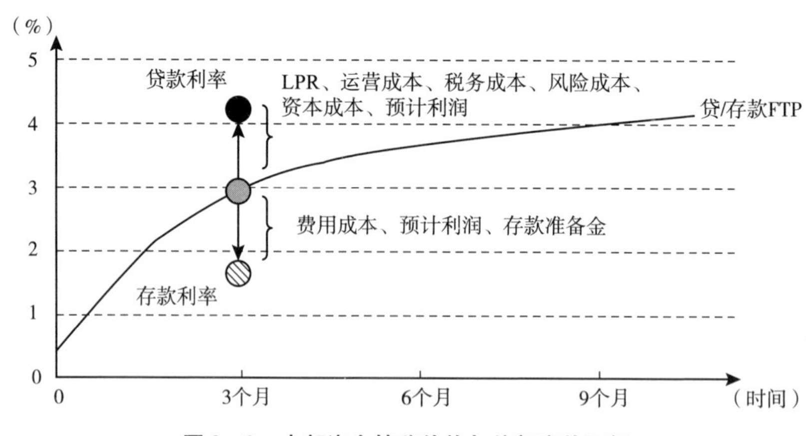

图3－3　内部资金转移价格与外部定价图解

第二节　应用现状

一、国外应用情况

内部资金转移定价最早起源于生产企业。随着生产力的发展，企业规模不断扩大，内部机构不断增多，传统的企业组织模式显露弊端，相应的“大企业病”有所抬头。为了有效理顺企业生产、流通的各个环节，人们开始考虑采用内部市场化改革，即企业内部之间由于相互依赖而存在的中间产品转移，需要收取一定的费用，这个费用对应的费率就被称为内部转移价格。

20 世纪 80 年代，美国利率市场化改革基本完成。利率市场化使美国国内利率大幅增长，利率风险问题凸显，很多银行尤其是过去依靠限制竞争才能生存的中小银行难以为继，纷纷倒闭。在这种形势下，美洲银行意识到传统的由各分支机构各自承担和管理其利率风险的方式已经失效，首次将 FTP 体系由生产企业引入商业银行的管理领域，将商业银行差额资金管理模式逐步升级为全额资金管理模式，较好地发挥了内部资金转移定价体系在实现内部精细化管理等方面的功能。

经过 30 多年的发展与完善，目前 FTP 已成为国际先进商业银行经营管理的必备工具。国际主流商业银行普遍采用全额资金管理模式，制定统一的 FTP 曲线，且 FTP 曲线大多与市场收益率曲线相同，司库与经营单位之间的资金往来采取完全市场化的方式。

二、国内应用情况

与国外相比，我国商业银行实施 FTP 起步较晚，但目前从大中型商业银行内部资金管理模式来看，大型国有商业银行、股份制商业银行已基本采用全额内部资金定价管理模式。从城市商业银行（以下简称“城商行”）内部资金管理模式看，部分城商行在成立或组建之初，就效仿大中型银行的做法，直接实施全额 FTP 管理，这一特点多见于分支机构和网点均集中于某一地区的城市商业银行；但也有部分城商行，基于内部管理的需要，采用差额内部资金管理，这一特点多见于开始向地区以外进行业务拓展并建立分支机构的城商行。对于数量占比居于首位的农村商业银行（以下简称“农商行”），由于规模、区域和业务的单一性，内部资金管理或一步到位采用全额资金管理。

就国内采用全额资金管理模式的商业银行而言，FTP 曲线构建差异较大，市场化程度不一。从大型商业银行来看，存贷款 FTP 曲线基本都采用挂牌利率、LPR[①] 为基准构建，差异较小；市场化业务方面，收益率曲线选择及市场化程度有所差异。部分股份制银行 FTP 市场化定价程度更高。

三、利率市场化进程对 FTP 定价的影响

1996 年 1 月 1 日，中国人民银行（以下简称“央行”）建立全国统一的银行间同业拆借市场，形成银行间同业拆借市场利率（Chibor）；同年 6 月 1 日，在 Chibor 成功运行近半年的基础上，央行放开对其上限管制，实现利率水平完全由拆借双方自主决定，同业拆借实现利率市场化。1996 年，证券交易所市场通过利率招标等多种方式率先实现了国债发行利率市场化；1997 年 6 月，央行建立全国银行间债券市场，存款类金融机构所持国债统一转入银行间债券市场流通，实现了国债交易利率市场化；1998 年 9 月，国家开发银行在银行间债券市场以利率招标的方式成功发行政策性银行金融债。2007 年 1 月 4 日，央行成立工作小组，开始正式运行上海银行间同业拆放利率（Shanghai Interbank Offered Rate，Shibor）。Shibor 促进了货币市场的快速发展，在市场化产品定价中也逐渐得到广泛运用，报价行的内部资金转移价格已经不同程度地与 Shibor 结合。

在存贷款利率市场化方面，从图 3 – 4 可以看到，虽然央行 2015 年后已经取消了存贷款基准利率浮动限制，但利率仍是“双轨制”：货币市场、债券市场利率由市场决定，存贷款方面仍是基准利率。

---

① 贷款市场报价利率（Loan Prime Rate，LPR）是商业银行对其最优质客户执行的贷款利率，其他贷款利率可在此基础上加减点生成。其集中报价和发布机制于 2013 年 10 月正式运行，2019 年 8 月进一步改革。

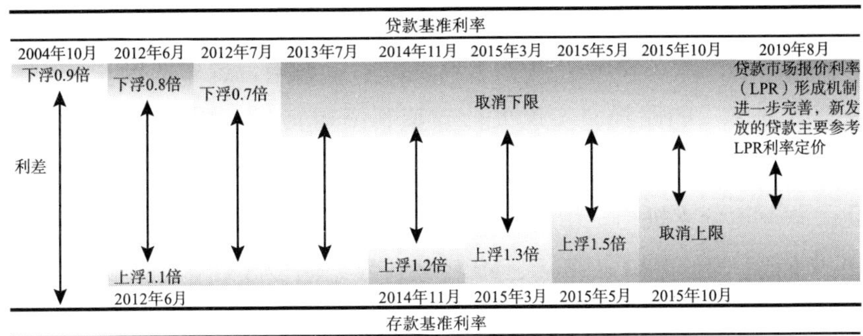

图 3－4　存贷款利率市场化进程

资料来源：Wind 数据库及央行公报。

2019 年 8 月 17 日央行发布公告，为深化利率市场化改革，促进贷款利率两轨合一轨，提高利率传导效率，决定改革完善贷款市场报价利率（LPR）。其形成机制的改革有四点核心内容：（1）LPR 与公开市场操作利率挂钩，LPR 主要在中期借贷便利（MLF）利率上加点形成；（2）银行贷款利率与 LPR 挂钩，新发放的贷款主要参考 LPR 利率定价，并要求各银行不得以任何形式设定贷款利率的隐性下限；（3）增加 LPR 的期限品种，在之前已有的“1 年期”期限之外，增加“5 年期以上”的新期限品种；（4）LPR 的报价银行范围从之前只包含全国性银行（10 家），扩展到包含城市商业银行、农村商业银行、外资银行和民营银行（各增加 2 家），以增加 LPR 的代表性。

2020 年 3 月，中国人民银行指导市场利率定价自律机制发布了《关于将贷款市场报价日利率纳入金融机构内部资金转移定价体系的实施指引》，引导商业银行建立 LPR 与 FTP 的关联机制，将 LPR 作为 FTP 曲线构建的重要参照，要求将 LPR 内嵌到 FTP 信息系统中，贷款 FTP 能够及时吸收和体现 LPR 的变动。从目前 LPR 的改革效果看，打通了“政策利率—LPR—贷款利率”的传导链条，贷款市场化利率调节机制基本形成。

2021 年以来，我国存款利率市场化调整机制逐步完善和强化。2021 年 6 月，利率自律机制倡议将自 2015 年起实施的、按照存款基准利率一定倍数形成的存款利率自律上限，改为存款基准利率加点确定；2022 年 4 月，利率自律机制建立了存款利率市场化调整机制，自律机制成员银行参考 10

年期国债收益率和1年期LPR变动幅度合理调整存款利率水平。

利率市场化改革要求按市场竞争自由议定利率，按照“LPR—贷款利率—存款利率”的路径，实现央行政策利率向实际存贷款利率的有效传导。在该传导过程中，商业银行FTP如何接收市场利率的变化，进而随之变化，并下达分支机构，相应调整分支机构给客户的报价，是利率传导过程中的重要一环。LPR改革后，MLF与LPR之间传导效率的提高也需要更加成熟的FTP定价机制。

第三节　计量方法

一、定价模式

目前常用的内部资金转移定价模式有三种，分别是单资金池模式、多资金池模式和期限匹配模式。

（一）单资金池模式

单资金池模式是商业银行内部资金转移定价的最初模式。在该模式下，所有资金汇总形成一个资金池，定价时不考虑资金的期限等属性，使用单一的内部资金转移价格。这种模式易于理解、容易操作，有利于商业银行以负债制约资产，实现总量平衡，但它忽略了资金筹集和运用的期限匹配问题，不能有效分离利率风险。

（二）多资金池模式

多资金池模式是将资金按期限、敏感性等不同属性差异归集到不同的资金池，每一个资金池确定一个内部资金转移价格，从而形成一条阶梯形的内部资金转移价格曲线。多资金池模式是对单资金池模式的进一步细化与完善，这种模式能够有效克服资金期限不匹配的问题，更好地锁定利差，分离利率风险，但由于没有对资金按照其特性无限细分，因此无法分离全部的利率风险。

（三）期限匹配模式

期限匹配模式是对多资金池模式的无限细分，实现对每一笔业务依照其资金特性（如期限、利率敏感性、流动性等）逐笔（存单、借据、交易）进行资金转移定价，从而形成一条连续的内部资金转移价格曲线。这种模式能够完全分离利率风险，但应用中需要借助复杂的模型、工具和信息系统，并需要确保数据采集和处理的及时性与准确性，操作成本较高。目前，随着信息技术的进步，大部分商业银行采取的是期限匹配定价模式。对于能够区分期限的业务，采用期限匹配法逐笔定价；对于不能区分期限的业务，采取分产品打包计价。

二、定价过程

FTP 价格体系下，定价的一般过程即首先根据业务及利率等属性确定适用的 FTP 定价方法，再根据业务的币种、类型等确定其所跟踪的 FTP 收益率曲线，并判断该业务是否需要调整项，最终计算出该项业务的 FTP 价格，详见图 3－5。后续将对定价曲线、定价方法、调整事项分别进行介绍。

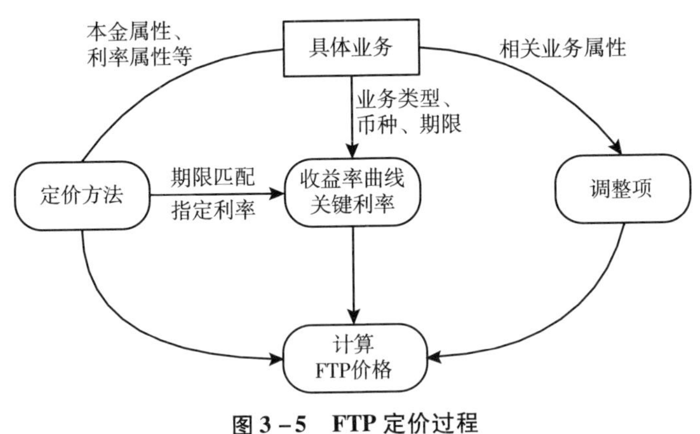

图 3－5　FTP 定价过程

三、收益率曲线

商业银行收益率曲线不是一个简单的价格，而是某项业务不同期限价格的组合，是一条横轴表示期限、纵轴表示收益率的曲线，曲线的每一个点代表了某个期限对应的 FTP 价格。对资产业务来讲，代表了资产业务的资金成本；对负债业务而言，代表了负债的资金收益。在定价曲线确定的过程中，其价格主要参照市场利率，如存款主要参照央行的基准利率或商业银行的挂牌利率，贷款主要参照央行 LPR 价格，其他业务，如同业拆借、回购、债券等则参照 Shibor 及公开市场国债利率等。

（一）存贷款收益率曲线

我国存贷款市场化利率在持续推进过程中，总的思路是先贷款后存款，LPR 改革后，贷款收益率曲线主要建立在 LPR 基础之上，央行目前只发布了 1 年期和 5 年期的 LPR 利率，商业银行可综合应用指定利率法或插值法等方法补充其他期限利率。同时，考虑到业务发展方向、资产负债结构、风险溢价等因素，可对定价进行适度调节，从而拟合一条以 LPR 为基础的完整期限的贷款收益率曲线，以确保贷款 FTP 以 LPR 为基准，实现同步、同幅、同向调整。存款收益率曲线主要参照商业银行挂牌利率加点确定。在 LPR 实施后，贷款定价的市场化水平明显提高，贷款 LPR 间接对存款收益率曲线产生一定影响。理论上，贷款收益率曲线可以与存款收益率曲线重合，但由于存贷款外部利率变动的非对称性、存贷款规模总量和结构占比的差异，以及商业银行司库管理部门对盈亏平衡的综合考量，有的商业银行会设置两条曲线。随着市场化利率进程的推进，未来商业银行的收益率曲线将逐步减少和整合。

（二）市场化产品收益率曲线

市场基础定价法的总体思路是根据金融市场发展状况和商业银行现有的资金筹集与运用渠道，结合货币时间价值理论，使内部资金转移价格尽量接近市场价值。

商业银行内部资金转移价格基准利率并不是某个或某几个期限形成的相应利率，而是根据银行内部一系列产品交易期限，参照外部市场利率，并结合一定的策略和技术进行调整后，形成的一条比较平滑的收益率曲线，以此作为银行内部资金转移价格的基准利率。

市场基础定价法是金融市场发达国家的商业银行确定内部资金转移价格的基本做法。由于存在较为完善的金融市场，内部资金转移价格是在基准利率上通过加减点获得的。内部资金转移价格基准利率主要参考交易量大、商业银行最为倚重的交易品种，如银行间同业拆借市场利率、银行间债券市场回购利率以及国债收益率、再贴现利率等都可能成为基准利率的参考利率。但是各国国情和每个银行的具体经营情况不同，选择的参考利率也不一样，进而内部资金转移价格的制定方法不一样，有的银行选择在国债收益率的基础之上加上代表市场和机构风险的升水来制定内部资金转移价格；而有的银行选择在同业拆借利率的基础上加减点形成内部资金转移价格。但处于经济转型期的国内商业银行如何基于市场制定内部资金转移价格，是需要研究的重要问题。

四、定价方法

目前常用的内部资金转移定价方法有四种，分别是指定利率法、原始期限匹配法、重定价期限匹配法和现金流定价法。其中，指定利率法主要对应前述的单资金池和多资金池定价模式，后三种方法主要对应前述的期限匹配定价模式。

（一）指定利率法

指定利率法是指对某类业务直接指定一个利率作为内部资金转移价格，该价格可以在一段时间内固定不变，也可以视情况相应调整（如跟踪市场收益率曲线上某个点，随曲线变动而变动）。指定利率法的优点在于简单易懂、操作便捷，对各类业务基础数据质量的要求也不高，是内部资金转移定价实施早期的主要定价方法。但同时这种计价方法分类不细致，没有逐笔定价，也没有考虑具体业务的本金和利率属性，无法完全分离利率风险，难以满足商业银行精细化管理的要求。随着信息技术的发展和逐笔计价方法的诞生，该方法被逐渐取代，目前主要应用于利率属性或现金流情况不明确、难以逐笔计价的业务。

（二）原始期限匹配法

原始期限匹配法适用于固定利率业务，是按其原始期限确定内部资金转移价格的一种方法，即在业务发生当天，将该业务原始期限所对应内部资金转移价格曲线上的利率作为该业务的内部资金转移价格，且在业务到期前，该价格保持不变，从而锁定利差，分离利率风险。

（三）重定价期限匹配法

重定价期限匹配法主要适用于浮动利率业务，是按其重定价期限确定内部资金转移价格的一种方法，即在业务发生当日，将业务重定价期限所对应内部资金转移价格曲线上的利率作为该业务的内部资金转移价格，并在重定价周期内保持不变。在下次重定价时，再将重定价期限所对应的当日内部资金转移价格曲线上的利率作为下一个重定价周期的内部资金转移价格，以此类推。这样无论是在业务发生日还是重定价日，其获得的内外利差固定不变，利率风险得以分离。

（四）现金流定价法

现金流定价法主要适用于本金分期偿付业务。具体应用时需将一笔业务的本金按照偿付约定的时间安排分成若干份，对每一份采用原始期限匹配法进行定价，获得每一份本金的FTP价格，再将每一份本金的内部资金转移价格按照本金和期限做加权平均得到该业务最终的内部资金转移价格，用公式可以表示为：

$$\text{最终 FTP 价格} = \sum(\text{每一份本金} \times \text{对应期限} \times \text{对应期限的内部资金转移价格}) \div \sum(\text{每一份本金} \times \text{对应期限})$$

该价格在原始期限内或重定价周期内保持不变。

（五）定价方法的选择

经过上述四种方法的介绍可以看出，对于某项特定业务，其内部资金转移价格定价方法的选择与其本金属性和利率属性紧密相关。如若一笔贷款业务本金到期一次性还本且为固定利率，则适用原始期限匹配法进行定价；若一笔贷款业务本金到期一次性还本但为浮动利率，则适用重定价期限匹配法进行定价。以此类推，不同本金和利率属性的组合，有如下9种不同情形的定价方法，如表3－2所示。

表3－2　　FTP定价方法确定的不同情形

具体定价方法		利率属性		
		固定利率	浮动利率	
			按期浮动	不定期浮动
本金属性	一次性还本	原始期限匹配法	重定价期限匹配法	指定利率法
	分期还本	现金流定价法	现金流定价法	指定利率法
	不确定还本	指定利率法	指定利率法	指定利率法

五、调整事项

在FTP定价过程中，仅通过FTP收益率曲线并不能满足实际需求，还需依据一定规则设立调整项，如战略调整、流动性溢价调整、利率风险调整等。

（一）战略调整

商业银行可以围绕战略目标设定战略调整系数，通过FTP这一价格杠杆的让利或减利，适度扩大或缩小FTP点差，从而实现FTP利润的再分配，主动引导银行各项业务发展，以实现全行性、长远性、导向性目标。

（二）流动性溢价调整

流动性低的资产与同类流动性高的资产预期收益之间的差额称为流动性溢价。资金中心作为资金市场的参与者，在资金市场上拆入或者拆出资金只能被动接受价格，因此，流动性溢价需要通过资金转移价格机制转移到业务部门。流动性溢价调整就是在FTP价格中要反映流动性，对于浮动利率产品，一般需在重定价期限内确定FTP的基础上再添加流动性溢价。如果贷款重定价周期比产品到期期限短，需在贷款融资成本上加上流动性溢价调整；如果存款重定价周期比产品到期期限短，需在存款收益上加上流动性溢价调整。

（三）利率风险调整

利率风险调整是指为缓解或传导利率风险而对FTP进行的调整。例如，为优化重定价缺口，在利率上升期，应鼓励缩短重定价期限，对重定价周期短的业务给予一定的FTP优惠；为对冲客户对资产或负债业务行使选择权给银行带来的损失而对FTP进行的调整；提前支取存款、提前偿付贷款。

（四）其他调整

对于银行间市场、债券市场和存贷款市场可能存在的价格差异，容易造成套利行为，需综合市场间价格差异度及具体客户的行为，对FTP做适度调整。

第四节　实证研究

一、基于利率期限结构的 FTP 定价方法

期限匹配定价模式使利率的流动性特征、银行资产负债的期限甚至每笔交易的规模都实现一一匹配，该方法优势最为突出：一是将银行的利率风险集中到总行资金中心进行统一管理；二是可以灵活使用 FTP 定价进行有效的资源配置、绩效考核以及产品定价。因此选用该模式进行实证分析。

利用期限匹配定价模式确定 FTP 价格主要分为三步：一是根据外部市场利率构建 FTP 基准利率曲线；二是根据战略导向、流动性选择等因素确定调整项；三是根据期限在调整后的 FTP 曲线上最终确定 FTP 价格，其核心问题在于确定 FTP 基准收益率曲线。目前国外资本市场利率市场化体系已较为完善，可选取公认的伦敦同业拆借利率（London InterBank Offered Rate，Libor）或美国国债收益率作为市场资金收益率，我国利率市场化进程随着央行贷款 LPR 形成机制改革不断推进，但仍不完整，需利用利率期限结构模型拟合资金收益率曲线。

目前较为常用的构建利率期限结构的模型主要有息票剥离法、样条函数法、Nelson－Siegel 模型、Svensson 模型、Vasicek 模型、CIR 模型等。周子康等（2008）从模型拟合绝对误差、拟合精度、模型稳定性及多峰拟合四个维度比较了 NS 模型（Nelson－Siegel）、SV 模型（Nelson－Siegel with Svenssonextended Model）及 NSM 模型（Nelson－Siegel Modified）的拟合情况，NSM 模型在稳定性、精确性、描述误差及曲线多峰方面更合理。

为确保在保持 NS 模型经济含义及稳定性的同时，克服 NS 模型无法反映利率曲线多峰和 SV 模型计算结果依赖初值的问题，NSM 模型在 NS 模型的基础上添加高阶指数多项式的扩展项，对拟合利率曲线形态进行微调，以期保有模型经济学含义的同时，提高模型拟合精度。

NSM 模型假设远期利率 f 为剩余年限 t 的函数，满足：

$$f(t)=\beta_0+\beta_1 e^{-t/\tau_1}+\beta_2\frac{t}{\tau_1}e^{-t/\tau_1}+\beta_3\left(\frac{t}{\tau_1}\right)^2 e^{-t/\tau_1}+\cdots+\beta_k\left(\frac{t}{\tau_1}\right)^{k-1} e^{-t/\tau_1}$$

依据目前市场状况及模型实用性，略去三阶以上高阶项，得到六参数模型：

$$f(t)=\beta_0+\beta_1 e^{-t/\tau_1}+\beta_2\frac{t}{\tau_1}e^{-t/\tau_1}+\beta_3\left(\frac{t}{\tau_1}\right)^2 e^{-t/\tau_1}+\beta_4\left(\frac{t}{\tau_1}\right)^3 e^{-t/\tau_1}$$

按照连续复利，即期与远期利率关系为：

$$r(t)=\frac{1}{t}\int_0^t f(u)\,\mathrm{d}u$$

$$f(t)=\frac{\mathrm{d}r(t)}{\mathrm{d}t}\times t+r(t)$$

即期利率 r 与剩余年限 t 的函数为：

$$r(t)=\beta_0+(\beta_1+\beta_2+2\beta_3+6\beta_4)\left[\frac{1-e^{-t/\tau_1}}{t/\tau_1}\right]$$

$$-\left[(\beta_2+2\beta_3+6\beta_4)+(\beta_3+3\beta_4)\frac{t}{\tau_1}+\beta_4\left(\frac{t}{\tau_1}\right)^2\right]e^{-t/\tau_1}$$

$$f(0)=r(0)=\beta_0+\beta_1$$

$$f(\infty)=r(\infty)=\beta_0$$

按照连续复利贴现，$D(t)=e^{-r(t)\times t}$，市场交易的国债的理论价格与实际价格分别为：$P_i=\sum_{i=t}^{T}C_t^i\times e^{-r(t)\times t}$，$P'_i=P_i+\xi_i$。

其中 $D(t)$ 为国债 i 的定价贴现因子，ξ_i 为定价误差，C_t^i 为 t 时刻现金流，$r(t)$ 为 t 时刻即期利率。

采用优化算法对目标函数求解，得到 NSM 参数：

目标函数：$\min\sum_{i=1}^{n}(P'_i-P_i)^2$

样本数据：选取 2023 年 8 月 22 日上海证券交易所和深圳证券交易所 388 只国债收盘数据作为样本。

拟合结果如下：

（1）NSM 模型参数估计值如表 3－3 所示。

表3-3　　2023年8月22日样本参数估计结果

β_0	β_1	β_2	β_3	β_4	τ_1
-2.48806	2.48750	2.03697	0.90446	1.03841	10.6662

（2）NSM拟合曲线如图3-6所示。

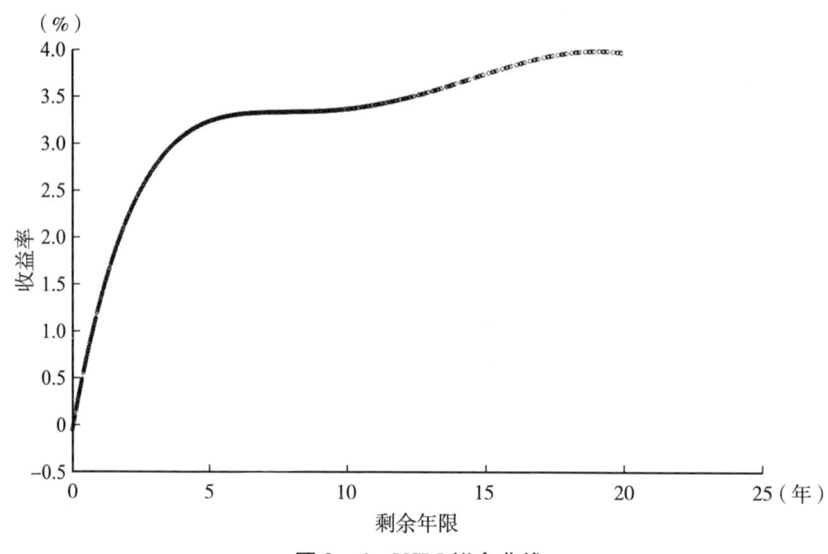

图3-6　NSM拟合曲线

从NSM拟合的收益率曲线看，模型可拟合曲线多峰情况，数据贴近实际情况，拟合效果较好，商业银行可参考选取此模型拟合FTP基准利率曲线。

二、FTP定价实例

（一）存款业务

1. 活期存款

活期存款本身存在较高的沉淀率，其用于较长期限的可用资金相对较多。如果采用隔夜内部资金转移价格衡量活期存款的贡献，该价格水平低于资金实际可用期限的内部资金转移价格，由于筹资的费用成本相对较高，可能导致银行的活期存款核算亏损，从而引致银行的经营向不利于活期存款的导向转变。

因此，银行在制定活期存款的内部资金转移价格时，首先应当分析银行活期存款的沉淀期限结构，根据其沉淀结构，采用期限加权平均法确定活期存款的内部资金转移价格。

（1）测算活期存款的沉淀率。

资金沉淀率测算有两个基本特点：一是统计期限越短，资金的沉淀率越高，当期限选择为一天时，活期存款的沉淀率达到100%；二是期限较短的沉淀率统计结果，必然包含期限较长的沉淀率统计结果，例如，统计沉淀率为一年的存款，其统计结果必然包含在沉淀率为半年的存款中。

根据企业经营的永续性原则，活期存款沉淀率测算原则上可以追踪到无限周期，但从银行管理的可操作考虑，活期存款的追踪期限以一年为最长期限，可以在一年以内，根据内部资金转移价格的期限结构，将获取的活期存款数据按时间长度选择一年期、半年期、三个月期、一个月期等不同期限分别进行次第分组，并计算每组数据中最低日存款余额与日均存款余额的比例，从而获得活期存款分期限的沉淀比率数据。

$$沉淀比例 = \frac{该期限资金最低余额}{日均存款余额}$$

用同样方法计算出每一期限沉淀部分比例。

（2）计算活期存款不同期限的稳定比例。

如上所述，较长期限的存款沉淀率必然包含在较短期限的沉淀率统计结果中，为区分每一期限的沉淀比率，需要将不同期限的沉淀率从较短期限中分别剥离出来。为区别不同期限的沉淀率，在此选用稳定率替代沉淀率。

$$1\ 年稳定比例 = 1\ 年期沉淀率$$

$$半年稳定比例 = 半年期沉淀率 - 1\ 年期沉淀率$$

$$3\ 个月稳定比例 = 3\ 个月期沉淀率 - 半年期沉淀率$$

$$1\ 个月稳定比例 = 1\ 个月期沉淀率 - 3\ 个月期沉淀率$$

$$波动部分比例 = 1 - 1\ 个月期沉淀率$$

实际测算的活期存款稳定比例如表3－4所示，从中可以看出活期存款具有较高的稳定比例。

表3－4　　某商业银行活期储蓄存款各期限稳定比例　　单位：%

期限	1年	6个月	3个月	3个月以下
稳定比例	91.7	3.7	2.6	2.0

资料来源：某商业银行活期存款沉淀率追踪。

（3）计算活期存款的内部资金转移价格。

在测算出活期存款的沉淀期限结构之后，再据此计算活期存款的内部资金转移价格：

活期存款内部资金转移价格＝1年稳定比例×1年期存款产品内部资金转移价格
＋半年稳定比例×半年期存款产品内部资金转移价格
＋3个月稳定比例×3个月期存款产品内部资金转移价格
＋1个月稳定比例×1个月期存款产品内部资金转移价格
＋波动部分比例×隔夜存款产品内部资金转移价格

实际测算的活期存款转移价格如表3－5所示。

表3－5　　人民币活期存款内部资金转移价格计算　　单位：%

期限	202×年1月1日		
	稳定比例	对应期限转移价格	活期存款转移价格
<三个月	2.01	1.10	1.72
三个月	2.60	1.35	
六个月	3.71	1.55	
一年	91.68	1.75	

在此基础上，综合考虑调整事项，内部点差为53BP，确定最终活期存款FTP为2.25%。

（4）活期存款的内部资金转移收入计算。

活期存款不适用于逐笔内部计价，它采用打包分段计价，FTP系统可每天用余额乘以目前正在生效的活期集中价格计算累计息余，月末前一天结息（见表3－6）。

表 3-6　某商业银行活期存款产品 FTP 价格　单位：%

活期存款	业务发生日	内部价格调整日	内部计价结息日
	1 月 1 日	1 月 15 日	1 月 30 日
FTP	2.25	2.27	2.27

假定 1 月 1 日客户存入活期存款，金额为 10 万元，且一直未支取。1 月 1 日对应的内部价格为 2.25%，15 日内部价格调整为 2.27%，之后保持不变。

1 月份内部计息结果为：100 000 × 2.25% ÷ 360 × 14 + 100 000 × 2.27% ÷ 360 × 16 = 188.39（元）。

2. 定期存款

定期存款属于固定利率类业务，采用原始期限匹配法。以央行存款基准利率为基准，通过调整点差，确定最终存款 FTP 价格如表 3-7 所示。

表 3-7　某商业银行 1 年期人民币存款产品 FTP 价格　单位：%

1 年期限	1 月 1 日	1 月 15 日
基准（挂牌利率）	1.75	2.00
点差	1.15	1.15
FTP 价格	2.90	3.15

定期存款采用逐笔计价，以业务发生日的内部基准利率和内部点差确定内部资金转移价格，在存续期内保持不变。

假定 1 月 1 日、1 月 20 日客户存入两笔定期存款，金额均为 10 万元，存期均为 1 年。1 月 1 日某行 1 年期定期存款挂牌利率为 1.75%，内部点差为 1.15%；1 月 15 日，某行挂牌利率上调 25BP 至 2%，内部点差不变。

1 月 1 日发生业务的内部基准利率和内部点差始终为 1.75% 和 1.15%，不受 1 月 15 日挂牌利率调整影响。1 月 20 日发生的第二笔业务按照挂牌利率调整后 FTP 进行确定。

假定内部结息日为月末前一天，1 月第一笔存款内部计息结果为：100 000 × 2.90% ÷ 360 × 30 = 241.67（元）。

（二）贷款业务

1. 固定利率贷款

固定利率贷款通常采用原始合同期限匹配法进行内部资金转移定价。与定期存款类似，基准利率和内部点差在业务发生日确定后，在业务存续期内均保持不变，不受后续内部基准利率变化、内部点差调整影响。

假设某商业银行于1月1日发放一笔金额为10亿元的固定利率贷款，期限为3年。业务发生日前一天LPR利率为4.25%，业务发生日内部点差为1.3%；1月15日该行将3年期固定利率贷款业务内部点差调整为1.4%；2月1日1年期LPR下调5BP至4.20%（见表3－8）。

表3－8　　某商业银行贷款产品FTP价格　　单位：%

<table>
<tr><th>固定利率贷款</th><th>12月31日</th><th>1月15日</th><th>1月30日</th><th>2月1日</th><th>2月27日</th></tr>
<tr><td>1年期LPR</td><td>4.25</td><td>4.25</td><td rowspan="3">内部计价
结息日</td><td>4.20</td><td rowspan="3">内部计价
结息日</td></tr>
<tr><td>内部点差</td><td>1.30</td><td>1.40</td><td>1.40</td></tr>
<tr><td>新增业务FTP</td><td>2.95</td><td>2.85</td><td>2.80</td></tr>
</table>

1月该笔贷款内部计息结果为：100 000×2.95%÷360×30＝245.83（万元）。

2月内部计息结果为：100 000×2.95%÷360×28＝229.44（万元）。

2. 浮动利率贷款

浮动利率贷款采用重定价期限匹配法进行内部计息，内部基准利率在业务重定价日随外部利率的变化发生重定价，内部点差保持不变，从而锁定利差，分离利率风险。

假设某商业银行于1月1日发放一笔金额为10亿元的浮动利率公司贷款，期限3年，每年重定价。业务发生日前一天LPR利率为4.25%，业务发生日内部点差为1.30%；4月15日总行将3年期浮动利率贷款业务内部点差调整为1.40%；9月1日1年期LPR下调5BP至4.20%。

该浮动利率贷款业务发生日（1月1日）适用内部资金转移价格为4.25%－1.3%＝2.95%；12月31日为第一个重定价日，由于LPR利率发生变化，内部基准利率因重定价调整为4.20%，内部点差保持不变，该笔贷款内部资金转移价格为4.20% -1.30% =2.90%。

每月内部计息金额计算与固定利率贷款一致，不再赘述。

3. 按揭贷款

按揭贷款采用现金流定价法进行内部计息，针对每一份本金采用原始期限匹配法进行定价，再加权平均得到最终FTP价格，该FTP价格在重定价周期内（浮动利率业务）或者原始期限内（固定利率业务）保持不变。

假设某商业银行发放一笔12年期、本金1 200万元的个人住房按揭贷款，固定利率，按月等额本金还款，分12次还清本金，起息日为2009年1月1日，初始利率为5%。

本金平均分为12份，每份100万元，第1份在第一年末还清，原始期限看作是1年；第2份在第二年末还清，原始期限看作是2年；以此类推。查找该笔业务跟踪FTP收益率曲线，分别对12份本金按照原始期限匹配法进行FTP定价。通过加权平均，最终获得FTP为2.8%，每一份本金的FTP利差均为2.2%。该笔业务的FTP价差率在到期前被锁定，分行不再承担业务的利率风险。

4. 票据贴现

考虑到目前票据贴现利率基本参照同期限Shibor，FTP定价可参照业务办理前一日同期限Shibor进行内部点差调整后确定。

（三）市场业务

债券类、融资类等市场类业务可参照Shibor、国债等市场收益率确定。

（四）外币业务

目前国内主要商业银行对外币业务均采用市场收益曲线进行定价。如外币7天通知存款业务，可采用Libor作为指定收益率，计算出7天Libor月平均值，作为当月外币7天通知存款的基础FTP价格。

三、各维度FTP计量

基于上述举例分析，有了每一笔资产、负债业务的FTP数据、利差数据，进而得到每一笔资产、负债业务的利润后，每一个经营维度（条线、部门、客户、网点等）也就可以加总得出它在一段时间内所经营的所有资产负债业务的总利润。商业银行可以基于利润数据对各个经营单元进行考核、激励。

第五节　小结

内部资金转移价格是管理会计业绩核算体系最为关键的参数之一，也是目前国内商业银行内部管理中具有挑战性的课题之一。本章首先介绍了内部资金转移定价的基本概念、银行业应用现状，并按照内部资金转移定价过程对基于 LPR 的定价曲线、定价方法、调整事项进行了系统介绍。在实证研究部分，按照商业银行主要业务类型，分别对内部资金转移定价进行了实例说明。

第四章　费 用 成 本

本章就商业银行费用成本的核算过程进行了研究。首先在明确商业银行营业费用范畴和分类的基础上，介绍常用的几种成本分摊方法；其次分析了商业银行组织结构与日常运作的特性，为商业银行营业费用选择了恰当的分摊核算路径；最后引入实例说明部门/网点、产品、条线、渠道和客户维度费用成本的核算过程。

第一节　相关概念

一、定义及分类

银行的费用成本主要指营业费用[①]，它形成于商业银行的日常经营过程中，主要包括职工工资与福利费、职工教育经费、宣教费、差旅费、会议费、广告费、车船燃料及修理费、业务宣传费、业务招待费、客户积分兑换费、研究开发费、低值易耗品购置费和固定资产折旧等。

（一）按属性

费用成本按照是否可以直接通过会计核算得到而分为直接费用成本和间接费用成本。直接费用成本的指向清晰，可以通过会计核算归集到部门、产品或客户上，如某部门产生的营销费用；而间接费用成本则需要通过分摊方式才能核算到部门、产品或客户上，如管理性部门的费用成本按一定的规则分摊到经营性部门的金额、经营性部门向产品（客户）分摊的金额[②]。

① 营业费用也被称为“业务及管理费”或“运营成本”（详见中国银行业协会：《银行管理会计运营成本分摊方法指南》，2021 年）。

② 经营性部门是具有特定产品经营和客户服务职责、直接涉及提供产品服务环节的部门，包括经营部门和网点。管理性部门指对全行进行内控管理或提供服务的部门，没有特定的产品经营和客户服务职责。

一般而言，直接费用成本的计量更为精准，占比越高越好。

（二）按构成

费用按照构成可以分为人力费用和经营性费用。人力费用是与人员相关的薪酬、福利费以及其他费用的总和。经营性费用是指在业务经营及管理工作中为开展日常经营活动所发生的除人力费用以外的经济利益流出，包括广告费、折旧费、差旅费、业务招待费、绿化费等（见表4－1）。

表4－1　　费用构成划分

构成	类别
人力费用	工资、福利费用、劳务用工费等
经营性费用	宣教费、差旅费、会议费、广告费、车船燃料及修理费、业务宣传费、业务招待费、客户积分兑换费、研究开发费、折旧摊销等

（三）按维度

费用按照维度可以分为部门费用、产品费用、条线费用、客户费用和渠道费用等。部门费用是通过归集和分摊路径归属到部门的全部费用；产品费用可以是直接归集或分摊的，也可以是通过部门费用再次分摊得到的（建立部门产品对照关系）；条线费用可以根据与产品的对照关系进行汇总；客户费用/渠道费用的计量原理也类似，可以根据分摊到客户账户/产品上的费用进行汇总得到。

二、核算过程

（一）建立责任中心

责任中心，是指享有一定的经营管理权限、承担一定的经济责任，并且能够合理计量和考核其经济责任履行情况的银行内部责任部门或责任单位。它不是独立的法人，也不是独立的会计主体，而是根据责任会计的需要，并结合银行内部机构设置具体情况而建立起来的用于控制和考核的单元。费用成本的核算计量，首先要确定责任中心。

责任中心按其责任权限范围及业务活动的特点不同，可分为费用中心、成本中心、利润中心、投资中心（见表4－2）。

表 4-2　　银行责任中心划分

类型	含义	实例
费用中心	有权发生费用，而没有相应收入来源，只对费用进行控制和考核的责任中心	按照银行经营特点和管理要求，可将各职能部门设计成费用中心，如行政部门、办公室、劳动人事、稽核、监察、保卫、工会、调查统计、会计及其他纯职能部门等。这些部门的共同特点是纯粹的职能机构、管理机构或辅助机构，一般不存在收入来源，也不发生直接业务成本，而只发生费用消耗，对其他管理和控制的核心是费用开支的控制
成本中心	对业务成本和费用负责，不承担主营业务收入实现责任的筹资业务部门或机构，主要是对外营业机构、储蓄及信用卡营业机构等	这类部门与机构虽可以通过成本加成转移资金来获取内部利润，但这种利润人为因素较大，可控性不强，并且主要是依靠降低成本而实现的，因此，将其设立为成本中心较为可行与合理
利润中心	既有成本费用支出，又有收入来源，既对成本进行控制和考核，又对收入和利润进行控制和考核的责任中心，如信贷部门、计划部门等	这些部门可以取得内部或外部资金，在一定程度和权限范围内拥有对外的信贷资金投放权利，并取得资金投放收益。利润中心没有权利决定该中心的资产投资水平
投资中心	既对成本费用、收入、利润负责，又有权决定该中心资产投资规模并对投资效益负责的单位或部门	严格意义上的投资中心所要求的经济权限很多，几乎等同于一个完全独立的企业，而在我国银行"统一法人"体制下，特别是随着国家金融政策和金融监管体制的日趋完善，投资权利逐渐集中，从狭义的"投资"概念看，中、基层银行并不存在完全意义上的投资中心。但我们可以结合银行的经营特点，扩大"投资"概念的内涵，可设立两类"人为"的投资中心：一是纵向划分的一些责任中心，如各分理处；二是由于债转股或其他投资而需设立的资产管理机构

资料来源：廖继全：《价值经营的创新平台：新一代银行管理会计》，企业管理出版社 2016 年版。

（二）费用归集

费用归集是按照"谁受益、谁承担"的原则将（直接）费用计入各责任中心，不能计入的，按照受益程度的大小分配计入各责任中心的过程。对银行而言，则是把业务经营过程中发生的各种费用，按一定规则（科目、部门）进行分类和汇总，形成归集成本（直接费用成本）。例如，在财务核算时，费用记账的同时要将其归集到某部门、产品上，形成"对象化”的部门归集成本或产品归集成本。对于受益对象明确的费用，则可以实现直接归集，如部门的差旅费、营销费等；但固定资产折旧、水电费等需要在多个部门之间进行分割计算的，则需要根据面积、人数等动因进行分摊，形成间接归集。因此，归集有比较明确的对照关系或动因，计量相对准确。

（三）费用分摊

费用分摊也是按照“谁受益、谁承担”的原则，将不易追溯动因的成本（间接费用成本）通过一定的动因因子，分摊到责任中心（部门）、业务产品和客户经理、客户等受益对象中去。这里包括两种类型：一类是费用、成本类责任中心的费用向利润、投资类责任中心进行分摊；另一类是利润、投资类责任中心的费用向其他维度，如产品、客户、渠道等进行分摊。分摊存在一定的主观判断，选择不同的动因可能分摊的结果不同。

三、“闭环管理”的影响①

随着信息技术的快速发展，费用成本的核算模式正面临着巨大转变，尤其是在目前流行的财务开支全流程“闭环管理”模式下，整个支付核算的业务处理理念、处理模式发生了根本性转变。从以前的“拿票报销”到现在的“无感核算”，成本核算的便捷性和准确性得到了显著提升。

“闭环管理”模式是一种财务开支事前申请审批、事中执行控制和事后跟踪评价的全流程电子化管理模式。在核算环节，通过业务驱动账务，接收自助报账信息并充分共享利用，引入财务机器人，利用智能会计引擎，常规事项账务信息全部自动生成，无须财务人员手工录入。

这种模式下，更多的费用成本能够实现自动归集，通过前端报账信息，精确获取报账申请人所在机构、部门等信息，自动实现成本的精准分摊；同时，核算系统与业务系统直接进行对接，如人力薪酬系统、科技研发系统，也减少了人工工资、研发费用在中间流转的环节，使得成本核算更为及时，直接费用的占比也随之进一步提高，精准性大大增强（见图4－1）。

① 相关内容可详见本书“财务共享服务”章节。

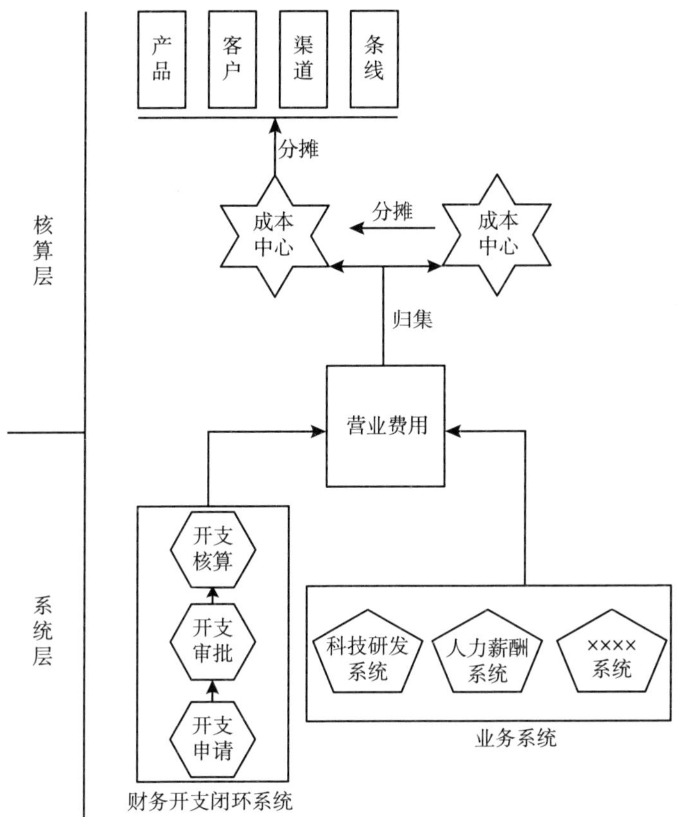

图 4 –1 “闭环管理”模式下的费用核算流程

第二节 应用现状

一、国际发展

国内外关于成本核算制度的定义，一般都是指营业费用。成本核算制度最初建立于物质生产部门，然后逐渐推广到其他部门。由于银行是经营货币资金的特殊企业，其成本内容与一般的生产企业有所不同。就其一般状况而言，商业银行成本核算体系的发展落后于生产企业，而银行的成本核算体系，多是在物质生产企业成本核算体系发展并成熟之后，逐步引入银行管理，逐步带动银行经营管理水平的提高。

自成本核算体系逐渐从制造业推广到银行业以来，银行产品成本核算体系先后经历了单纯事后核算阶段、有目标核算阶段、作业成本管理阶段三个主要发展阶段：

1. 20世纪50年代以前的单纯事后核算阶段

成本核算最早产生于1368年，直到16世纪引入银行。在商业资本占优势的16世纪，银行业还不成熟，成本管理仅限于成本记录，发展比较缓慢，随后在银行成本计算技术中引进了复式簿记法，只是还没有形成一套较为成熟的成本核算体系。在德国，已提出划分直接费用与间接费用的方法，以及间接费用的汇集和分配方法，并确立了按部门进行成本核算的制度，这对银行成本管理来说是一个极大的进步。19世纪以后以英国银行为代表，率先运用会计基本原理，结合银行业的特点，根据经营过程的主要环节，设置相应系统的成本科目和账户，以及有关账表、记录，通过成本分配，达到最终反映各类成本（总成本和单位成本）的目的。

1903年，米特在美国银行学会杂志发表了题为《个人分户账的利益》的论文，是世界上专题研究银行成本的第一篇文章。同年，该杂志上又刊登了华尔德所著的《存户价值决定法》一文，这时，银行成本计算问题引起了金融界的极大关注。美国俄亥俄州托利多市银行出版社社长汤姆士通过整理多年收集的银行成本的零星资料，结合实践经验，撰写了著名的《银行成本会计》一书，该书的出版标志着银行成本核算体系的形成。

在这个阶段，银行依旧采用单纯的事后成本核算体系。虽然标准成本法和责任成本法在制造企业得以应用，但由于大多学者将成本研究方向全部集中于制造行业，并未对银行业成本核算进行足够的理论支持，同时银行业成本的性质与物质生产业有极大的不同，这些直接导致了相对先进的标准成本、责任成本核算体系并未在商业银行内部的成本核算中得以实践。

2. 20世纪50年代至70年代末的有目标核算阶段

进入20世纪50年代以后，世界经济进入了战后发展新阶段。其间，在以美国泰罗和法国法约尔为代表人物的“古典管理理论”的指导下，在管理实践中先后应用了以保证定额实现为目的的差别计件工资制、以计划职能与执行职能相分离为主要特征的预算管理和差异分析等一系列标准化、制度化的新技术和新方法。在这种情况下，银行管理者们意识到只有突破单一事后成本核算的格局，对经济过程实施事前规划，才能促进经营目标的实现。于是部分银行业的成本管理相应引入了“定额成本”“预算控制”和“差异分析”等方法，部分银行开始编制成本计划、成本预算或成本定额，据以进行核算控制，银行成本管理的范围也随之扩大，银行成本管理理论与方法有了发展和完善。

在这个阶段中，标准成本、责任成本等有明确目标的成本核算体系在商业银行的成本核算中得以初步应用。通过实践这些产品成本核算体系，银行的成本核算由单纯的事后核算阶段迈向了事前计划、事中控制、事后核算的三个环节相互联系的阶段。

3. 20 世纪 80 年代至今的作业成本管理阶段

进入 20 世纪 80 年代以后，罗宾·库珀和罗伯特·S. 卡普兰（Robin Cooper and Robert S. Kaplan）提出了作业成本法（Activity-based Costing, ABC）之后，作业成本法在全球管理会计对成本管理渗透范围内迅速扩展，其应用由最初的美国、加拿大、英国，迅速扩展到澳洲、亚洲以及欧洲国家；在行业领域方面，也由最初的制造行业扩展到商品批发、零售业、金融、保险机构。1996 年，美国银行管理研究院（Bank Administrative Institute）就美国采用这种成本制度的情况进行了问卷调查，共向美国最大的 250 家银行发出问卷，最后有 40 份返回。这 40 家反馈银行的资产大约占整个银行业总资产的 43%。调查结果是约 90% 的银行正在考虑采用或者已经采用作业成本制度。加拿大蒙特利尔银行就是其中一个例子，在 20 世纪 90 年代就开始开发全成本管理系统，将作业成本法应用于成本分摊中，实现了将费用成本分摊到机构、部门、产品、客户的多维度核算、分析和监控。

莫里斯（Morris，2014）等学者以美国一家社区银行的借贷部门为研究对象，发现每一笔商业贷款，如果按原有成本方法计算出的第一年盈利都偏高；但按作业成本法计算，则一些商业贷款并没有设想中的盈利。他们认为，作业成本法可以帮助商业银行对贷款产品进行重新定价，使银行管理层对市场拥有更强的洞察力。

在这个阶段中，随着银行产品种类增多、业务不断发展、市场风险逐渐增大、银企关系进一步加强，银行成本受到越来越多外界因素的影响。为了得到各种产品和部门的成本信息，作业成本法可以对银行的间接成本进行较为准确的分摊，进而为银行决策者提供正确的经营决策。为了提高银行的整体竞争能力，以成本企划为特征的目标成本核算体系也在银行财务分析中得以应用。

二、国内发展

我国金融市场及金融体系发展较为滞后，相对于国外银行业，由于我国银行业成本核算体系起步较晚、较为落后，由此也导致了国内商业银行营业费用核算的落后。自20世纪40年代起，我国开始了对银行成本的研究，迄今为止经历了半个多世纪的发展历程。

1. 1980年之前：单纯事后成本核算阶段

由于旧中国金融业不发达，银行成本问题没有引起金融界人士的重视。20世纪40年代初期，《上海银行周报》曾刊登过银行成本会计的论文，但其内容仅限于对存款账户的分析。1947年，上海银行谢廷信先生参照美国、日本诸国有关银行成本的资料，结合中国银行的实际经营情况，撰写了《银行成本会计》一书。此书标志着我国商业银行成本问题开始得到理论界和实践界的重视。自此直至20世纪80年代期间，由于中国实行计划经济体制，不仅银行业，甚至制造业也只实施单纯的事后成本核算体系。

2. 1980～2000年：标准成本核算阶段

改革开放以来，随着市场经济体制的不断建立，政府部门将成本列为企业经营的考核指标之一，我国学者越来越关注成本核算体系的研究。1988年辽宁大学出版社出版了《银行成本会计》、1990年中国金融出版社出版了《银行成本管理概论》、1992年浙江大学出版社出版了《银行成本管理》。其间，《中国金融》《金融研究》《财贸研究》等各种经济、金融学术刊物上发表了许多银行成本研究的论文成果。以上著作为推动银行业成本核算的制度化、科学化发展起到了较好的导向作用。但这些成果基本上都只是介绍国外先进银行的管理经验，或者研究作业成本法等成本管理方法在非金融企业的应用，对于金融企业作业成本法的实务研究仍然停留在概念层次。

3. 2000～2010 年：现代成本管理阶段

进入 21 世纪后，我国商业银行也开始尝试将作业成本法（ABC）、全面成本管理（Total Cost Management，TCM）等先进的产品成本核算体系在商业银行中进行实践。但是，无论是股份制商业银行，还是国有商业银行，在成本核算体系设计方面，都是以分支机构作为核算主体，而对于分部门、分产品的成本核算体系建设基本上属于空白，更没有实现国外先进商业银行的作业成本法管理模式。事实上，21 世纪初我国绝大多数企业和银行还不具备直接、全面推行作业成本管理法的条件。但与此同时，作业基础成本管理的理念及其意义也逐步得到了理论界和实务界的认同。

4. 2010 年以后：战略成本管理阶段

银行管理会计体系中，运营成本分摊处于极为重要的地位，是管理会计体系建设的基本前提和重要保障，亦是组织资源、人力资源、科技资源合理配置和发展的基础。[①] 将成本管理上升到战略的高度，也是银行追求长远发展、稳健发展的必由之路。战略成本管理不再是局限于银行内部的成本分析，而是着眼全局，以系统性、全面性的思维，考虑企业所处的外部环境，包括行业环境、竞争对手情况等，对企业成本进行全方位管理和控制。因此，对成本核算与分摊提出了更高的要求。

2010 年以后，随着新技术的兴起和广泛应用，国内商业银行成本管理的水平发生了很大的变化。例如，作业成本法已经在某些银行的部分业务中进行了试点应用，并取得了一些示范效果。随着 IT 系统的运算、存储能力的提升，成本核算的粒度也更细，现在已经可以将成本核算分摊到账户甚至交易的层级。[②] 同时，随着财务共享、闭环管理的兴起，成本核算的自动化程度也显著提高，费用归集的操作由财务部门前移至业务部门，提升了费用归集核算的时效性，计量也更为准确。

2021 年 4 月，中国银行业协会发布了《银行管理会计运营成本分摊方法指南》，从目标、流程和方法等方面系统介绍了用于银行成本分摊的管

---

① 中国银行业协会：《银行管理会计运营成本分摊方法指南》，2021 年。

② 中国建设银行的管理会计成本分摊是以近 4 万个责任中心的费用为基础，根据责任中心职能，对责任中心及其发生的成本进行重分类并建立成本池，采用不同的规则和动因，将成本分摊到账户，并以此为基础形成多维度的成本报表（彭寿春，2019）。

理会计方法，标志着银行业成本分摊体系迈向了标准化、体系化的新阶段。本书也整理比较了国内几家主要商业银行当前的成本分摊基本情况（见表4－3）。

表4－3　部分银行成本分摊体系比较

内容	A行	B行	C行	D行
分摊方法	先归集、后分摊			
分摊路径	（1）管理部门→经营部门→产品； （2）经营部门→产品	（1）管理部门→账户； （2）服务部门→账户； （3）经营部门→账户	（1）管理部门→账户； （2）经营部门→账户	（1）管理部门→账户； （2）经营部门→账户
分摊因子	产品	账户		
动因选择	多动因			
分摊时效	次月T+2	次月T+8	次月T+10	次月T+8
成本划转*	较多	很少	很少	很少

注：*成本划转又称“成本分成”，指出于管理需要，将核算后的成本在银行内部不同分支机构间进行划转。如核算总行的成本记账后划给分行，由其承担（具体原理可参见第十三章“业绩分成”）。

第三节　计量方法

成本分摊计量的常用方法有分批成本法、分步成本法、作业成本法、多成本动因法等。[①]

一、分批成本法

分批成本法是以某一批产品为成本计算对象进行归集费用、计算成本的方法。具体操作上，分批成本法是将所有成本以产品为核心，根据作业

① 成本分摊的方法分类有多种，不同行业的称谓也不尽相同。《银行管理会计运营成本分摊方法指南》（中国银行业协会，2021）还提出了受益分摊法、标准成本法、简易作业成本法，与本书提出的方法类似。

将成本归集到产品。这就意味着推行分批成本法应有两个前提：一是多数成本能够作为直接成本与产品建立明确的对应关系；二是与产品相关的成本能够按照作业归集。

二、分步成本法

分步成本法是以产品的生产步骤为成本计算对象来归集费用、计算成本的一种方法。具体操作上，成本是按照生产部门归集的，用于同质产品的大批量生产，使用生产成本报告来为某一特定部门归集和控制成本。在分步成本法中，单位成本是在每个会计期末，通过使用“约当业务量”概念按部门计算的。分步成本法通过建立成本与部门的对应关系，将成本先核算到具体部门，然后通过建立部门与产品的对应关系，再将成本核算到产品。

分批成本法和分步成本法主要有三个区别。其一，在分批成本法中，成本是按产品作业归集的，而在分步成本法中，成本是按照生产部门归集的。其二，分批成本法有多种不同的产品或服务，它使用作业成本单来为一项特定工作归集和控制成本；分步成本法是同质产品的大批量生产，它使用生产成本报告来为某一特定部门归集和控制成本。其三，在分批成本法中，单位成本是在工作完成后按作业量来计算的；在分步成本法中，单位成本是在每个会计期末，通过使用“约当业务量”概念按部门计算的。其中，前两点区别是分步成本法与分批成本法的最主要区别（见图4－2）。[①]

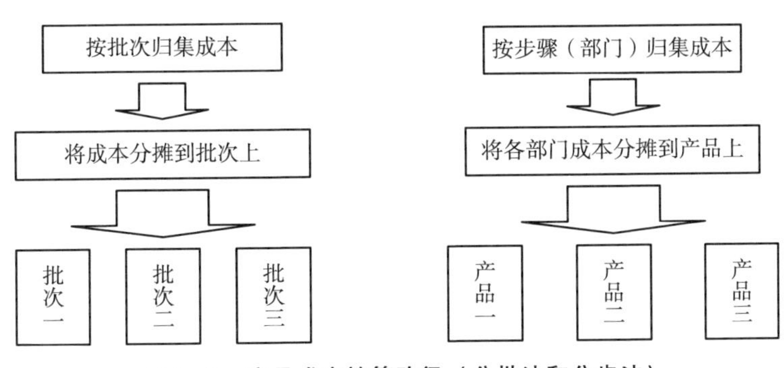

图4－2　产品成本核算路径（分批法和分步法）

---

①　唐·R. 汉森玛利、安娜·M. 莫文：《成本管理——决策与控制》，中信出版社2003年版，第53页。

三、作业成本法

作业成本法是以“作业消耗资源、成本消耗作业”为原则，按照资源动因将资源费用追溯或分配至各项作业，计算出作业成本，然后再根据作业动因，将作业成本追溯或分配至各成本对象，最终完成成本计算的成本管理方法。

作业成本法的主要优点：一是能够提供更加准确的各维度成本信息，有助于企业提高产品定价、作业与流程改进、客户服务等决策的准确性；二是改善和强化成本控制，促进绩效管理的改进和完善；三是推进作业基础预算，提高作业、流程、作业链（或价值链）管理的能力。缺点则是部分作业的识别、划分、合并与认定，成本动因的选择以及成本动因计量方法的选择等均存在较大的主观性，操作较为复杂，开发和维护费用较高。

银行作为一个“金融百货公司”，吸收存款、提供贷款、办理结算代理等一系列服务，都可以看作是向客户提供产品，其中存在很多的作业。因此，作业成本法同样可以在银行内部管理会计中发挥积极的作用（芮烊潍，2021）。由于作业成本法更适合在制造业企业实行，研究人员对其进行了简化，以时间为动因，发展出估时作业成本法（time-driven activity-based costing）（邢劼等，2016）。但在实践中，无论是作业成本法还是估时作业成本法，商业银行真正应用的还不多。

四、多成本动因法

成本动因是指导致成本发生的任何因素，亦即成本的诱导因素。这种分摊方法有别于传统成本法的地方在于其采用多成本动因，可以对不同的成本中心采用不同的成本动因进行成本分摊，从而可以相对准确地将这些间接成本向产品分配；这种分摊方法也有别于作业成本法，它的分摊路径相对简单，不需要耗时巨大的作业区分。在多成本动因分摊方法下，对不同的成本中心确定不同的成本动因是关键一环。

银行经营管理过程中引起间接成本变动的因素很多，但并不是所有这些因素都要被确定为成本动因，每个环节中的成本动因数量不能太多，否则难以操作；也不能太少，否则准确性难以保证，必须要确定一个比较恰当的成本动因数量，使这些成本动因能充分地成为间接资源成本的分配基础。

一般来说，根据问题本身的专业理论及有关经验，人们罗列出来的可能与因变量有关的自变量往往太多，其中有一些变量对因变量可能根本没有影响或影响很小。如果把所有成本动因系数包含进来，不但计算量大，而且缺乏操作性，分摊的精确性也可能降低。

如果将某成本中心成本视为因变量，成本动因视为自变量集合，构造一个最好的回归模型，使得回归曲线与成本中心实际成本曲线达到最好的拟合度，则表明成本动因为好的分摊依据。但是，回归自变量选择所涉及的计算量都很大，同时，对样本数据的要求也较高，即要求将费用精细核算到尽量小的责任中心。

五、方法选择的原则

商业银行在选择合适的方法时，需要遵从以下基本原则。

（1）受益性原则。费用的经济本质是对生产经营中所发生的资源耗费的补偿，准确对应各部门费用与收入，是度量该部门业绩的关键。所以，营业费用分配方法也要符合企业自身的经营特点，充分体现受益原则。由于我国商业银行的机构层级较多，一般为4～5个机构层级，即总行、一级（直属）分行、二级分行、支行及网点。商业银行不同层级的机构设置不同，费用成本结构也不同。因而在考虑选择成本分摊路径时，需要考虑不同层级的成本特点，采用不同的分摊方法。这决定了我国商业银行的成本核算在路径选择上，从核算的准确性考虑，不能笼统地选择分步成本法、分批成本法抑或作业成本法等方法。

（2）可控性原则。成本核算的最终目的是提供精确的成本信息，为管理战略和经营决策提供信息支持；就银行成本管理的角度而言，成本核算方法需要体现可控性原则，以便于成本发生主体对成本的控制。由于银行存在大量的间接成本，直接分摊到产品之后，容易混淆成本源头，不利于成本管理。因此，准确核算部门成本在银行管理中的作用十分重要。以产品为例，产品是由部门负责经营的，从产品核算的准确性看，只要部门成本核算正确了，产品核算的误差基本限定在所属部门成本之内，准确性就可以得到基本保证。

（3）成本效益原则。在考虑上述方法时，成本效益原则必不可少。如分批成本系统更关注具体的产品或服务的批次，物理网点采用这一方法更为便捷，采用分步成本法反倒复杂；而在支行以上机构采用分步成本法，操作的难度也不大，核算的精确性也容易得到保障。而作业成本法可能更适合那些作业界定清晰、操作简单、准备时间短的银行业务，否则就会显得“不经济”。

各成本计量方法的比较如表4－4所示。

表4－4　各成本计量方法的比较

计量方法	定义	优点	缺点	适用范围
分批成本法	以产品批次为成本计量对象	成本可直接对应产品相应批次	无法准确反映成本构成，不便成本分析	产品种类少、规模小的企业
分步成本法	产品先归集到部门，再向产品进行分摊	过程清晰、明了	需要成本还原，核算工作量大；成本分摊动因单一	部门产品之间的对照关系比较固定
作业成本法	作业消耗资源、产出消耗作业，通过追溯或分配至成本计量对象	（1）提供更准确的各维度成本信息；（2）强化成本控制，促进绩效完善；（3）推进作业管理能力	存在较大的主观性，操作较为复杂，开发和维护费用较高、前期准备时间长、作业变化大	产品多样、规模大、竞争力强
多动因成本法	对不同的成本中心采用不同的成本动因进行成本分摊	（1）分摊路径相对简单；（2）准确性较高	动因选择存在主观判断，无统一标准	部门层级、产品种类较多

第四节　实证研究

本节主要对成本分摊过程进行举例说明。理论上讲，分摊粒度越细，分摊结果越精准，而且目前技术上已实现账户（交易）粒度的分摊。但实践中并非越细越好，既要考虑成本效益原则，又要坚持实用原则。本书选择以产品作为最低分摊对象来进行举例说明。原因在于：一是产品可感知，产品成本易于理解；二是成本分摊至产品，易于部门、条线和其他维度的应用。

一、部门/网点成本

前已述及，我国商业银行一般有 4 ~ 5 个机构层级，即总行、一级（直属）分行、二级分行、支行及网点。部门通常是支行及以上机构内设的组织，如总、分、支行分别内设的财务会计部、个人业务部、人力资源部和公司业务部等。而网点作为商业银行主要的经营单元，内部不再设置部门，下面也不再设置其他机构，层级最低。

按成本来源统计，部门/网点成本主要来自两部分：直接计入的成本；通过动因分割的成本。前者在财务核算时就可以直接归集到部门/网点，如差旅、工资、宣传等费用，后者如水电气、物业等费用，需要在若干部门/网点间按受益情况进行分摊确定。

如某银行财务会计部员工当月发生了一笔差旅支出 2 000 元，那财务核算时除了计入相关科目外，还要将这笔金额归集到财务会计部，作为其部门成本。又如，某银行 20 个部门均在一栋大楼里办公，当月发生水费 20 万元，则可以根据部门使用楼房的面积或者员工人数进行分割计算，作为各自部门的成本。网点成本的计算也类似，不再赘述。

二、产品成本

产品是银行对外经营和服务活动的最小单位或者组合，产品成本是指银行向市场提供的满足客户需要的服务、支持、管理过程中所耗费的成本。从银行分产品业绩核算的角度看，由于不同层级机构的组织机构设置存在差异，商业银行应当根据不同情况，采用不同的成本核算方法。

（一）网点层级的产品费用成本核算路径

基层网点更宜采用分批成本法。商业银行承担主要操作业务的物理网点（即分理处、储蓄所）与其他机构的属性存在较大差异。物理网点基本不存在内设部门，也不存在后台部门，几乎所有成本都服务于产品营销，营业费用能够与产品建立较为直接的关系。因此，从管理效率看，网点成本能够按照产品的一些业务动因（如业务量、主营业务收入、资产负债日均余额等）较为准确地分摊到产品中（见图4－3）。

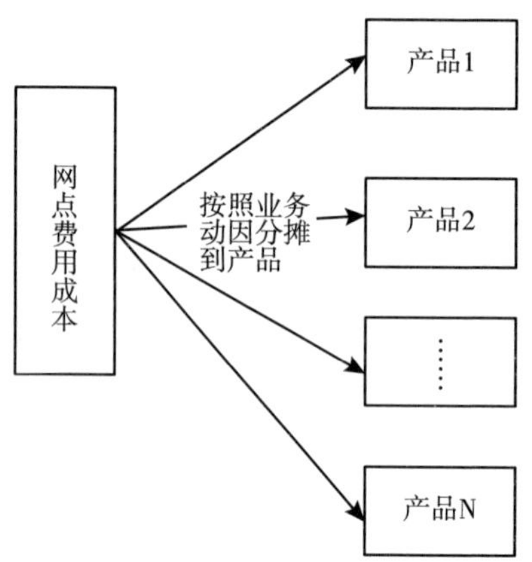

图4－3　网点层级营业费用分产品核算

此外，由于网点人力费用占比近60%～70%，还可以探索其他动因进行分摊。例如，如果人力部门根据岗位职责给每位员工打上岗位标签[①]，则可以按照岗位标签进行分解，再通过标签与产品的关联进一步分摊为产品成本。

（二）支行以上层级的产品费用成本核算路径

支行以上分支机构不宜采用分批成本法，更宜采用分步成本法。当前，我国商业银行支行以上层级机构中，由于存在越来越细的内设部门划分，且存在一定的后台费用，除直接面对客户的一线网点和部分市场营销部门之外，大量的上层管理机构、内部管理机构并不直接面对客户，这些机构或者部门也没有显著的产品属性。但这些成本多数具有明显的部门属性，因此有必要把许多费用成本明细项目按照成本中心先进行归集汇总，再通过成本中心向产品分配。

① 员工岗位标签一般由人力部门负责建立，根据每个员工的工作职责确定，如个人金融、人力资源、财务会计等，这些标签与各层级部门的名称（个金部、财会部、人力部等）大体一致，因此可以和对应的产品建立关联。

分步成本法要求银行按部门来归集产品或服务的成本，并把成本分配到产品上去，这有利于银行对部门的成本核算，形成部门的成本报告，可以促进部门成本管理。从深化银行成本管理的角度来看，在支行以上机构采用分步成本法，不仅能够确保银行分产品成本核算的基本准确，同时也能够带动分部门成本管理，是理想的成本核算方法（见图4－4）。

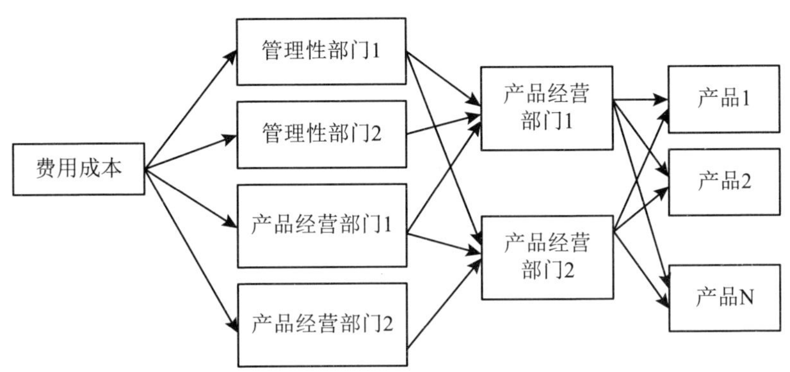

图4－4　分步成本法下的营业费用分产品核算

根据分步成本法原理，费用成本首先核算到部门，再通过部门分摊到产品。由于银行的部门类型不同，部门成本在向产品的分摊过程中，其方法也存在一定差异。本书根据产品的关联程度，将商业银行的部门划分为产品经营部门（与产品直接相关的部门，例如个人金融业务部、公司业务部等）和管理性部门（与产品经营不直接相关的部门，例如办公室、人力资源部等）。

按照部门的分类，产品经营部门发生的成本能够很容易地与产品建立客观的联系，从而可以方便地将这部分成本分摊到产品上，但是对于管理性部门发生的成本由于只是间接和产品相关，只能采取“模拟”二级分摊方法将其先分摊到产品经营部门，然后再通过产品经营部门往产品上分摊。

如何将发生在管理性部门的成本向产品经营部门分配，尤其是在考虑管理性部门在向产品经营部门提供服务时，管理性部门内部之间也相互提供服务，即存在交互流动的情况下，问题将变得更复杂了。假定管理性部门 A1 同时向产品经营部门 B1、B2 以及管理性部门 A2 提供的服务，占比分别为 40%、40%和 20%；A2 向 B1、B2 和 A1 提供的服务分别占其总量的 30%、20%和 50%（见图 4-5）。

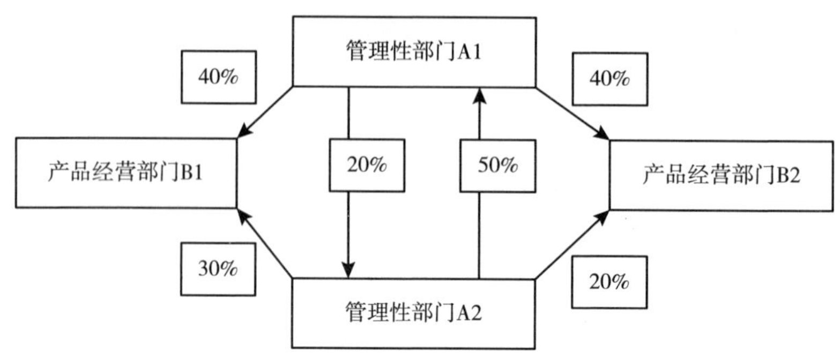

图 4-5　部门间营业费用形成过程

目前关于这一问题的研究提出了三种处理方法：直接分配法、逐步分配法和交互分配法。

（1）直接分配法。直接分配法是最简单的一种，因为这种方法认为管理性部门之间不提供服务。即 B1、B2 各分摊 A1 中成本的 50%［40% ÷(40% + 40%)］；B1、B2 分别分摊 A2 中成本的 60%［30% ÷(30% + 20%)］、40%［20% ÷(30% + 20%)］[①]（见图 4-6）。

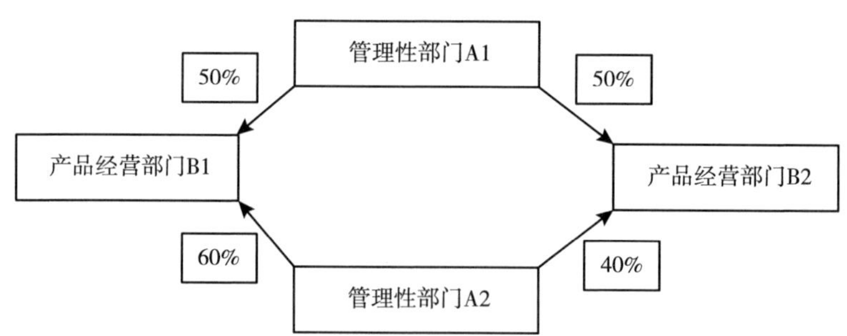

图 4-6　部门间营业费用的直接分配

① 分摊比例根据主观判断得到，还可以根据动因确定，如人数、业务量等。

（2）逐步分配法。逐步分配法是先找出一个或几个管理性部门，其成本可以相对全面地分配到其他部门，这样先把找到的这些部门中的成本分配到其他部门，然后再采用与直接分配法同样的方式分配成本。这里 A2 提供的服务较多是服务于 A1（占 50%），因此按照逐步分配法先将 A2 中的成本按照 30%、20%、50% 的比例分配到 B1、B2、A1，再将 A1 中的成本（包括分配过来的 A2 中的成本）按照直接分配法进行分配，B1、B2 各分摊 50%（见图 4－7）。

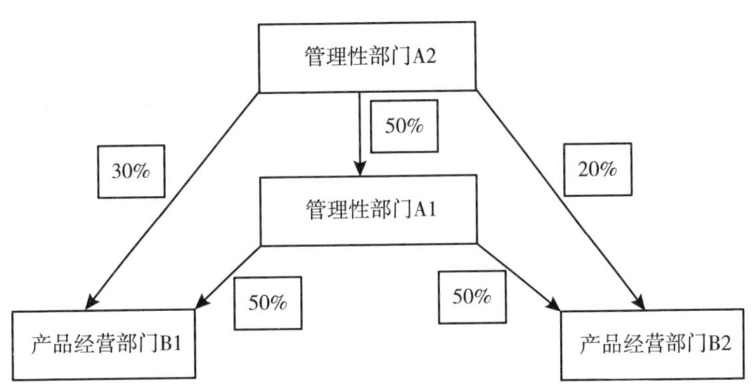

图 4－7　部门间营业费用的逐步分配

（3）交互分配法。交互分配法是最理想的一种，因为相比其他两种方法，它考虑了管理性部门之间所有可能的服务交互流。这一方法的实现是通过建立方程求解，每一个部门都有一个方程等式用来表示已分配的成本，包括其初始成本加上从其他部门分配到的成本，在这样一个方程组中可以确定服务交互流，进而进行成本分配。

交互分配法虽然是最为精确的，但是对于银行而言，由于存在很多管理性部门，要建立方程组很复杂，求解难度也很大；而直接分配法虽然简单易行，但是分配的精度很难保证，因此在银行的成本分摊路径上，可以采用相对精确又简便的逐步分配法将管理性部门中的成本分配到产品经营部门。但在银行分产品业绩核算框架建立初期，从操作的简便性考虑，可以采用直接分配法将管理性部门的成本分配到产品经营部门。

（三）产品成本汇总

当网点产品成本和支行及以上层级产品成本计算完成后，汇总就得到各类产品的总成本。其中，可将部门分摊到产品的成本追溯分为管理性部门成本和产品经营部门成本。

三、条线成本

商业银行的条线指各层级业务职能或管理职能相同部门的纵向汇总，如个金条线，一般包含总行个金部门、分行个金部门、支行个金部门等。但由于部门设置不尽相同，层级越低的部门，可能要对接上级机构的多个部门，如支行一般只有营销部，不再细分个金、公司等，所以无法简单纵向汇总累加。这就需要寻找一个相对稳定的参照体（即“锚定物”），比如产品，建立各层级部门与产品的对照关系。在产品成本核算清晰的基础上，就能通过产品线汇总得到条线成本。

四、渠道成本

随着新技术的发展，线上渠道的业务发展呈快速增长态势，对不同渠道成本进行核算和评价，不仅有助于优化渠道建设，提升产品竞争力，更有利于商业银行制定发展战略、优化资源配置。

渠道成本主要是从产品成本入手，按照一定的动因向各渠道分摊得到。动因可以是业务量，如交易金额、交易笔数等，但由于不同渠道初始业务量差异较大，如果直接作为基数向各渠道分摊，会造成不同渠道成本差距较大，因此需要进行一定的调节换算，通过引入折算系数的方法实现调节目标。产品成本向渠道分摊的公式如下：

$$\text{A产品某渠道成本}=\text{A产品成本}\times\left[\frac{\text{该产品某渠道业务量(折算后)}}{\text{该产品全渠道业务量(折算后)}}\right]$$

其中，产品渠道业务量（折算后）= 产品渠道原始业务量 × 渠道折算系数。

渠道折算系数需根据不同渠道的笔均投入确定。

五、客户成本

目前，商业银行计量客户成本的方法大体可以分为两种：一种是直接法，将前述各类成本中心的成本通过选择不同的业务动因，直接分摊到各类客户持有的账户/交易（最细粒度）上。[①] 另一种是间接法，通过建立产品/部门与客户的关联，将产品/部门成本进一步分解至对应客户。

两种方法各有优劣：直接法用的是客户维的账户级分摊数据，加工计算量在亿级以上，对系统运算能力要求比较高，但结果最细、最彻底，理论上可以精确到每一个客户；间接法用的是产品维分摊数据，计算量要少很多，但通过产品与客户的关联计算得到的客户成本不能精确到人，一般可以用来计量某一类客群[②]的成本。如果还能找到更合适的动因，甚至可能计算出不同年龄、性别的客户成本。在实际应用中，银行应根据自身的特点，进行选择性应用。

第五节 小结

本章主要对费用成本进行了论述，并举例说明各类成本分摊方法的具体应用。这些方法都有具体的优缺点以及适用范围，需要根据实际情况选择应用。同时，成本分摊的结果可以进行组合，形成部门/网点成本、产品成本、条线成本、渠道成本和客户成本等多维度成本信息。

---

① 以账户为例，包括储蓄账户、理财账户、基金账户等，但不应包括出于内部管理而设立的银行内部账户；交易则是基于账户的客户发起的买卖行为。

② 如根据客户类型划分为个人客户、公司客户等，再根据其他特征进一步细分，个人类有长尾客户、私人银行客户等。

第五章　风 险 成 本

本章回顾了风险成本的发展历程与研究现状，对标准法和内部评级法进行了阐述，并介绍了《国际财务报告准则第 9 号——金融工具》（IFRS 9）“预期损失模型”在我国商业银行的应用。在标准法中，主要介绍理论原理、在我国的应用以及理论弊端；在内部评级法中重点论述了内部评级法的三类模型，以及在我国的适用性，并结合会计准则和监管规则，构建内部评级法到预期信用损失模型的转换。最后采用预期损失模型的基本原理，具体阐述了风险成本计量核算过程。

第一节　基本概念

一、资产损失准备

资产损失准备是指在经营过程中提取的、在成本中列支的、用于弥补资产损失的准备，包括对资产估计可收回金额低于账面价值的部分提取的抵债资产减值准备、固定资产减值准备、在建工程减值准备、无形资产减值准备和长期股权投资减值准备等，以及采用预期信用损失法计量、按其预期信用损失估算结果计提的信用风险损失准备等。

提取资产损失准备的风险资产包括以摊余成本计量或以公允价值计量且其变动计入其他综合收益的贷款、债券、同业业务、应收款项、租赁应收款、其他债权类投资等表内承担信用风险的金融资产，以及财务担保合同、贷款承诺等表外承担信用风险的项目、长期股权投资、抵债资产、固定资产、在建工程、无形资产等。

其中，预期信用损失是指以发生违约的风险为权重的信用风险敞口信用损失的加权平均值。

信用损失，是指按原实际利率折现的、根据合同应收的所有合同现金流与预期收取的所有现金流之间的差额。对于购买或源生的已发生信用减值的信用风险敞口，应按该信用风险敞口经信用调整后的实际利率折现。在估计现金流时，应考虑信用风险敞口在整个预计存续期的所有合同条款（如提前还款、展期等），包括出售所持担保品获得的现金流，以及属于合同条款组成部分的其他信用增级所产生的现金流。

二、资产损失准备分类

（1）信用风险损失准备是指以预期信用损失法为基础的，用于弥补信用风险敞口损失的准备。信用风险敞口包括以摊余成本计量或以公允价值计量且其变动计入其他综合收益的贷款、债券、同业业务、应收款项、租赁应收款、其他债权类投资等表内承担信用风险的金融资产，以及财务担保合同、贷款承诺等表外承担信用风险的项目。

（2）抵债资产减值准备是指对抵债资产预计可收回金额低于其账面价值的部分提取的用于弥补特定损失的准备。抵债资产减值准备计提的范围包括依法行使债权或担保物权而受偿于借款人、担保人或第三人的实物资产或财产权利，包括不动产、动产、无形资产、有价证券和其他权利（不含股权投资）等。

（3）固定资产、在建工程和无形资产减值准备是指在经营过程中对固定资产、在建工程、无形资产预计可收回金额低于其账面价值的部分提取的用于弥补特定损失的准备。

（4）长期股权投资减值准备是指对长期股权投资预计可收回金额低于其账面价值的部分提取的用于弥补特定损失的准备。提取减值准备的长期股权投资是指对被投资单位实施控制、有重大影响的权益性投资，以及对合营企业的权益性投资。

第二节 应用现状

一、风险成本理论的发展阶段

关于商业银行风险成本的研究，是伴随着信用理论的研究而发展起来的。大约从19世纪中叶开始，欧洲就出现了关于信用理论的论述和著作。美国信用理论研究的延续性更强，其研究可以分为以下四个阶段（张文武，2009）。

第一阶段，风险成本概念的产生和单变量信用理论模型的出现。1841年，路易斯·塔潘（Lewis Tappan）建立了第一个商业征信所。1896年，美国国家信用协会诞生。这一时期，风险成本以及相应的信用理论处于缓慢发展时期。风险成本的分析主要集中在定性分析方面，商业银行对借款人风险成本的定量分析，主要目的是预测借款人是否有可能违约，主要分析工具是单变量信用管理模型，利用企业的资产负债表、损益表和现金流量表进行比率分析和比较分析。

第二阶段，多模式风险成本计量方式的出现。1968年，美国经济学家爱德华·L. 阿尔特曼（Edward I. Altman）发表了《财务比率、判别分析和公司破产预警》一文，利用多元判别分析法，建立了著名的5变量Z评分模型（Z Model），预测企业的破产率。1977年，阿尔特曼建立了ZETA信用分析模型（ZETA Model），因其简便、成本低和效果较好，被美国商业银行广泛采用。1974年，美国的德尔顿·L. 查森（Delton L. Chessen）利用Logit分析方法建立了信用风险评估模型（Chessen Model）。1981年以后的风险成本分析方法，多采用Logit分析方法，不再采用多元判别分析法。

第三阶段，风险成本的计量方法出现标准化趋势。20世纪80年代初，受债务危机的影响，银行普遍开始注重对信用风险的防范与管理，其结果是《巴塞尔协议》的诞生。该协议通过对不同类型资产规定不同权数来量化风险，该协议中关于信用风险的计量标准和量化方法，逐步得到国际银行业的认可，风险成本计量出现了标准化、统一化的趋势。但这仍然是一种对银行风险比较笼统的分析方法。

20世纪90年代以后，随着衍生金融工具及交易的迅猛增长，市场风险日益突出，几起震惊世界的银行和金融机构危机大案促使人们对市场风险更为关注。一些主要的国际大银行开始建立自己的内部风险测量与资本配置模型，以弥补《巴塞尔协议》的不足。主要进展包括：(1) 市场风险测量新方法——风险价值方法（Value at Risk，VaR）。这一方法的最主要代表是摩根银行的“风险矩阵（Risk Metrics）系统”；（2）银行业绩衡量与资本配置方法——信孚银行的“风险调整的资本收益率”系统（Risk Adjsted Return on Capital，RAROC）。

21 世纪初，一些大银行认识到信用风险仍然是关键的金融风险，并开始关注信用风险测量方面的问题，试图建立测量信用风险的内部方法与模型。其中以 J. P. 摩根（J. P. Morgan）的 Creditmetrics 和瑞士信贷银行金融产品部（Credit Suisse Financeial Products，CSFP）的 Credit Risk + 两套信用风险管理系统最为引人注目。

第四阶段，全面风险管理阶段。1997 年亚洲金融危机爆发以来，世界金融业风险出现了新的特点，即损失不再是由单一风险造成的，而是由信用风险和市场风险等联合造成的。金融危机促使人们更加重视市场风险与信用风险的综合模型以及操作风险的量化问题，由此全面风险管理模式引起人们的重视。1999 年 6 月 3 日，巴塞尔银行委员会发布了关于修改 1988 年《巴塞尔协议》的征求意见稿，其间进行了反复的讨论，并于 2004 年发布了《巴塞尔协议Ⅱ》。该协议实现了资本与风险之间的动态联系机制，构建了资本监管体系三大支柱，提出信用风险采用标准法或基于内部评级法。

2008 年后爆发的国际金融危机暴露出《巴塞尔协议Ⅱ》的诸多不足。为提高银行抵御金融震荡和经济波动的能力，巴塞尔委员会提出了一系列改革措施和文件，以补充和完善《巴塞尔协议Ⅱ》。2010 年 9 月，巴塞尔委员会就《巴塞尔协议Ⅲ》达成一致意见。在资本金方面，《巴塞尔协议Ⅲ》增加了最低普通股要求，由现行的2%严格调整到4. 5%；建立资本留存超额资本[①]，在最低监管要求之上的资本留存超额资本应达到2. 5%；建立反周期超额资本[②]，比率范围为普通股或者是全部用来弥补损失的资本的0 ~2. 5%。在内部评级法方面，《巴塞尔协议Ⅲ》强化风险管理监管原则，减少了对外部评级和信用评级机构的依赖；扩大了风险覆盖范围，增加了交易对手信用风险管理；针对内部评级法中亲周期性问题提出了建议方案等。

---

① 本书将 the capital conservation buffer 译为资本留存超额资本。

② 本书将 A countercyclical buffer 译为反周期超额资本。

二、新金融工具会计准则以及在我国的应用

2014年7月，国际会计准则理事会（IASB）发布了《国际财务报告准则第9号——金融工具》（IFRS9），该准则取代了《国际会计准则第39号——金融工具确认与计量》（IAS39），并于2018年1月1日正式生效。《国际财务报告准则第9号——金融工具》（IFRS9）为确认减值损失引入了“预期信用损失模型”，该模型要求在实务中会计主体应自金融工具初始确认时确认预期信用损失，损失的确认不再仅仅依赖于信用损失事件的发生。预期信用损失模型能在一定程度上解决现行已发生损失模型在应用层面存在的一些缺陷和问题，如对预期损失确认的滞后性、已发生损失模型的“峭壁效应”、现行减值计提模式的顺周期属性等。

从我国应用推广情况看，2017年财政部修订发布的《企业会计准则第22号——金融工具确认和计量》等相关会计准则，将金融资产减值会计由“已发生损失法”改为“预期损失法”，以更加及时、足额地计提金融资产减值准备，揭示和防控金融资产信用风险。新金融工具相关会计准则要求自2018年1月1日起在境内外同时上市的企业，以及在境外上市并采用国际财务报告准则或企业会计准则编制财务报告的企业施行，自2019年1月1日起在其他境内上市企业施行，自2021年1月1日起在执行企业会计准则的非上市企业施行，并鼓励企业提前施行（见图5－1）。

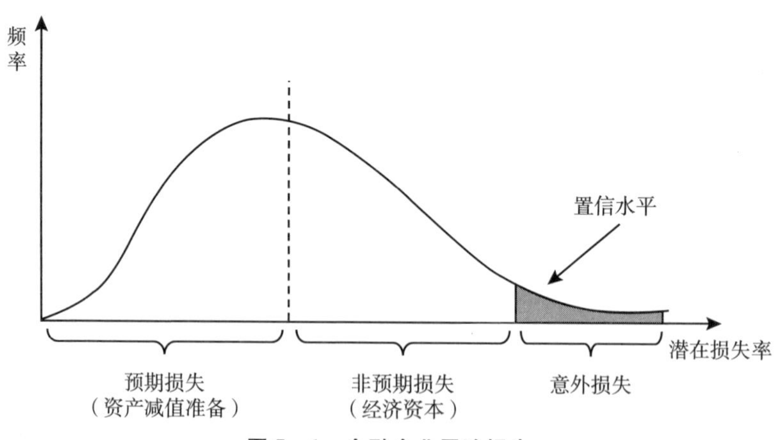

图5－1 金融企业风险损失

随着预期信用损失法在我国的全面应用，中国银行保险监督管理委员会（以下简称“银保监会”）于2022年5月13日正式发布《商业银行预期信用损失法实施管理办法》（以下简称“10号文”），为我国银行业实施预期信用损失法提供了全面系统的制度依据。2023年2月11日，银保监会会同中国人民银行联合制定了《商业银行金融资产风险分类办法》（2023年第1号）（以下简称《办法》），于2023年7月1日正式实施，为银行业金融资产分类管理指明了更为科学、细化和审慎的方向。两个办法的出台，有效地解决了因国内外风险管理理念变化和监管改革加速带来的理论、制度和实操间的衔接问题。

《办法》借鉴巴塞尔委员会在《审慎处理问题资产指引——不良资产及重组的定义》中的建议，扩展风险分类范围，由贷款扩展至承担信用风险的金融资产，与资本管理办法中金融资产信用风险加权资产的计算范围一致，与10号文的实施范围趋同。《办法》与10号文互为实施依据，《办法》引入“信用减值”理念，规定已发生信用减值的金融资产应计入不良类，其中预期信用损失占账面余额50%以上应至少归为可以类，占账面余额90%以上应归为损失类。同时，在预期信用损失法实施过程中，信用风险敞口的风险分类也是重要的判断依据。

第三节　计量方法

一、标准法

（一）基本含义

1988年发布的《巴塞尔协议Ⅰ》为计算银行的风险加权资产，根据风险的不同将贷款资产分为四类，分别适用0、20%、50%和100%的风险权重，大体对应中央政府、金融机构、个人住房按揭贷款和其他私人债权四类资产。2004年的《巴塞尔协议Ⅱ》中，引入标准法，进一步细化了贷款风险权重的设定，允许商业银行根据外部评级结果确定贷款的风险权重。银行将资产规模与风险权重相乘，便可计算相应的风险资产数值。对于表内资产，《商业银行资本充足率管理办法》[①] 第十七至第二十四条规定了不同资产的风险权重。对于表外资产，《商业银行资本充足率管理办法》第二十七条规定，商业银行将表外项目的名义本金额乘以信用转换系数，获得等同于表内项目的风险资产，根据交易对象的属性确定风险权重，计算表外项目相应的风险加权资产。

标准法的主要思想是由外部评级机构确定风险成本的计量标准，该计量标准的使用对象是业务相对简单、管理相对薄弱的银行。在商业银行管理水平相对较弱的情况下，采用外部评级机构或许更能反映银行的实际风险水平。

（二）在我国商业银行的运用

由于我国商业银行的信用风险管理水平与国际发达国家银行相比较低，在新金融工具会计准则实施之前，由于我国评级公司数量很少，难以达到国际认可的标准，同时已获得评级机构数量有限，评级的成本较高，评出的结果也不一定客观可靠；完全依靠外部评级机构推行标准法的条件尚不成熟。为解决我国商业银行的风险成本计量问题，中国银行监管部门出台了相应文件，针对我国商业银行尚不具备采用内部评级法的条件以及权威评级机构数量有限的问题，通过监管部门制定贷款风险分类标准，将贷款分为正常、关注、次级、可疑和损失五类，并规定不同类别贷款损失准备的计提比例，解决了银行风险成本的计量问题。

（三）优势与不足

从上面的分析可以看出，标准法在实践中简便易行，对于管理基础薄弱的银行来讲，标准法较好地解决了其风险成本计量问题。但标准法的缺陷也显而易见，由于不同商业银行的管理基础不同，完全采用相同的风险成本计量标准难以准确衡量不同商业银行，以及同一商业银行不同区域、不同产品的风险成本。鉴于标准法在信息充足性、时效性、科学性以及信用评级的客观公正性等方面存在的问题，巴塞尔委员会在协议修改稿中主张有条件的大银行提升自己的风险评估水平，打造更精细的风险评估体系，并创造性地提出了一整套精致的基于内部信用评级的风险成本计量方法。

---

① 中国银行业监督委员会2004年颁布，2006年修正。

二、内部评级法

鉴于标准法在测算银行风险成本中存在的局限，巴塞尔委员会允许管理较好的银行采用内部评级法测算银行的风险成本，其目标就是确保对这些风险要素进行准确识别和计量，并能由银行和监管部门进行检验。内部评级法允许银行使用自己测算的风险要素计算风险资产。其中，初级法仅允许银行测算与每个借款人相关的违约概率，其他数值由监管部门提供；高级法则允许银行测算其他必需的数值。

（一）相关概念

根据《巴塞尔协议Ⅱ》的规定，评定风险成本时主要考虑四个因素：违约概率（Probability of Default，PD）、违约损失率（Loss Given Default，LGD）、风险敞口（Exposure At Default，EAD）和期限（Remaining Maturity，M）。其中，期限与违约概率、违约损失率密切相关，但并不直接参与风险成本的计算，风险成本的基本衡量公式可以表示如下：

风险成本 = 风险敞口(EAD) × 违约概率(PD) × 违约损失率(LGD)

（1）风险敞口（EAD）。风险敞口也称风险暴露，是指未加保护的风险，即因债务人违约行为导致的可能承受风险的信贷余额。关于违约敞口最重要的一点是，它是未来的敞口，即在将来面临信用风险的头寸规模。由于提款和还款方式的不同，加上存在其他不确定因素，在贷款到期以前，信用敞口经常随着时间的推移而改变。也就是说，违约敞口的时间分布不是一个确定的常数。

（2）违约概率（PD）。违约概率是债务人在某一给定的时间段内产生违约行为的概率。《巴塞尔协议》对违约事件给出了较为明确和统一的定义[①]，即若出现以下一种情况或同时出现以下两种情况，债务人将被视为违约：

①银行认定，除非采取追索措施，如变现抵押品（如果存在的话），否则借款人可能无法全额偿还对银行的债务。

---

① 巴塞尔银行监管委员会发布、中国银行业监督管理委员会译：《统一资本计量和资本标准的国际协议：修订框架》（《巴塞尔新资本协议》），中国金融出版社2004年版。

②债务人对银行的实质性贷款债务逾期90天以上。若客户违反了规定的透支限额或者新核定的限额小于目前的余额，各项透支将被视为逾期。

（3）违约损失率（LGD）。违约损失率是在债务人出现违约时，银行在债务人的相关债务中可能损失且无法收回的部分的比例。抵质押物的类型及价值等信息是该指标计算过程中的主要考虑因素。

构成一个完整风险概念的两个基本要素是损失的可能性和一旦损失发生后的损失规模，即损失的严重程度。因此，LGD是除违约概率PD以外反映信用风险水平的另外一个重要参数，两者结合在一起才能全面反映信用风险水平。显然，PD既定的情况下，LGD越高，信用风险越大。预期损失率（Expected Loss，EL）是反映信用风险的一个指标，它是LGD和PD的乘积：预期损失率（EL）= LGD × PD。

（二）主要模型

目前国际公认的风险成本衡量方法中，主要包括以下四种模型①：

1. Credit Metrics and Credit Var I 模型

J. P. 摩根于1997年与德意志摩根建富、美国银行、瑞士银行、瑞士联合银行和BZW共同研究等金融机构，共同研究推出了世界上第一个评估银行信贷风险的证券组合模型——Creditmetrics模型，这是一种基于信用风险价值（credit var）的模型，旨在提供一个在风险价值框架内估计信用风险的方法，用于诸如贷款和私募债券等非交易性资产的估值和风险计算。

Creditmetrics模型需要应用利率期限结构理论，并利用大量历史统计数据，以计算不同年限跨度的信用等级迁移矩阵和违约率。因此，该模型考虑到债务人信用品质变化所带来的未来损失。该模型的主要优势在于：对组合价值的分布有正态分布假定下的解析方法和蒙特卡罗模拟法（Monte Carlo Simulation），在一定程度上避免了资产收益率正态性硬性假设，可以用资产价值分布和百分位求出资产损失；对“违约”的概念进行了拓展，认为违约也包括债务人信用等级恶化；它是一种盯市（Market - to - Mar-

① Michel Crouhy，Dan Galai，Robert Mark. A comparative analysis of current credit risk models. *Journal of Banking & Finance*，2000（24）：59 - 117.

ket，MTM）信用风险度量模型，能考虑到债务价值的高端和低端；该模型适用范围非常广泛，包括传统的商业贷款、信用证和承付书、固定收益证券、贸易融资和应收账款等商业合同，而其高级版的信用风险度量术还能够处理掉期合同、期货合同及其他衍生产品；该模型提出了边际风险贡献的概念，很好地刻画了新增一笔债券/贷款的风险和收益及其取舍方法。

该模型存在的劣势是：大量证据表明信用等级迁移概率并不遵循马尔可夫过程，而是跨时自相关的；信用等级迁移矩阵未必是稳定的，它受到行业、国家因素、周期因素等影响。

2. KMV 模型

KMV 模型是美国著名的风险管理公司——KMV 公司开发的一种违约预测模型，可以估计借款企业违约概率。首先，它利用 Black - Scholes 期权定价公式，根据企业资产的市场价值、资产价值的波动性、到期时间、无风险借贷利率及负债的账面价值估计出企业股权的市场价值及其波动性，再根据公司的负债计算出公司的违约实施点（default exercise point，为企业 1 年以下短期债务的价值加上未清偿长期债务账面价值的一半），然后计算借款人的违约距离，最后根据企业的违约距离与预期违约率（EDF）之间的对应关系，求出企业的预期违约率。此种计算违约距离的方法简单实用，是业界常用的方法，实际应用中，Moody 公司通过查找历史违约数据库中相近违约距离的企业的历史违约率，得到预期违约频率。

KMV 模型的优点，一是基于对企业资产负债的分析，揭示企业违约的本质——资不抵债。二是通过观察活跃交易的股票价格及波动率，得到企业资产的价值和风险。其对违约概率的估计有活跃的市场价格做支撑，反映了市场对企业股权风险的预期，间接反映了市场对违约概率的预期，体现了当前的经济状态，并具有一定的前瞻性。三是由于对企业的股票价格及波动率的管理具有连续性，故 KMV 模型可以连续观测企业的违约概率，具有及时性，可以用于信用劣变预警。四是 KMV 模型不但能得到企业信用水平的排序，而且还可以计算出企业的违约概率，实现了从序数到基数的突破。

KMV 模型的缺点，一是对企业的负债结构及权益类型有一定的限制；二是需要企业股权价值及股权价值波动率作为输入数据，这些实时变化的市场数据使得违约概率的估计具有时效性的同时，也使得违约概率的估计值波动较大，而这些波动并不都源于企业信用状况的变化。另外违约概率的准确性也受到市场有效性的影响。

3. 信用风险附加模型（Credit Risk + model）

信用风险附加模型是瑞士信贷银行金融产品部（CSFP）于1996年开发的信用风险管理系统，它应用保险经济学中的保险精算方法来计算债券或贷款组合的损失分布，并据以算出信贷损失准备。该模型是一种违约模型，只考虑债务人对债券或贷款是否违约，与公司的资本结构无关。

该方法将价差风险看作市场风险而不是信用风险的一部分，结果是，在任何时期，只有违约和不违约两种状态予以考虑，并且假定在不重叠的时间段内违约人数相互独立，服从泊松分布，与公司的资本结构无关。由于该方法将贷款损失分为若干频段，而每一频段违约率均值是相同的，这样可以计算在一定置信水平下任何一个频段的贷款损失，每个频段损失加总就是总的损失，所以这个方法采用的变量很少，处理能力很强。

该模型的主要优势体现在：易于求出债券及其组合的损失概率和边际风险分布；模型集中于违约分析，所需估计变量很少，只需要违约和风险暴露的分布即可；该模型处理能力很强，可以处理数万个不同地区、不同部门、不同时限等不同类型的风险暴露；根据组合价值的损失分布函数可以直接计算组合的预期损失和非预期损失的值，比较简便。

该模型的劣势在于：与KMV模型一样，只将违约风险纳入模型，没有考虑市场风险，而且认为违约风险与资本结构无关；没有考虑信用等级迁移，因而任意债权人的债务价值是固定不变的，它不依赖于债务发行人信用品质和远期利率的变化与波动。尽管违约概率受到一些随机因素的影响，但风险暴露并不受这些因素的影响；每一频段违约率均值的方差并不完全相同，否则会低估违约率；不能处理非线性金融产品，如期权、外币掉期等。

4. 信贷组合视角模型（Credit Portfolio View）

1998年，麦肯锡（Mc Kinsey）公司桑德斯和威尔逊（Saunders and Wilson）等人利用基本动力学的原理，从宏观经济环境的角度来分析借款人的信用等级迁移，建立了信贷组合观点，有时也称“麦肯锡模型”。麦肯锡模型对周期性因素进行了处理，将评级转移矩阵与经济增长率、失业率、利率、汇率、政府支出等宏观经济变量之间的关系模型化，并利用蒙特卡罗模拟技术，模拟周期性因素的影响来测定评级转移概率的变化。

信贷组合视角模型较为充分地考虑了宏观经济环境对信用等级迁移的影响，而不是无条件地用历史上违约率的平均值来代替；信用等级迁移概率具有盯市性，因而它与信用度量术结合起来可以提高信用风险度量的准确性；清晰地给出了实际的离散的损失分布模型，这个损失分布依赖于子组合中信用头寸的个数和大小，同时它既可以适用单个债务人，也可以适用于群体债务人，如零售组合。

信贷组合视角模型的数据依赖于一国的很多宏观经济数据，因而利用该模型进行风险度量分析就必须要有完善的数据管理信息系统，若商业银行存在储备数据不规范、储备量不足和数据虚假等现象，则在使用该模型时缺乏基础条件。

（三）在我国商业银行的适用性分析

在以上模型中，银行使用内部评级法都需要几个最低标准：第一，银行必须拥有一段时期的历史数据，数据观察期应涵盖一个完整的经济周期。例如，用于估计非零售风险暴露债务人违约概率的数据观察期不得低于5年等监管要求。如果商业银行能获得更长时期的历史数据，应采用更长的历史观察期。观察期越短，商业银行的估值就应越保守。第二，商业银行采用内部评级法需建立内部评级体系，并经监管部门验收合格，需建立可靠运行的管理信息系统，并要对银行的实施过程进行严格监控。第三，要求信用风险有意义的区分，使银行拥有能够对同样信用风险水平下借款人的风险做出区分的评级体系，不仅要反映一个借款人名下所有债项的违约风险，还要反映银行资产的债项特征。

上述国际主流模型对历史数据积累的完备性、市场的发达程度、金融产品种类等要求较高，现阶段我国经济环境和市场发展的特点并不完全适用。我国商业银行，尤其几家大型银行先后完成了内部评级法项目的开发建设。在公司风险暴露方面，建立了包含客户与债项评级的二维评级体系，实现了风险参数的科学计量；在客户评级方面，借鉴国际先进模型开发技术，综合考虑客户的行业特性、规模特性等，通过将财务评级和非财务评级相结合，注重定量分析和定性判断相结合，使整个评级体系能够更敏锐地体现客户的风险状况；在债项评级方面，现阶段我国大型银行已经开发了债项评级体系，可以自行估计违约损失率水平；在零售风险暴露方面，银行建立了包括申请、行为、催收等多个种类的评分模型，建立了风险参数资产池划分体系，在量化体系的完备性以及量化结果的风险敏感性方面都已经相对成熟；在主权风险暴露和金融机构风险暴露方面，银行也开发了相应的内部评分模型。总体上，经过十多年准备，历经规划设计、开发建设、应用与完善三个阶段，已建立起较为健全的治理架构、制度体系、计量模型、数据管理和 IT 支持体系、应用体系，信用风险内部评级体系已经相对成熟。

三、预期损失模型

（一）“三阶段法”

《国际财务报告准则第 9 号——金融工具》（IFRS9）提出了基于预期损失的“三阶段法”，将金融工具信用风险恶化的一般模式分为三个阶段，该方法要求除了所购买或源生的已发生信用减值的金融资产以外，必须通过损失准备计提 12 个月或者整个存续期的预期信用损失。对于所购买或源生的已发生信用减值的金融资产，新金融工具会计准则另有规定。

第一阶段，自初始确认以来信用风险没有显著增加或在报告日存在低风险的金融工具，应确认 12 个月的预期信用损失，并按其账面总额计算利息收入。

第二阶段，自初始确认以来信用风险显著增加，但是没有发生信用减值的金融工具，应确认存续期的预期信用损失，同样按其账面总额计算利息收入。

第三阶段，在报告日存在信用减值的金融工具，应确认存续期的预期信用损失，并按账面净值（即扣除预期信用损失后的金额）计算利息收入。

随着初始确认后信用风险的改善或恶化，金融资产可以在三个阶段内发生转变。

图 5－2 列示了三个阶段的区分标准、预期信用损失和利息收入的确认。

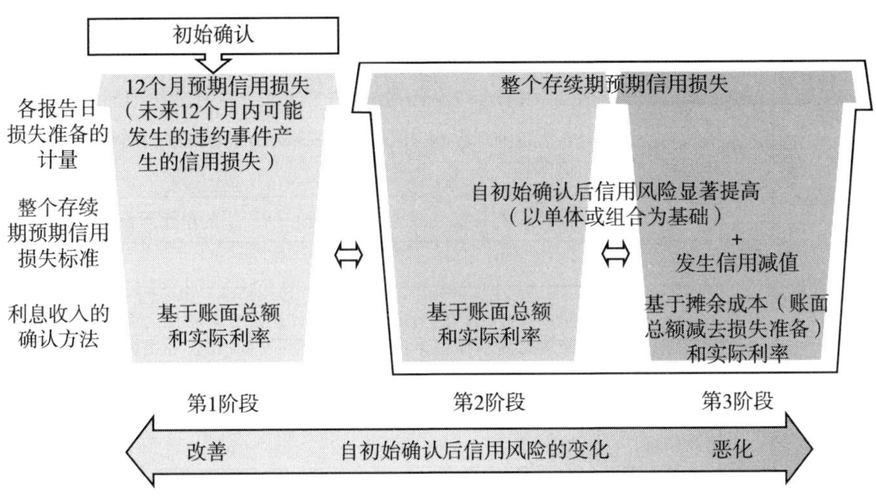

图 5－2 预期信用损失减值模型的三阶段

《国际财务报告准则第 9 号——金融工具》（IFRS9）将信贷资产信用风险恶化分成了三个阶段，判断自初始确认后信用风险是否显著增加是划分三个阶段的核心。信用风险分析是一项多因素的全面分析，在评估信用风险变化时主要考虑借款人的信用评级和经营状况、经济环境的变化、贷款文件和担保变更等情况。表 5－1 列示了当前我国商业银行在贷款风险分类时通常使用的相关指标以及新金融工具会计准则下可用于评估信用风险变化的主要考虑因素。

表 5－1 IFRS 9 下评估信用风险变化的因素

贷款风险分类指标体系		IFRS 9 下评估信用风险变化的因素
客户评价	信用等级	借款人的内部信用评级或内部行为评分
		金融工具外部信用评级
		内部价格指标的显著变化
	规模与经济性质	
	突发事件	借款人经营成果的实际或预期的显著变化
	还款意愿	预期将降低借款人按合同约定期限还款的经济动机的显著变化
	授信额度使用情况	
	客户状态	借款人预期表现和行为的显著变化，包括组合中借款人的还款行为和变化

续表

贷款风险分类指标体系		IFRS 9 下评估信用风险变化的因素
债项评价	担保情况	作为债务抵押的担保品价值或第三方担保或信用增级质量的显著变化
		借款人的股东（或个人的父母）所提供的担保质量的显著变化
	贷款用途的一致性	
	是否有展期或重组情况	贷款文件的预期变更，包括预计违反合同的行为而可能导致的契约豁免或修订、免息期、利率阶梯式增长等变更
		利率或合同条款的变化
	还款情况	逾期信息
综合评价	预期损失率	
	交叉违约	同一借款人的其他金融工具信用风险的显著增加
外部环境因素	外部环境变化情况	所处的监管、经济或技术环境的实际或预期的显著不利变化可能导致借款人履行其偿债义务的能力发生显著变化
		预期将导致借款人履行其偿债义务的能力发生显著变化的业务、财务或经济状况的现有或预测的不利变化，如实际利率或失业率的上升
		信用市场风险指标（如信用利差、信用违约互换价格等）的变化

国内关于三阶段的划分，依托10号文提出了更为具体、量化的要求。10号文要求商业银行应通过判断信用风险自初始确认后是否显著增加或已发生信用减值，对信用风险敞口进行阶段划分。

在阶段划分时，应评估与信用主体及其信用风险敞口相关可获得的信息。相关信息包括但不限于：信用主体在商业银行的内部信用等级；信用风险敞口的风险分类、逾期状态，以及合同条款等信息；商业银行对信用主体授信策略或信用风险管理方法的变动信息；信用主体的征信、外部评级、债务和权益价格变动、信用违约互换价格、信用利差、舆情等信息；信用主体及其股东、关联企业的经营和财务信息；可能对信用主体还款能力产生潜在影响的宏观经济、行业发展、技术革新、气候变化、自然灾害、社会经济金融政策、政府支持或救助措施等相关信息。

在阶段划分标准方面，强调商业银行应建立独立的、定量与定性相结合的阶段划分标准，确保阶段划分具有前瞻性，通常情况下不得将逾期天数作为阶段划分的唯一标准，不得用内部评级或风险分类替代阶段划分。对公业务信用风险敞口，通常情况下应能够做到在信用主体信用状况恶化但尚未逾期之前将其划分至第二阶段。商业银行信用风险敞口逾期超过30天的，应至少划分至第二阶段，除非有充分合理的信息证明信用风险并未显著增加；逾期超过90天的信用风险敞口，应划分至第三阶段，除非有充分合理的信息证明信用主体并未违约。

（二）预期信用损失估算方法

预期信用损失估算方法主要包括风险参数模型法和现金流折现法，其中风险参数模型法进一步分为标准风险模型法和简化风险模型法。

1. 风险参数模型法

风险参数模型法主要适用于个人贷款、银行卡透支、贴现、非已发生信用减值的法人贷款及垫款，以及债券、同业业务、应收款项、租赁应收款、其他债权类投资等表内资产及财务担保合同、贷款承诺等表外承担信用风险的项目预期信用损失的估算。

风险参数模型法是指采用内部或外部数据，对违约概率、违约损失率或损失率等参数进行估计，并应用于估算预期信用损失的方法：

$$ECL = PD_{IFRS9} \times LGD_{IFRS9} \times EAD_{IFRS9} (\times CCF)$$

其中，ECL为预期信用损失，即单笔债项的减值准备；

PD是违约概率，指客户及其项下信用风险敞口在未来一定时期内发生违约的可能性；其主要影响因素包括客户行业类型或所属资产池、客户信用评级、贷款阶段划分、贷款存续期限、贷款是否有逾期等。

LGD是违约损失率，指违约导致的损失金额占风险暴露的比例，每个合同都有唯一的违约损失率，其主要影响因素包括贷款所属行业、贷款形式、业务品种、押品种类及价值、担保分类等。

EAD是违约风险敞口，即违约时预期的表内和表外风险暴露总额。

CCF是信用转换系数（Credit Conversion Factor），是用于衡量表外资产转换为表内资产的风险程度的指标，仅表外资产适用。根据监管的相关规定，贷款承诺及财务担保合同等表外金融工具，应根据其实际的风险，将其风险敞口转换至表内进行考虑。该系数越高，则代表其对应转换为表内资产的风险水平可能越高。

根据资产类型的不同，实际操作中采用不同的 CCF 系数进行转换。《商业银行资本管理办法（征求意见稿）》对于表外项目信用转换系数的指引如表5－2所示。

表5－2　　表外项目信用转换系数

项目	信用转换系数（%）
1. 等同于贷款的授信业务	100
2. 承诺	
（1）可随时无条件撤销的贷款承诺	10
（2）其他贷款承诺	40
（3）未使用的个人循环贷款授信额度、信用卡授信额度	
①一般未使用额度	40
②符合标准的未使用额度	20
（4）票据发行便利	50
（5）循环认购便利	50
（6）其他承诺	40
3. 银行借出的证券或用作抵押物的证券	100
4. 与贸易直接相关的短期或有项目	
（1）国内信用证	100
（2）其他与贸易直接相关的短期或有项目	20
5. 与交易直接相关的或有项目	50
6. 信用风险仍在银行的资产销售与购买协议	100
7. 远期资产购买、远期定期存款、部分交款的股票及证券	100
8. 其他表外项目	100

对于未逾期贷款，根据所处阶段不同，采用如下公式计算：

一阶段贷款：

①贷款剩余期限 T 大于1年：$PD = PD_{12个月}$；

②贷款剩余期限 T 小于1年：$PD = 1 - (1 - PD_{12个月})^{T/365}$。

二阶段贷款：$PD = 1 - (1 - PD_{12个月})^{T/365}$。

三阶段贷款：$PD = 1$。

对于一、二阶段已逾期贷款：

①逾期小于等于 90 天：$PD = (1 - PD_{12个月}) \times 逾期天数 \div 90 + PD_{12个月}$；

②逾期大于 90 天：$PD = 1$。

其中 $PD_{12个月}$是指年化违约概率。

2. 现金流折现法

现金流折现法是指在合理估计每笔资产未来净现金流的基础上，按照实际利率和预计存续期估算资产现值，并以此为依据计算预期信用损失的方法。现值估算公式如下：

$$资产现值 = \sum EC \times \frac{1}{(1 + EIR)^{(T_i - T_b)/365}}$$

其中，T_i：估计未来现金流入日期；T_b：估算基准日；EIR：实际利率；EC：估计未来现金流入金额。折现（discount）是将未到期的一笔资金折算为现在即付的资金数额的行为，也泛指不同时间的资金数值之间的相互换算。

现金流折现法主要适用于已发生信用减值的法人贷款预期信用损失的估算，在部分特殊情况下适用以未来现金流收回情况评估损失水平的信用风险敞口预期信用损失的估算。

对于购买或源生的已发生信用减值的资产，应按该资产经信用调整的实际利率折现。对于购买或源生的未发生信用减值，但在后续期间成为已发生信用减值的资产，应按该资产实际利率折现。

经信用调整的实际利率，是指将购买或源生的已发生信用减值的资产在预计存续期的估计未来现金流，折现为该资产摊余成本的利率。实际利率，是指将资产在预计存续期的估计未来现金流折现为该资产账面余额所使用的利率。

3. 简化风险参数模型法

简化风险参数模型法可根据账龄分析法或五级分类法的分类结果确定损失率。

（1）账龄分析法。

账龄分析法是按挂账天数对应的超期区间对应收款项进行组合分类的方法。依据账户的允许挂账天数和业务实际挂账天数判定超期区间，并根据分类结果确定损失率。某商业银行超期区间分类如表 5－3 所示。

表5－3　　某商业银行账龄分析法超期区间分类

类型	超期天数
非超期	0天
超期1类	0～30天（含）
超期2类	31～90天（含）
超期3类	91～180天（含）
超期4类	181～360天（含）
超期5类	360天以上

对于其他应收款项等资产，一般采用账龄分析法进行组合分类，按相应损失率估算预期信用损失，计量损失准备，并按其变动提取当期损失准备。

（2）五级分类法。

五级分类法是对信用风险敞口进行组合分类的方法，每一类别对应不同的损失率。某商业银行以评估债务人的履约能力为核心，建立五级分类标准和损失率，具体如表5－4所示。

表5－4　　某商业银行五级分类

类型	标准	损失率（%）
正常类	债务人能够履行合同，没有客观证据表明款项不能按时足额偿付，或款项属于正常挂账，不存在损失的可能性	根据实际情况明确
关注类	虽然存在一些可能对履行合同产生不利影响的因素，但债务人目前有能力偿付款项。或者款项挂账接近规定的最大期限，存在损失的可能性	2
次级类	债务人无法足额偿付款项，或者款项挂账达到或超过规定的最大期限，存在损失的可能性较大	25
可疑类	债务人已经无法足额偿付款项，或者款项逾期时间较长，肯定会造成较大损失	50
损失类	在采取所有可能的措施后，只能收回极少部分款项，或损失全部款项。或挂账款项无法弥补，将造成重大损失	100

对于应收股利等部分应收款项资产，可采用五级分类法进行组合分类，按相应损失率估算预期信用损失，计量损失准备，并按其变动提取当期损失准备。

（三）模型评价

1. 预期信用损失模型的特点

一是有利于及时足额确认减值损失，缓解顺周期效应。预期信用损失模型不再需要考虑和识别减值损失触发事件，避免了确认“损失触发事件”的难题，也避免了现有的已发生损失模型在“损失触发事件”实务应用方面的不一致，克服了已发生损失模型减值损失确认“太少、太迟”和“峭壁效应”，有利于及时足额确认减值损失，可以缓解顺周期效应。

二是预期损失模型在财务上更加充分地反映债项实质风险，促使资产业务相关前中后台部门共同关注资产的全流程信用风险管理。

三是拨备计提曲线更加连续，受客户评级的影响，同一阶段下拨备保有水平差异加大。

四是允许加入银行主观判断，增加实施多样性，丰富了方法论的类型。（1）宏观因子的选择。不同的主体在建模过程中所考虑的宏观因子不同，带来主体间拨备水平的差异化，体现风险水平的不同；不同业务在建模过程中使用和参考的宏观指标不同，范围也不同，充分体现业务之间的差异化属性。（2）多种数据来源。对于行内已有的数据，采用行内历史累积数据进行建模，更加贴近行内业务的实际情况；对于数据暂时缺失的情况，需要参考外部数据进行补充。不同的数据选择，对结果及其可比性带来较为明显的影响。（3）模型分组的方式。以非零售业务为例，在建模时，模型根据行业进行分组，差异化体现行业间的风险特性；对于其他业务，结合当前行业实践，模型分组方式诸如业务类型、主体类型、企业规模等，选择较多。分组方式的不同也将带来模型结果导向的不同。

2. BASEL 内部评级模型与新金融工具会计准则要求的比较

新金融工具会计准则下对于资产的预期信用损失的计量，其思路与《巴塞尔协议》的部分要求相似，业内较多银行在巴塞尔框架基础上进行新准则的转换。但新金融工具会计准则在部分要求上与《巴塞尔协议》不同，两者的主要差别在于：一是贯穿周期法和时点法。巴塞尔模型使用的违约概率是贯穿周期（Through - The - Cycle，TTC）的均值，而新金融工具会计准则需要用报告日时点（Point - In - Time，PIT）的估计。二是前瞻性调整。巴塞尔模型中的数据来自历史信息，新金融工具会计准则的预期信用损失模型需要考虑前瞻性信息。三是巴塞尔模型的谨慎性调整及其他口径差异。巴塞尔模型中的违约概率包括了一些监管口径的谨慎性调整，以及其他监管口径要求剔除和增加的项目，这些都是新金融工具会计准则的预期信用损失模型中不需要的。巴塞尔模型的违约概率是借款人的违约概率，而新金融工具会计准则则需要考虑的是金融工具层面的违约风险变化。此外，有些产品在管理实务中被列为低风险产品，且在监管口径上也有相应的考虑。这些产品的特征通常是具有风险很低的抵押物，因而在管理中可能并不需要针对其借款人的实际情况计算相应的违约概率，而是对此类产品直接设定某个参考值，满足后续的内部管理需要。对于这种情况，需要根据准则的要求，进行具体分析。

第四节　实证研究

一、预期信用损失的计提与变动

新资产产生或购入初始确认后，根据资产质量的不同阶段以及业务特征，选择不同的方法计提损失准备。对于一阶段，采用12个月预期信用损失计提准备，按每笔资产账面余额对应的PD及LGD测算。结合不同资产历史违约率和违约损失率数据的充分性和可靠性，考量国内生产总值（GDP）增长率、通胀、汇率、利率等因素的影响，以经济数据分析和专家判断为基础，预测期间趋势，计算未来12个月的相关比率。对于二阶段和三阶段，采用生命周期预期信用损失计提准备，以12个月预期信用损失计算逻辑为基础，将12个月的参数依据资产期限、宏观经济环境、业务情境设定做调整，延伸至整个生命周期期间。此外，银行可考量业务特征，决定采用个体还是组合方式评估PD和LGD。组合方式一般基于信用风险特征分组，如根据资产类别、信用评级、剩余期限、行业、地理位置、担保品类别、抵质押率等分割为具体的子组合，评估预期信用损失。

初始确认后，根据资产质量改善或恶化情况，重新评估预期信用损失：(1) 新资产产生或购入初始确认后，对低信用风险资产确认 12 个月预期信用损失，计提减值准备；(2) 信用风险显著增加但没有减值事件的，确认剩余存续期内的预期信用损失，以个体或组合形式计提减值准备；(3) 存在客观减值证据确认为减值资产，确认剩余存续期内的预期信用损失，计提减值准备；(4) 合同修改导致资产终止确认，减值准备冲回；(5) 合同现金流重新议定或修改未导致资产终止确认，作为新资产确认预期信用损失，调整减值准备；(6) 信用风险降低至符合一阶段标准，预期信用损失转回按 12 个月计算，调整减值准备；(7) 预期无法收回资产核销时，构成终止确认，冲回减值准备（见图 5 - 3）。

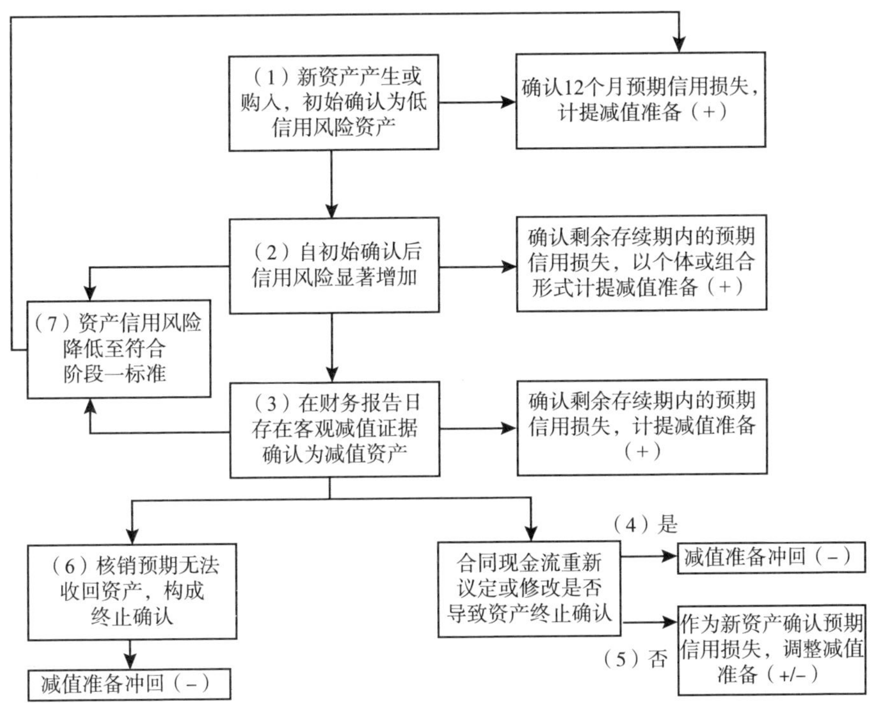

图 5 - 3 预期信用损失准备变动情况

二、单笔资产的风险成本计量

（一）公司贷款

［示例］某分行有一笔公司贷款，其债务人所经营业务属于房地产与建筑行业。现有如下贷款基本信息：

贷款余额　¥10 000 000元；

到期日：2023年6月30日；

LGD：0.3。

并有房地产与建筑行业PD参数，如表5－5所示。

表5－5　　房地产与建筑行业PD参数

客户信用等级	sAAA＋	AAA＋	sAAA	AAA	sAAA－	AAA－	sAA＋
PD12指标值	0.00088596	0.00118104	0.00147602	0.00177087	0.00206562	0.00294915	0.00441942
客户信用等级	AA＋	sAA	AA	sAA－	AA－	sA＋	A＋
PD12指标值	0.00735137	0.01289076	0.02270219	0.03577379	0.05193179	0.06557978	0.07897489
客户信用等级	A	A－	BBB＋	BBB	BBB－	BB	B
PD12指标值	0.10247095	0.14142211	0.18650301	0.23884715	0.3934396	0.78995145	1

（1）在2021年6月30日，该笔贷款被划分为第一阶段，未出现逾期，客户评级为AAA。

该笔贷款的减值损失计算如下：

当前时点，根据参数表查询，AAA评级对应的$PD_{12个月}$是0.00177087。该笔贷款的剩余期限为2年，根据规则，第一阶段的贷款只需计算未来1年的预期信用损失，故：

$$PD = PD_{12个月} = 0.00177087$$

根据公式：

$$\begin{aligned} ECL &= PD \times LGD \times EAD \\ &= 0.00177087 \times 0.3 \times 1\,000 \\ &= 0.531261\ （万元） \end{aligned}$$

（2）在2021年12月31日，该笔贷款出现减值迹象，被划分为第二阶段，未出现逾期，客户评级下调为AAA－。

该笔贷款的减值损失计算如下：

当前时点，根据参数表查询，AAA－评级对应的$PD_{12个月}$是0.00294915。该笔贷款的剩余期限为1.5年，第二阶段的贷款需计算整个存续期的预期信用损失：

$$
\begin{aligned}
PD &= 1-(1-PD_{12个月})^{剩余期限/365} \\
&= 1-(1-0.00294915)^{1.5} \\
&= 0.0044
\end{aligned}
$$

根据公式：

$$
\begin{aligned}
ECL &= PD \times LGD \times EAD \\
&= 0.0044 \times 0.3 \times 1\,000 \\
&= 1.32\ (万元)
\end{aligned}
$$

（3）在2022年3月31日，该笔本金已逾期30天，被划分为第二阶段，客户评级仍为AAA－。

该笔贷款的减值损失计算如下：

当前时点，根据参数表查询，AAA－评级对应的$PD_{12个月}$是0.00294915。该笔贷款的剩余期限为1.25年，对于第二阶段的贷款需计算整个存续期的预期信用损失，由于贷款已经逾期，需采用逾期贷款公式计算PD，即：

$$
\begin{aligned}
PD &= (1-PD_{12个月}) \times 逾期天数 \div 90 + PD_{12个月} \\
&= (1-0.00294915) \times (30 \div 90) + 0.00294915 \\
&= 0.3353
\end{aligned}
$$

根据公式：

$$
\begin{aligned}
ECL &= PD \times LGD \times EAD \\
&= 0.3353 \times 0.3 \times 1\,000 \\
&= 100.59\ (万元)
\end{aligned}
$$

（4）在2022年6月30日，该笔贷款劣变至第三阶段，客户评级降为B级。

该笔贷款的减值损失计算如下：

当前时点，贷款劣变至第三阶段，PD应为1。

目前国内商业银行对于已发生信用减值的法人贷款预期信用损失的估算大部分仍采用现金流折现法，具体减值损失由该笔贷款录入的现金流及折现率确定。

（二）信用卡业务

信用卡产品是高风险高收益产品，历史违约损失较高。由于历史违约率及违约损失较高，所以计算出的违约概率和违约损失率较高，相应计提比率高于其他业务品种（见图5-4）。

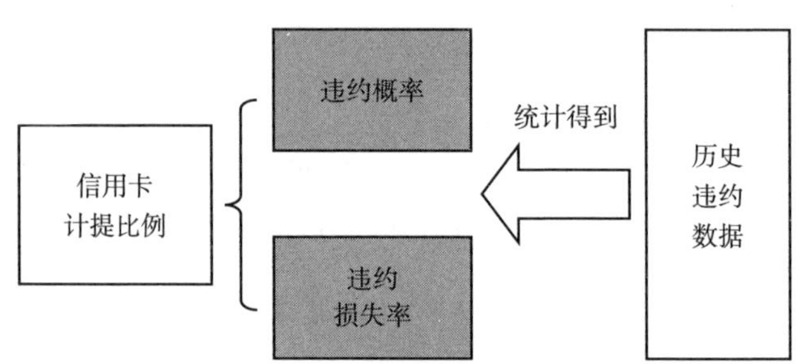

图5-4 信用卡计提比例分析

［示例］2021年末，国内某商业银行信用卡表内业务有95%的贷款余额均分布于一阶段，该部分贷款余额对应风险水平较低，计提比率为1.51%，占信用卡整体拨备的34%。信用卡表内业务拨备较多分布于三阶段，占整体拨备计提总额的55%，体现三阶段债项高风险、回收率低的特性。截至2021年底，信用卡一、二、三阶段的拨备计提比率分别为1.51%、12.73%和85.88%（见表5-6）。

表5-6　　2021年末某商业银行信用卡业务拨备计提情况

阶段划分	贷款余额（亿元）	拨备余额（亿元）	拨备比例（%）
一阶段	2 980	45	1.51
二阶段	110	14	12.73
三阶段	85	73	85.88
总计	3 175	132	4.16

其中，二、三阶段拨备计提比率与其他业务计提比率大致相当，一阶段高于其他业务，主要是由于一阶段里逾期后还款客户在9个月观察期内违约概率较高（一般大于10%），从而提高了一阶段贷款总体计提比率。在约3 000亿元信用卡一阶段贷款中，违约概率大于10%的债项余额为200亿元，在一阶段贷款中的占比为6.7%（一阶段公司和个人贷款违约概率大于10%的债项余额占比分别为2.1%和3.1%），拨备余额为45亿元，拨备占比为34%。剔除这部分违约概率较高的业务，一阶段贷款平均拨备计提比率为0.8%，与其他业务计提比率相当。

（三）多维度风险成本计量

（1）单产品风险成本 = $\sum$ 同产品项下不同债项风险成本

根据不同债项产品标识逐笔加总形成单产品风险成本。

（2）单客户风险成本 = $\sum$ 不同产品项下债项风险成本

根据客户使用商业银行产品情况，逐笔加总不同产品项下债项风险成本，形成单客户风险成本。

（3）部门风险成本 = $\sum$ 不同产品风险成本

同产品项下债项风险成本逐笔汇总形成单产品风险后，再根据部门与产品归属对照关系，汇总形成部门风险成本。

［示例］（见表5－7）某银行个人金融业务部 = $\sum$ 个人住房贷款项下债项风险成本 + $\sum$ 个人消费贷款项下债项风险成本 + $\sum$ 个人经营贷款项下债项风险成本

表5－7　　部门与产品对照关系示例

部门名称	产品名称
个人金融业务部	个人住房贷款
	个人消费贷款
	个人经营贷款
银行卡部	个人信用消费贷款

续表

部门名称	产品名称
公司业务部	一般流动资金贷款
	国内贸易融资
	国际贸易融资
	出口买方信贷
	项目贷款
	银团贷款
	系统内联合贷款
	并购贷款
	房地产贷款
	票据贴现
普惠金融事业部	小企业短期贷款
	小企业中长期贷款
	小企业国内贸易融资
	小企业国际贸易融资

（4）机构风险成本 = $\sum$ 单一债项风险成本

根据不同债项地区标识逐笔加总形成机构风险成本。

第五节　小结

本章主要解决银行风险成本的核算问题。在国家层面，我国作为全球金融稳定理事会和巴塞尔委员会的正式成员，履行二十国（G20）峰会上作出的实行《巴塞尔协议Ⅲ》的承诺，监管部门按照协议内容应用银行业监管的指导性原则，推动《巴塞尔协议Ⅲ》在我国落地。同时我国会计准则保持国际趋同路线，财政部及时颁布《企业会计准则第 22 号——金融工具确认和计量》，积极顺应《国际财务报告准则第 9 号——金融工具》（IFRS9）的制度变化。近年来，银保监会、央行关于国内商业银行风险管理的相关制度也不断完善，以制度为纲，为银行更好实施风险管理指明方向。在银行层面，商业银行运用现代信用风险度量模型量化和控制信用风险与风险成本，是金融全球化中商业银行信用风险管理的总体趋势。经过十几年的发展完善，国内银行以实施内部评级法为契机，以数据和 IT 系统为基础、以计量模型为工具、以治理架构和政策流程为保障，逐步推动银行提升风险管理水平。风险成本管理是商业银行统筹风险和安全过程中的切入点，需要从战略高度考虑，管理层和治理层应给予充分关注，并加强相关的内部治理和控制，进一步完善预算考核、资本管理、产品设计、交易定价、税务筹划在内的管理，提高风险识别和管控能力，增强全面风险管理能力，有效防范和化解金融风险，提升服务实体经济的能力，推动自身高质量发展。

第六章　资 本 成 本

股东投资的主要目标是实现投资价值最大化，这就要求衡量公司业绩的指标应准确反映公司为股东创造的价值。20 世纪 90 年代中期以后，经济增加值（EVA）成为国际公认的反映公司在一定时期内为股东创造价值的业绩衡量指标，并被银行界普遍接受。它是企业净利润减去对投资在该企业所有资本的机会成本的合理估算，能够表明一定时期为股东增加了多少价值。根据 EVA 的原理，经济增加值的结果取决于税后净利润和资本成本，可见资本成本管理是商业银行 EVA 核算和管理中的关键因素，本章主要聚焦资本成本的研究，阐述资本成本计量方法、应用现状、管理要求和商业银行经济资本计量等内容，为资本成本计量提供较为完整的实践路径。

第一节　相关概念

一、资本成本衡量方法

如何确定合适的目标资本回报率一直是资本成本管理中的一个基本问题。对此，有关学者主要从两个角度来考虑确定资本成本水平的问题：一是在给定一定数量资本的情况下，应该追求多大的回报；二是给定了一定的目标回报，应该持有多少资本。这两个问题的关键都是投资者要求的资本回报率。目前来看，资本成本的定价方法主要有以下几种：

（1）资本资产定价模型（Capital Asset Pricing Model，CAPM）估算成本。特定资产的预期回报率或要求回报率同回报的不确定性之间存在着某种关系，这是现代资产组合理论的基本理论之一，是所有现代金融数学的基石。这种不确定性通常用回报的标准差来表示。这种方法在 CAPM 中的应用最为突出。作为任何一门金融学课程的核心，关于资本资产定价模型的讨论已经有很多。综合来看，CAPM 是帮助管理人员通过估算资本成本而最终作出“软”决定的最好的工具之一。

该模型认为，投资要求回报率可以通过投资和市场的经验关系来计算，表达式是：

$$R_i = R_f + \beta(R_m - R_f)$$

其中 R_f 是无风险资产回报率，R_m 是市场回报率。括号内部分表示的是市场回报率超过无风险回报率的部分（风险升水）。β 是描述单只股票随大盘变动而变动的参数。例如，一只 β 值为 1 的股票和市场有着相同的预期回报率。因此，表达式 $\beta(R_m - R_f)$ 则是单只股票的风险升水。风险升水是以超出无风险回报率的部分来计算的，无风险回报率随时间而波动，而长期风险升水基本是稳定的。

银行可以通过两种方式来获得 β：用历史经验数据来估计 β，或是使用业内竞争对手的 β 值。银行的目标是提高它自身的资本回报率，但仅仅获得等于股权成本的回报率只能保持股东的权益，但并不能增加其权益。行业的基准回报则是目前通常的选择。

但是部分学者认为，在利用 CAPM 获得行业基准时，由于要计算将来的资本成本，因此无风险资产的回报率是在对未来的预测基础上得到的，而不是当前值。即使观测期为很多年，市场的风险升水和 β 都会受到股票市场短期波动的影响，市场回报率为负也是完全有可能的，因此通常用长于 20 年的数据来估计长期的股票市场风险升水。在美国市场和英国市场，升水一般为 5% ~6%，欧洲大陆一般要稍微低一些，为 4% ~5%。β 的估计通常也应在较长时间中进行，数据服务部门（如数据流公司）、股票分析师、投资银行和股票经纪人往往可以提供准确的 β 值。

在计算出银行所追求的回报之后，银行管理层可以将经营计划中的资本回报率与之比较，并与银行过去的业绩比较。如果计算的结果低于经营目标，管理层就必须考虑提高净利润或减少资本，或两者兼为。鉴于资本的长期性，改变公式中的分母（资本）要比改变分子（利润）容易得多。

由市场计算出的目标资本回报率在估计项目的可行性时是非常好的内部折现因子。因此，银行的资本成本就等同于银行必须努力达到的最低资本回报。鉴于回报率高于其资本成本的项目才是可行的，以此来估算恰当的资本水平是通常的做法。

综合来看，在CAPM中，衡量银行整体资本水平显然较易，但如何确定银行各部门单个业务和产品的资本水平，在各责任中心公平有效地配置资本，是资本管理的关键环节。虽然利用市场的期望回报率来确定目标资本回报有一定的局限性，但对于银行来说，提高投资资本的回报率仍然十分重要。

（2）风险—回报关系确定的资本要求回报率。CAPM中反映特定股票因素的参数是β。β的表达式是该只股票与市场回报率的协方差除以市场回报率的方差。β也可以用另一种对于非统计学者而言更直观的方式来表示：

β由两个因素决定，一是投资（j）与市场（m）的相关系数乘以投资相对于市场的波动性。相关系数反映了这只股票随市场方向变动的紧密程度，大多数股票同市场高度相关，但经济中的不同部门或产品有着不同的相关系数。二是股票回报率的标准差除以市场回报率的标准差，它反映了股票回报率变化的程度。

如果相关系数相同，则股票的β值仅由该股票回报率的波动程度决定。通常基本所有银行在相同年份有着趋同的整体业绩表现，因此，可以假设所有的银行都是高度相关的，市场中不同β值完全由不同的回报率波动性决定，即股票价格的波动几乎完全由该银行盈利的波动情况所决定。

现代资产组合理论认为，在要求回报率和该回报的风险（即该回报率的波动性）之间，存在着一个此消彼长的关系。在投资银行所从事的交易活动中，较高的β值反映了较大的盈利被动性。股票市场的投资者通常会追求一个较高的回报率来补偿每年回报可能远离平均数的风险。

根据对各类银行的β值与其回报的波动性研究，可以发现两者有着非常紧密的相关性。由于收入是盈利波动的主要因素，如果用收入代替盈利，大多数银行的β值与其收入波动性的关系密切。为了使序列建立在衡常均值基础上，这里的收入已经根据不同的资本水平进行了标准化处理。研究结果表明，用一个标准差除以均值来表示收入的波动性，会发现收入的波动性与β之间确实有很强的相关性。

这种方法的优点在于它没有局限于历史的β值和CAPM计算出的资本成本，而是为管理层提供了一种在风险基础上评价业务经营计划的方法。这种方法使得CAPM在没有历史β值的情况下也可以得以应用。目前来看，有三个应用领域：

一是对未来的经营计划做假设计算时，这种方法得出的风险/回报结果往往与银行以往得到的不同，可能会导致股票市场预期回报率的变化，可以利用该模型预测市场的预期回报率。

二是当银行没有上市或是上市时间较短，不足以获得准确的β值时。

三是当计算银行内部部门与产品的资本成本时。

（3）股利增长模型。股利增长模型是另外一种按市场价值推导回报率的方法。股利增长模型认为股票的价值等于未来一期的预期股利除以折现率（r）和增长率（g）的差。这实际上是计算永续年金现值的公式：

$$股价=\frac{股利}{r-g}$$

一些研究认为可以基于股票当前价值，利用分析师对下期股利的估计和预期的增长率来计算r。但这种方法的局限性很明显：

一是股票价格的不断变化将导致r值变化，且r值易受市场预期影响。而CAPM使用长期均值，对市场短期波动不敏感。

二是对预期股利的估计受主观判断干扰，并且有些分析师对诸如股利增长率这样的假设并不明确。

三是长期的增长率必须是稳定的值，尤其是对许多刚起步的银行，如果在计算中使用其创立初期的高增长率，$r-g$可能非常小甚至为负，这将导致股价无穷大或是负的结果。

（4）市场/账面价值比率。用对股东的总回报来衡量股东价值，通常忽略了不同的风险水平，不够全面。真正值得关注的是要求总回报和实际总回报之间的差异。同样，由于没有考虑资本规模，银行的市场价值也并不是判断经营情况的唯一标准。真正体现银行创造财富的能力的指标是其市场价值与投资资本账面价值之间的差额，这部分差额通常被称为市场附加值。另一种考察的方法是市场/账面价值比率。市场附加值是一个绝对量，即以银行市场价值减去投资资本，而市场/账面价值比率则是比率形式的相对量，即市场价值除以账面价值。

因此，市场附加值和市场/账面价值比率在一段时期的变化是衡量管理层是否使财富增加的很好的标准。与市值相比，上述两个指标更为优越，市场资本化未考虑资本基础由于未分配利润、增发新股和股票回购等引起的变化。

市场/账面价值比率可以用来调整银行的目标资本回报率。

内部(账面价值)资本回报率 = 市场期望回报率 × 市场 ÷ 账面价值比率

银行的市场账面价值比率如果为1，则内部的资本回报率等于市场的预期回报率，也就是银行的资本成本。于是对于由于股价上升而使市场/账面价值比率超过1的银行来说，设置要求资本回报率最终会导致价值的减小。

二、我国商业银行资本成本水平确定

随着我国资本市场的迅猛发展，商业银行资本管理成为当前国内银行业经营管理的重要课题，而合理地确定资本成本则成为资本管理中的关键问题。

结合国外资本成本确定的基本方法，目前国内应用较为广泛的工具有：资本资产定价法（CAPM）、多因子模型法、历史平均收益法、股利折现法、股利增长模型法等。这些方法主要是基于实际收益计算资本成本。

目前应用最为广泛的方法是CAPM法和多因子模型法，这些模型试图以资本资产的各种风险因子来预测其收益。由于投资者来自资本资产的收益便是企业为此应支付的资本成本，因此，通过该方式计算得到的资本收益便是企业面临的资本成本。但该方法的应用前提是企业的β值较为稳定，且在预测期间不会发生变化。除此之外，历史平均收益法由于应用较为简便，因此使用范围也较为广泛。而股利折现法和股利增长模型法由于比较难以对未来股利进行预测，应用范围则较为有限。

在商业银行内部管理当中，目前一般认为股东的要求回报率是已知的，并依次对资本水平推算，即从目标回报出发，也可以考虑对于给定的资本，要获取多大的回报才能达到目标要求回报率（即零基法）。根据我国商业银行资本管理的基本现状，资本成本的计算主要为以实收资本为内容的权益资本成本的计算。

三、经济资本管理

资本是银行赖以生存的基础，根据不同统计口径和管理目的，包括权益资本（账面资本）、监管资本和经济资本等多种分类。银行资本构成中的主要成分是所有者权益或股份资本。银行资本在监管者看来只是一种防范风险的工具，对于银行经营者与持股人而言，资本除了防范风险之外，还必须带来收益。因此，银行内部探讨的资本是风险资本，也就是我们常说的“经济资本”。

以经济资本为核心的价值管理体系能够有效地实现风险、资本与收益的内在统一。不同于一般企业，银行本质上经营的是风险，风险会产生损失，而且损失的发生具有滞后性。因此，银行价值管理体系不仅需要考虑当前账面收益和经营成本，还必须将潜在风险这个重要因素纳入。经济资本作为衡量商业银行风险的科学量化工具，可以作为银行价值管理的核心要素，运用基于经济资本的 RAROC、EVA 等指标优化经济资本配置，并对经济资本进行绩效测评，成为银行实现价值最大化的有效实施路径。

（1）基本定义。银行风险带来的损失可分为预期损失、非预期损失和灾难性损失。其中，预期损失是指银行开展业务所产生的平均损失，通过对损失的历史数据统计得出，是可以预测的损失。灾难性损失是损失额极大但发生概率很小的损失，一旦发生将导致银行对外违约或破产。而非预期损失介于预期损失和灾难性损失之间，是资产偏离预期价值的损失。经济资本是指在既定的期间和置信区间内，根据银行实际承担的风险计算的用以覆盖相应的非预期损失的资本额度。经济资本并非真实的银行资本，而是指所“需要的”资本，是一种虚拟的资本。经济资本是一个风险缓冲概念，范围涵盖银行的所有风险，如信用风险、市场风险、操作风险等。

（2）管理内容。经济资本的管理可以通过计量、配置、监控和评价各维度的经济资本、经济增加值及经济资本回报率等指标，统筹平衡安全与发展、风险与收益、短期盈利与长期经营，通过在经营计划、绩效考核、产品定价、授信审批、客户关系管理等领域的全面应用，统一协调银行的风险、收益和规模，优化资源配置。

第二节　应用现状

一、国外应用情况

20世纪70年代信孚银行（Trust Bank）的研究人员开创出了RAROC方法。这种方法的核心思想就是风险需要资本来覆盖，它也是最早的经济资本模型。信孚银行RAROC的分母即经济资本，银行在固定置信水平下贷款创造的市场价值是根据久期和风险升水来计算的。

1994年，美国北卡罗来纳州Centura银行成为第一家使用EVA指标的银行。1997年第一银行广泛应用EVA激励机制和财务管理系统。目前，国外很多大型商业银行，如花旗银行、渣打银行、荷兰银行等，已经运用EVA理论建立起完善的管理信息系统，分别计算银行整体、产品、分支机构、客户经理以及客户的EVA，并将其作为业绩评价体系中的核心指标进行测量。

二、国内应用情况

经济资本直接反映银行的风险状况，体现银行的风险抵补能力。经济资本管理以精细化的风险识别和量化为前提，能够有效地推动全面风险管理水平的提高。

（一）资本管理

资本充足率是监管部门对银行实施监管的核心指标之一，具体是指商业银行持有的、符合规定的资本与商业银行风险加权资产的比率。2011年5月，中国银行业监督管理委员会（以下简称“银监会”）推出了《关于中国银行业实施新监管标准的指导意见》，对我国银行业提出了四项新监管工具，包括资本充足率、拨贷比、流动性指标以及杠杆率，这一监管新标准基于《巴塞尔协议Ⅲ》的监管新规则，提出了更高的资本质量和数量要求。为达到这一硬性的监管指标，我国商业银行都在积极采取措施，通过内源融资和外部融资并举的方法补充资本金，同时提升资产质量，降低风险资产在总资产中的比重。

近年来，为在制度与执行层面与国际资本管理接轨，我国接续出台监管政策。2015 年 11 月，金融稳定理事会（FSB）发布《全球系统重要性银行处置过程中损失吸收能力和资本重组能力的原则和条款》，旨在确保全球系统重要性银行（G – SIBs）进入破产处置程序时具备充足的损失吸收能力，通过 TLAC 非资本债务工具减记或转股等自救方式，减轻对外部资本的依赖，提升防范和化解金融风险的能力，抑制和缓解 G – SIBs“大而不能倒”问题。

2021 年 10 月，中国人民银行、银保监会、财政部联合发布《全球系统重要性银行总损失吸收能力管理办法》（以下简称《办法》），对我国全球系统重要性银行提出总损失吸收能力（TLAC）监管要求。2022 年 4 月，中国人民银行、银保监会印发《关于全球系统重要性银行发行总损失吸收能力非资本债券有关事项的通知》，标志着我国正式推出 TLAC 非资本债券工具，并明确了 TLAC 非资本债券的定义、受偿顺序、损失吸收方式、信息披露、信用评级、发行定价、登记托管要求等核心要素和发行管理规定，为我国 TLAC 拓宽补充了渠道（见表 6 – 1）。

表 6 – 1　　　　我国 TLAC 非资本债券合格标准

要素	标准
发行人及发行方式	G – SIBs 处置实体直接发行
担保情况	无担保
赎回管理	投资者无权要求提前赎回；在工具到期前，如果发行银行赎回将导致其不满足外部 TLAC 监管要求，因此未经批准不得赎回
剩余期限	1 年以上，或无到期日
受偿顺序	劣后于《办法》规定的“除外负债”，优先于各级别合格资本工具
损失吸收方式	应当含有减记或转股条款，当 G – SIBs 进入处置阶段，二级资本工具全部减记或者转为普通股后，中国人民银行、银保监会可以强制要求 TLAC 非资本债券以全部或部分方式进行减记或转为普通股
适用范围	不适用破产抵销或净额结算等影响损失吸收能力的机制安排

在核心指标设置上，《办法》要求 G－SIBs 在已有资本监管要求的基础上，同时满足更高的外部总损失吸收能力监管要求，设置 TLAC 风险加权比率①和 TLAC 杠杆比率②两项监管指标，将对我国 G－SIBs 资本管理产生一定影响。根据第一支柱 FSB 监管框架要求和我国制定的 TLAC 第二支柱监管要求，TLAC 风险加权比率和 TLAC 杠杆比率指标应自 2025 年起分别达到 16% 和 6%，自 2028 年起分别达到 18% 和 6.75%。叠加储备资本要求（2.5%）和系统重要性资本附加要求（1%～1.5%），TLAC 实施后我国 G－SIBs 面临的资本监管要求将大幅高于现行最低资本监管要求，资本合规压力增加。

（二）资本成本与业绩评价

以经济资本为基础的 EVA 广泛用于企业考核评价中。作为企业内部绩效评价的完整体系，EVA 指标最重要的优点是能够公平有效的衡量企业不同部门、不同风险水平下的绩效，极大地发挥绩效考核公正原则和激励作用，一方面，各部门经营业务的风险不同，EVA 测算模型中充分考虑了风险因素，指标值已反映了其风险因素的影响，保证考核的公正性；另一方面，由于 EVA 指标全面考虑了所投入的资本成本，因此可以使各盈利部门经调整后站在同一起点进行考核。

就我国大型商业银行目前现状来看，多数分行已经实施以 EVA 为核心的绩效评价体系，机构维和员工维考核中均有应用。监管方面，国务院国有资产监督管理委员会（以下简称“国资委”）早在 2009 年、2012 年就两次修订发布《中央企业负责人经营业绩考核暂行办法》，要求使用 EVA 指标取代传统的净资产收益率（ROE）指标作为年度经营业绩考核基本指标之一，该办法还结合我国企业的特点，综合考虑了多方面因素的影响，给出了规范的 EVA 计算公式。目前最新版（2019 年）《中央企业负责人经营业绩考核办法》仍以 EVA 作为核心考核指标。2020 年 12 月，财政部发布《商业银行绩效评价办法》，根据商业银行功能特点建立评价指标体系，将 EVA 作为评价发展质量的重要指标。

---

① TLAC 风险加权比率 =（外部总损失吸收能力 – 扣除项）÷ 风险加权资产

② TLAC 杠杆比率 =（外部总损失吸收能力 – 扣除项）÷ 调整后的表内外资产余额

（三）资本成本与资源配置

RAROC 和 EVA 都强调经济资本占用的成本，体现了银行创造股东价值增加值的能力，可以较好地解决追求利润和控制风险（成本）之间的平衡关系。我国商业银行应建立和完善以 RAROC 和 EVA 为核心指标的绩效考核体系，并将其作为资源配置的主要依据，引导各个部门和各级机构将有限资源配置到低风险、高回报的业务上，从而实现集约化的业务增长模式。

总体来看，经济资本是保证银行资本充足水平并满足监管要求的内部传导工具，通过精细以 EVA 为核心的业绩计量、落实考核管理、优化经济资本配置，可以助力商业银行资本管理水平提升。

第三节 计量方法

一、风险类型

经济资本计量是实现经济资本价值管理的前提和基础，不论经济资本优化配置还是经济资本绩效测评都要基于经济资本的量化结果。任何一种资本都是有成本的，经济资本成本就也涉及经济资本期望回报率。期望回报率是指从资本所有者的角度所能接受的、最低满意程度的风险回报率，其反映了银行的风险和收益之间的匹配情况。如果业务或产品的实际回报率高于期望回报率，就会增加股东价值，应当尽力拓展；反之，应尽力限制。提高风险资本回报率的资本配置和管理不仅体现了股东利益的最大化，也是股东对经营者和管理层的基本要求。现代银行管理框架普遍以增进股东价值为导向，因而 EVA 管理、风险定价管理等都以经济资本管理为基础。经济资本计量主要包括信用风险、市场风险、操作风险等经济资本的计量。

受新冠疫情影响，《巴塞尔协议Ⅲ最终方案》实施时间从 2022 年 1 月 1 日推迟至 2023 年 1 月 1 日。2023 年 2 月 18 日，我国《商业银行资本管理办法（征求意见稿）》（以下简称《管理办法》）发布，面向社会正式公开征求意见，标志着我国与国际监管要求全面接轨，《巴塞尔协议Ⅲ》监管改革在我国的全面落地。《管理办法》将于2024年1月1日起实行，本节内容按最新监管要求更新。

（一）信用风险

信用风险经济资本可分为法人贷款、个人贷款、票据贴现、银行卡透支、债券投资、资金业务、无息资产、表外资产、证券化及衍生类资产、股权投资等信用风险经济资本占用。商业银行可以采用内部评级法或权重法计量信用风险资产。内部评级法未覆盖的风险暴露应采用权重法计量信用风险加权资产。

1. 内部评级法

商业银行采用内部评级法的，应当按照以下规则计量信用风险加权资产。

商业银行应对银行账户信用风险暴露进行分类，并至少分为以下六类：

（1）主权风险暴露。

（2）金融机构风险暴露。

（3）公司风险暴露，包括中小企业风险暴露、专业贷款和一般公司风险暴露。

（4）零售风险暴露，包括个人住房抵押贷款、合格循环零售风险暴露和其他零售风险暴露。合格循环零售风险暴露包括交易者循环零售风险暴露和一般循环零售风险暴露。

（5）股权风险暴露。

（6）其他风险暴露，包括购入应收款及资产证券化风险暴露。

主权风险暴露、金融机构风险暴露和公司风险暴露统称为非零售风险暴露。

商业银行对股权风险暴露不得采用内部评级法计量信用风险加权资产，对以下风险暴露不得采用高级内部评级法计量信用风险加权资产：

金融机构风险暴露。

企业年营业收入（近三年营业收入的算术平均值）超过30亿元人民

币或符合以下情形之一的一般公司风险暴露：

（1）此类企业或其全资子公司直接控股超过50%的企业。

（2）两个以上此类企业或其全资子公司直接控股超过50%的企业。

（3）与此类企业或其全资子公司的法定代表人为同一自然人的企业。

未违约风险暴露和已违约风险暴露的风险加权资产应分别计量。未违约非零售类风险暴露的风险加权资产计量基于单笔信用风险暴露的违约概率、违约损失率、违约风险暴露、相关性和有效期限；未违约零售类风险暴露的风险加权资产计量基于单个资产池风险暴露的违约概率、违约损失率、违约风险暴露和相关性。已违约风险暴露的风险加权资产计量基于违约损失率、预期损失率和违约风险暴露。

（1）未违约风险暴露的风险加权资产的计量。

①计算信用风险暴露的相关性（R）。

第一，主权风险暴露、专业贷款、一般公司风险暴露。

$$R = 0.12 \times \frac{1 - \frac{1}{e^{(50 \times PD)}}}{1 - \frac{1}{e^{50}}} + 0.24 \times \left[1 - \frac{1 - \frac{1}{e^{(50 \times PD)}}}{1 - \frac{1}{e^{50}}}\right]$$

第二，金融机构风险暴露。

$$R_{FI} = 1.25 \times \left\{0.12 \times \frac{1 - \frac{1}{e^{(50 \times PD)}}}{1 - \frac{1}{e^{50}}} + 0.24 \times \left[1 - \frac{1 - \frac{1}{e^{(50 \times PD)}}}{1 - \frac{1}{e^{50}}}\right]\right\}$$

其中，除全球系统重要性银行、我国系统重要性银行、其他国家或地区系统重要性银行之外的银行类金融机构风险暴露：

$$R_{FI2} = 0.12 \times \frac{1 - \frac{1}{e^{(50 \times PD)}}}{1 - \frac{1}{e^{50}}} + 0.24 \times \left[1 - \frac{1 - \frac{1}{e^{(50 \times PD)}}}{1 - \frac{1}{e^{50}}}\right]$$

第三，中小企业风险暴露。

$$R_{SME} = 0.12 \times \left[\frac{1 - \frac{1}{e^{(50 \times PD)}}}{1 - \frac{1}{e^{50}}}\right] + 0.24 \times \left[1 - \frac{1 - \frac{1}{e^{(50 \times PD)}}}{1 - \frac{1}{e^{50}}}\right] - 0.04 \times \left(1 - \frac{S - 3}{27}\right)$$

S 为中小企业近三年营业收入的算术平均值（单位为千万元人民币），低于3千万元人民币的按照3千万元人民币来处理。

第四，零售风险暴露。

个人住房抵押贷款：$R_{r1}=0.15$。

合格循环零售风险暴露：$R_{r2}=0.04$。

其他零售风险暴露：

$$R_{r3}=0.03\times\frac{1-\frac{1}{e^{(35\times PD)}}}{1-\frac{1}{e^{35}}}+0.16\times\left[1-\frac{1-\frac{1}{e^{(35\times PD)}}}{1-\frac{1}{e^{35}}}\right]$$

②计算期限调整因子（b）。

$$b=[0.11852-0.05478\times\ln(PD)]^2$$

③计算信用风险暴露的资本要求（K）。

第一，非零售风险暴露。

$$K=\left\{LGD\times N\left[\sqrt{\frac{1}{1-R}}\times G(PD)+\sqrt{\frac{R}{1-R}}\times G(0.999)\right]-PD\times LGD\right\}$$
$$\times\left\{\frac{1}{1-1.5\times b}\times[1+(M-2.5)\times b]\right\}$$

第二，零售风险暴露。

$$K=LGD\times N\left[\sqrt{\frac{1}{1-R}}\times G(PD)+\sqrt{\frac{R}{1-R}}\times G(0.999)\right]-PD\times LGD$$

④计算信用风险暴露的风险加权资产（RWA）。

$$RWA=K\times 12.5\times EAD$$

（2）已违约风险暴露的风险加权资产的计量。

$$K=\max[0,\ (LGD-BEEL)]$$
$$RWA=K\times 12.5\times EAD$$

此处，$BEEL$ 是指考虑经济环境、法律地位等条件下对已违约风险暴露的预期损失率的最大估计值。

2. 权重法

权重法下信用风险加权资产为银行账户表内资产信用风险加权资产与表外项目信用风险加权资产之和。商业银行计量各类表内资产的风险加权资产时，应首先从资产账面价值中扣除相应的减值准备，然后乘以风险权重。商业银行计量各类表外项目的风险加权资产时，应将表外项目名义金额乘以信用转换系数得到等值的表内资产，再按表内资产的处理方式计量风险加权资产。

（二）操作风险

操作风险是指由不完善或有问题的内部程序、员工和信息科技系统，以及外部事件造成损失的风险，包括法律风险，但不包括战略风险和声誉风险。商业银行可采用基本指标法或标准法计量操作风险资本。第一档商业银行应采用标准法计量操作风险资本要求；第二档商业银行应采用基本指标法计量操作风险资本要求。

第一档商业银行是指符合以下任一条件的商业银行：上年末并表口径调整后表内外资产余额5 000亿元人民币（含）以上；上年末境外债权债务余额300亿元人民币（含）以上且占上年末并表口径调整后表内外资产余额的10%（含）以上。

第二档商业银行是指符合以下任一条件的商业银行：上年末并表口径调整后表内外资产余额100亿元人民币（含）以上，且不符合第一档商业银行条件；上年末并表口径调整后表内外资产余额小于100亿元人民币但境外债权债务余额大于0。

第三档商业银行指上年末并表口径调整后表内外资产余额小于100亿元人民币且境外债权债务余额为0的商业银行。

1. 标准法

商业银行采用标准法，应当按照以下公式计量操作风险资本要求：

$$K_{TSA} = BIC \times ILM$$

其中，K_{TSA}为按标准法计量的操作风险资本要求；BIC 为业务指标部分；ILM 为内部损失乘数。

业务指标部分（BIC）等于商业银行的业务指标（BI）乘以对应的边际资本系数，即 $BIC = BI \times \alpha_i$。

业务指标（BI）为利息、租赁和分红部分（$ILDC$），服务部分（SC），金融部分（FC）之和，即 $BI = ILDC + SC + FC$。其中：

$$ILDC = \min[\overline{Abs(\text{利息收入} - \text{利息支出})},\ 2.25\% \times \overline{\text{生息资产}}] + \overline{\text{分红收入}}$$

$$SC = \max(\overline{\text{其他经营性收入}}, \overline{\text{其他经营性支出}}) + \max(\overline{\text{手续费和佣金收入}}, \overline{\text{手续费和佣金支出}})$$

$$FC = \overline{Abs(\text{交易账簿净损益})} + \overline{Abs(\text{银行账簿净损益})}$$

每个项目上方的横线表示近三年的算术平均值。

商业银行采用标准法，应当根据业务指标（BI）规模适用累进边际资本系数，业务指标80亿元（含）以下的部分，边际资本系数为12%；80亿元以上且2 400亿元（含）以下的部分，边际资本系数为15%；2 400亿元以上的部分，边际资本系数为18%。

内部损失乘数（ILM）是基于操作风险平均历史损失数据与业务指标部分的调整因子，计算公式为：

$$ILM = \ln\left[\exp(1) - 1 + \left(\frac{LC}{BIC}\right)^{0.8}\right]$$

其中，损失部分（LC）为过去10年操作风险损失算术平均值的15倍。

商业银行采用标准法，经监管机构验收合格后，可采用自身损失数据自行计算内部损失乘数；未经监管机构验收合格的，应采用《管理办法》中监管给定的内部损失乘数。

2. 基本指标法

基本指标法的使用过程中，应当以总收入为基础计量操作风险资本要求。总收入为净利息收入与净非利息收入之和。按照以下公式计量操作风险资本：

$$K_{BIA} = \frac{\sum_{i=1}^{n}(GI_i \times \alpha)}{n}$$

其中，K_{BIA}为按基本指标法计量的操作风险资本要求；GI为过去3年中每年正的总收入；n为过去3年中总收入为正的年数；α为15%。

（三）市场风险

市场风险是指因市场价格（利率、汇率、股票价格和商品价格）的不利变动而使商业银行表内和表外业务发生损失的风险。市场风险资本计量应覆盖商业银行交易账簿中的违约风险、一般利率风险、信用利差风险、股票风险，以及全账簿汇率风险和商品风险。市场风险资本计量可以采用标准法、内部模型法或简化标准法。

1. 标准法

标准法分别计量基于敏感度方法的资本要求、违约风险资本要求和剩余风险附加资本要求。基于敏感度方法的资本要求为得尔塔、维伽和曲度三项风险资本要求之和。风险类别包括一般利率风险、非证券化信用利差风险、非相关性交易组合证券化信用利差风险、相关性交易组合证券化信用利差风险、股票风险、商品风险、汇率风险。违约风险资本要求的风险类别包括非证券化违约风险、非相关性交易组合证券化违约风险、相关性交易组合证券化违约风险。

基于敏感度方法的资本要求。敏感度用于计量得尔塔、维伽、曲度的风险资本。敏感度指标需风险加权并加总，首先在同一风险组内加总，之后在同一风险类别下进行组间加总，最后根据不同相关性情景分别计算并选择资本加总口径的最大值作为基于敏感度方法下该风险类别的风险资本要求。商业银行采用基于敏感度方法计量资本要求，应使用与风险管理部门向高级管理层报告市场风险及损益情况相一致的工具价格或估值模型。商业银行每一风险类别的敏感度以报表货币表示。

违约风险的资本要求。违约风险资本用于抵御基于敏感度方法的信用利差没有捕捉到的违约风险。存在违约风险的非证券化的资产组合、证券化资产组合（非相关性交易组合，non - CTP）、证券化资产组合（相关性交易组合，CTP）应计算违约风险资本要求。

剩余风险附加资本要求。

需承担剩余风险附加资本要求的工具：

①具有剩余风险的工具包括标的为奇异性资产的工具和承担其他剩余风险的工具，应单独计算剩余风险附加资本要求。

②标的为奇异性资产的工具是指基础资产的风险暴露不在得尔塔、维伽、曲度敏感度资本要求和违约风险资本要求范围内的交易账簿工具，包括但不限于长寿风险、天气、自然灾害、未来的实际波动率等。

③承担其他剩余风险的工具至少符合下列要求之一：

第一，需计提维伽或曲度敏感度风险资本要求的工具，且其到期日回报无法由基础资产为单一股票价格、商品价格、汇率、债券价格、信用违约互换价格或利率互换的普通欧式期权通过有限线性组合复制。

第二，相关性交易组合，但市场风险框架中认定为相关性交易组合合格风险对冲的金融工具除外。

包括但不限于：受缺口风险影响的工具（如障碍期权、亚式期权、数字期权等），受相关性风险影响的工具［如一篮子期权、最优期权、利差期权、基差期权、百慕大期权和双币种（Quanto）期权等］，受行为风险影响的工具。

④如果与第三方交易可完全对冲原交易的剩余风险，则无须计量此两笔交易的剩余风险附加资本。例如，与原交易方向相反但其他要素相同的完全匹配的背对背平盘交易。

2. 内部模型法

根据《巴塞尔新资本协议》的要求，在经过监管机构部门批准的前提下，允许银行使用内部风险管理部门开发的风险计量模型。在一般的实践中主要有三种方法来计算风险价值：方差—协方差法、历史模拟法、蒙特卡洛模拟法。商业银行采用内部模型法，其市场风险总资本要求（$ACRtotal$）为：

$$ACRtotal = \min(IMA_{G,A} + C_U + \text{资本附加},\ SA_{all\ desk}) + \max(0,\ IMA_{G,A} - SA_{G,A})$$

其中，$IMA_{G,A}$为经验收合格使用内部模型法计量的交易台资本要求；C_U 为未经验收合格使用内部模型法或不符合内部模型法使用条件的交易台按标准法计算的资本要求；资本附加为根据损益归因测试结果相应增加的资本要求；$SA_{all\ desk}$为所有交易台按标准法计算的资本要求；$SA_{G,A}$为经验收合格使用内部模型法且符合内部模型法使用条件的交易台按标准法计算的资本要求。

商业银行应使用单独的内部模型计量违约风险资本要求，内部模型未达到合格标准或未覆盖违约风险的，应当按标准法计量违约风险资本要求。

3. 简化标准法

可采用简化标准法计量市场风险资本要求的商业银行应同时满足以下条件：

（1）简化标准法下，市场风险加权资产不超过150亿元；

（2）非中央交易对手衍生工具的名义本金（全账簿）不超过4 000亿元；

（3）银行及其任何附属子公司未使用内部模型法计量市场风险资本要求；

（4）非全球系统重要性银行（G－SIB）或国内系统重要性银行（D－SIB）；

（5）未持有任何相关性交易头寸。

简化标准法下，商业银行应分别计量利率风险、汇率风险、商品风险和股票风险的资本要求，并单独计量以各类风险为基础的期权风险的资本要求。公式如下：

$$\begin{aligned}\text{资本要求} = &\text{利率风险资本要求(含利率类期权资本要求)} \times 1.3\\ &+\text{汇率风险资本要求(含汇率类期权资本要求)} \times 1.2\\ &+\text{商品风险资本要求(含商品类期权资本要求)} \times 1.9\\ &+\text{股票风险资本要求(含股票类期权资本要求)} \times 3.5\end{aligned}$$

利率风险资本要求和股票风险资本要求为一般市场风险资本要求和特定风险资本要求之和。期权风险资本要求纳入其标的对应风险类别进行资本要求汇总。

二、风险产品

（一）法人贷款

法人贷款信用风险经济资本按照债项进行逐笔计量，即对每笔法人贷款核定相应的经济资本占用。法人贷款逐笔借据经济资本占用的计算公式为：

$$\text{法人贷款经济资本占用} = \text{违约风险暴露} \times \text{经济资本系数}$$

1. 违约风险暴露

$$\text{违约风险暴露} = \text{贷款余额}$$

2. 经济资本系数

经济资本系数的生成过程如下：

核定经济资本基准系数。首先判断该笔贷款的客户信用等级，其次判断该笔贷款LGD所对应的LGD档次。在以上判断的基础上，根据

《法人贷款信用风险基准系数表》核定该笔贷款的经济资本基准系数。法人贷款基准系数参考《巴塞尔新资本协议》监管资本公式确定（见表6－2）。

表6－2　　某商业银行法人贷款信用风险基准系数表（模拟）

LGD档次	信用等级			
	……	AAA（%）	AAA－（%）	……
LGD档次1	……	0.00	0.00	……
LGD档次2	……	0.14	0.21	……
LGD档次3	……	0.29	0.42	……
LGD档次4	……	0.43	0.62	……
LGD档次5	……	0.57	0.83	……
LGD档次6	……	0.71	1.04	……
LGD档次7	……	0.86	1.25	……
LGD档次8	……	1.00	1.46	……
LGD档次9	……	1.14	1.66	……
LGD档次10	……	1.29	1.86	……
LGD档次11	……	1.43	2.07	……
LGD档次12	……	1.57	2.28	……
LGD档次13	……	1.71	2.49	……
LGD档次14	……	1.86	2.70	……
LGD档次15	……	2.00	2.90	……
LGD档次16	……	2.14	3.11	……
LGD档次17	……	2.29	3.32	……
LGD档次18	……	2.43	3.53	……
LGD档次19	……	2.58	3.74	……
LGD档次20	……	2.71	3.94	……

进行系数调节。根据资产负债策略组合和信贷结构进行系数调节。依次根据信贷资产的产品结构、期限结构、地区和行业政策以及客户结构对基准系数进行调节（见表6－3）。

表6－3　　某商业银行法人贷款调节系数（模拟）

产品		调节系数（%）
贸易融资	打包放款	100
	进口押汇	90
	出口押汇	90
	出口贴现	90
	福费廷	90
	融资性非买断型出口保理	90
	融资性买断型出口保理	90
	进口 T/T 融资	90
	进口代付融资	90
	出口发票融资	90
	进口预付货款融资	90
	出口订单融资	90
	其他国际贸易融资	100
	国内打包放款	100
	卖方融资	100
	买方融资	100
	买断型国内保理	100
	回购型国内保理	100
	发票融资	100
	商品融资	100
	国内订单融资	100
	退税应收款融资	100
	其他国内贸易融资	100

续表

产品		调节系数（%）
流动资金贷款	营运资金贷款	100
	周转限额贷款	100
	临时贷款	100
	搭桥贷款	100
	法人账户透支	100
	备用贷款	100
	流动资金贷款（旧）	100
	其他	100
项目贷款	并购贷款	90
	银团贷款	100
	项目搭桥贷款	100
	项目前期贷款	100
	项目营运期贷款	100
	固定资产支持融资	100
	项目融资	100
	固定资产贷款	100
	其他	100
房地产开发贷款	住房开发贷款	100
	商用房开发贷款	130
	土地储备贷款	100
	保障性住房建设贷款	100
	高校学生公寓贷款	100
	其他房地产贷款	100
	商用房按揭贷款	130
	系统内房地产联合贷款	100

对特定类型的法人贷款，直接核定系数且无须进行系数调节；对法人贷款中LGD数据缺失的贷款，按照10%计算经济资本占用，不再进行系数调节；对已违约贷款，信用风险经济资本系数为0。

（二）零售业务

零售业务信用风险经济资本中，对个人贷款和银行卡透支信用风险经济资本逐笔计量，即对每笔个人贷款和每个信用卡透支账户计算相应的经济资本占用，计算公式如下：

经济资本占用 = 违约风险暴露 × 经济资本系数

1. 违约风险暴露

违约风险暴露 = 贷款余额

2. 经济资本系数

经济资本系数的生成过程如下：

（1）内评法已覆盖的产品。

未违约债项。根据该笔债项的相关参数，例如实际逾期天数、账龄、评分卡值等，判断该项所在的 PD 池和 LGD 池并得到相应的 PD 和 LGD。在此基础上，根据《巴塞尔新资本协议》监管资本公式核定该笔债项的经济资本基准系数。

违约债项。如该笔债项已违约，核定该笔债项的经济资本基准系数为0。

（2）内评法未覆盖产品。对于内评法未覆盖的产品，根据统一系数5%计算经济资本占用，不再进行系数调节。

在核定基准系数的基础上进行系数调节。对于非违约类贷款，根据《零售业务地区产品调节系数表》对基准系数进行调节（见表6－4）。

表6－4　某商业银行零售业务地区产品调节系数表（模拟）

产品			北京（%）	上海（%）	××
一级产品	二级产品	三级产品			
个人贷款	个人住房贷款		125.00	125.00	……
	个人消费贷款	汽车贷款	125.00	125.00	……
		综合贷款	125.00	125.00	……
		信用贷款	125.00	125.00	……
		质押贷款	125.00	125.00	……
		个人房屋抵押贷款	125.00	125.00	……
		个人助学贷款	125.00	125.00	……
	个人经营性贷款	一般个人经营性贷款	125.00	125.00	……
		个人商用房贷款	125.00	125.00	……

续表

产品			北京（%）	上海（%）	××
一级产品	二级产品	三级产品			
银行卡透支	商务卡透支	一般商务卡透支	125.00	125.00	……
		商务卡分期付款	125.00	125.00	……
	个人卡透支	一般个人卡透支	125.00	125.00	……
		个人卡透支分期付款	125.00	125.00	……
	其他卡透支		125.00	125.00	……

（三）票据贴现

票据贴现信用风险经济资本进行逐笔计量，即对每笔票据贴现核定相应的经济资本占用。计算公式如下：

票据贴现经济资本占用 = 违约风险暴露 × 经济资本系数

1. 违约风险暴露

违约风险暴露 = 票据贴现余额

2. 经济资本系数

经济资本系数的生成过程如下：

（1）核定经济资本基准系数。首先判断票据贴现所属的具体产品类别，其次判断该笔业务的期限。根据《票据贴现信用风险基准系数表》核定该笔业务的经济资本系数（见表6－5）。

表6－5　票据贴现信用风险基准系数表（模拟）　单位：%

三级产品	0～3个月（含）	3～6个月（含）	6个月以上	逾期未还
直贴银票	1.90	2.11	2.11	2.11
直贴商票	4.81	5.39	5.39	5.39
转贴银票	1.69	1.88	1.88	1.88
转贴商票	2.32	2.58	2.58	2.58
本行信用票据	0.00	0.00	0.00	0.00
外币票据贴现	1.90	2.11	2.11	2.11

（2）系数调节。根据票据贴现机构信用等级调节系数表对基准系数进行调节（见表6－6）。

表6－6 票据贴现信用风险调节系数表（模拟） 单位：%

机构信用等级	银行机构调节系数	企业机构调节系数
sAAA +	100.00	100.00
AAA +	100.00	100.00
sAAA	100.00	100.00
AAA	100.00	100.00
sAAA –	100.00	100.00
AAA –	100.00	100.00
sAA +	100.00	100.00
AA +	100.00	100.00
sAA	100.00	100.00
AA	100.00	100.00
sAA –	100.00	100.00
AA –	100.00	100.00
sA +	100.00	100.00
A +	100.00	100.00
A	100.00	100.00
A –	100.00	100.00
BBB +	100.00	100.00
BBB	100.00	100.00
BBB –	100.00	100.00
BB	100.00	100.00
B	100.00	100.00
N（待评级）	100.00	100.00

（四）其他

（1）其他信用风险经济资本计量。资金业务、债券投资与无息资产信用风险经济资本进行组合计量，即对其具体组合核定相应的经济资本占用。首先判断该组合所属的具体产品，再根据《其他信用风险经济资本系数表》核定该组合的经济资本系数（见表6－7）。

表6－7　　其他信用风险经济资本系数表（模拟）　　单位：%

<table>
<tr><th colspan="3">资产分类</th><th rowspan="2">经济资本基准系数</th></tr>
<tr><th>一级产品</th><th>二级产品</th><th>三级产品</th></tr>
<tr><td rowspan="5">债券投资</td><td>国债</td><td></td><td>0.00</td></tr>
<tr><td>地方政府债</td><td></td><td>2.00</td></tr>
<tr><td>一般金融债券</td><td></td><td>2.25</td></tr>
<tr><td>企业债券、基金、理财产品</td><td></td><td>5.00</td></tr>
<tr><td>其他债券投资</td><td></td><td>1.25</td></tr>
<tr><td rowspan="4">资金业务</td><td>存放央行款项</td><td></td><td>0.00</td></tr>
<tr><td>存放同业</td><td></td><td>1.00</td></tr>
<tr><td>拆放同业</td><td></td><td>2.25</td></tr>
<tr><td>买入返售资产</td><td></td><td>1.58</td></tr>
<tr><td rowspan="8">无息资产</td><td>现金类</td><td></td><td>0.00</td></tr>
<tr><td rowspan="3">应收款项</td><td>其他应收款</td><td>10.00</td></tr>
<tr><td>一般应收款及垫款</td><td>7.50</td></tr>
<tr><td>应收财政部账款</td><td>0.00</td></tr>
<tr><td rowspan="2">待处理类资产</td><td>其他待处理类资产</td><td>18.75</td></tr>
<tr><td>超期非自用不动产</td><td>40.00</td></tr>
<tr><td>固定资产</td><td></td><td>12.50</td></tr>
<tr><td>无形、递延、其他资产</td><td></td><td>11.25</td></tr>
<tr><td>债转股</td><td></td><td></td><td>40.00</td></tr>
</table>

（2）表外资产信用风险经济资本计量。表外资产信用风险经济资本采取组合计量的方式（见表6－8），计算公式如下：

表外资产经济资本占用＝违约风险暴露×经济资本系数

违约风险暴露＝表外资产余额－保证金

表 6-8　　表外资产经济资本占用测算标准表（模拟）　　单位：%

一级产品	二级产品	三级产品	经济资本分配系数
表外资产	承诺类	贷款承诺	4.00
		卡承诺	1.60
	担保类	银行承兑汇票	5.55
		融资性保函（集团外）	6.47
		融资性保函（集团内）	2.12
		非融资保函及其他	2.15
		信用证	2.38

（3）证券化信用风险经济资本。

证券化经济资本计提类型。如商业银行作为资产证券化发起机构、信用增级机构、流动性便利提供机构、投资机构或者贷款服务机构等从事资产证券化业务，只要产生了资产证券化风险暴露，就应计提相应的经济资本。对于按照风险权重①计量的证券化业务，将风险加权后的风险暴露乘以资本配置系数后的额度作为经济资本额度。

（4）交易对手信用风险经济资本计量。

交易对手信用风险经济资本计提类型。该类资本用于覆盖银行账户和交易账户中未结算的证券、商品和外汇交易的交易对手信用风险暴露，包括场外衍生工具交易形成的交易对手信用风险、证券融资交易（包括回购交易、证券借贷和保证金贷款交易等）形成的交易对手信用风险、与中央交易对手交易形成的信用风险。交易对手信用风险经济资本占用等于风险加权资产乘以资本配置系数后的额度。

（5）对于股权投资经济资本进行组合计量，即对股权投资所对应的资产按照组合法核定经济资本占用。

$$每个组合股权投资经济资本 = 违约风险暴露 \times 经济资本系数$$

$$违约风险暴露 = 资产余额 - 资产减值准备$$

① 证券化、交易对手、股权投资经济资本的风险权重根据《商业银行资本管理办法（征求意见稿）》正文及相关要求确定。

三、资本成本分产品核算

（一）经济资本计量

如果把EVA应用到分产品业绩核算，则首要的一个基本前提是核算产品所占用的资本。经济资本成为衡量银行资本占用的公认方式，计算公式如下：

分产品经济资本占用＝信用风险经济资本＋操作风险经济资本＋市场风险经济资本＋其他风险经济资本

（二）分产品经济增加值计算

基于上述方法得到分产品的经济资本，然后即可进一步参照该商业银行提出的模拟经济增加值的计算公式，得到分产品的模拟经济增加值，以进行分产品的业绩核算。具体计算公式如下：

分产品经济增加值＝分产品账面利润－分产品经济资本占用×资本成本率

第四节　实证研究

为进一步说明资本成本分产品核算的具体应用，现以某商业银行为例，列示商业银行资本成本的应用过程。

一、信用风险资本成本

该银行采用内部评级法计算信用风险经济资本占用。根据产品类型逐笔借据确定经济资本占用系数，计算信用风险经济资本。根据法人贷款逐笔借据经济资本占用公式，计算信用风险经济资本如下：

信用风险经济资本占用＝违约风险暴露×经济资本系数

＝贷款余额×基准系数×产品系数×期限系数×行业调节系数

根据上述计算步骤，某银行主要信贷产品信用风险经济资本占用如表6－9所示。

表 6－9　　　　　　某商业银行信贷产品资本占用计算情况

贷款产品	余额（万元）	基准系数（%）	产品系数	期限系数	行业系数	信用风险经济资本占用（万元）
个人住房贷款	5 000	2.25	1.2	1.1	1.15	171
个人消费贷款	4 000	2.40	1.3	1.02	1.16	148
个人经营贷款	30	2.70	1.4	1.03	1.22	1
个人信用消费贷款	45	2.85	1.5	1.05	1.28	3
一般流动资金贷款	1 080	1.50	1.2	1.05	1.13	23
国内贸易融资	8 500	3.00	1.1	1.02	1.06	303
国际贸易融资	4 258	2.25	1.1	1.06	1.08	121
出口买方信贷	50	2.25	1.1	1.05	1.08	1
项目贷款	8 000	2.40	1.2	1.15	1.18	313
银团贷款	5 000	0.75	1.1	1.2	1.15	57
系统内联合贷款	50	1.80	1.2	1	1.1	1
并购贷款	4.5	2.40	1.5	1.1	1.3	0
国际融资转贷款	8.5	1.95	1.2	1.2	1.2	0
房地产贷款	4 250	2.85	1.1	1.1	1.1	161
票据贴现	5 000	0.30	1	1	1	15
合计	45 276	—	—	—	—	1 318

注：经济资本占用＝贷款余额×基准系数×产品系数×期限系数×行业系数。

二、操作风险资本成本

该银行采用标准法计算操作风险经济资本占用。

$$K_{TSA}=BIC\times ILM=BI\times\alpha\times ILM$$

业务指标根据产品的近三年利息、租赁和分红、手续费及佣金收支、净损益等指标计算。

商业银行采用标准法，应当根据业务指标（*BI*）规模适用累进边际资本系数：

$BI\leqslant 80$ 亿元，α 系数为 12%；

80 亿元 $<BI\leqslant 2\ 400$ 亿元，α 系数为 15%；

$BI > 2\ 400$ 亿元，α 系数为 18%。

根据该商业银行业务规模，其 α 系数为 18%。

该银行主要信贷产品操作风险经济资本占用如表 6－10 所示。

表 6－10　　某银行主要信贷产品操作风险经济资本占用（模拟）

业务条线	报告指标	业务指标（BI）	边际资本系数（α）（%）	内部损失乘数（ILM）	经济资本占用（亿元）
零售业务	个人住房贷款	2 450	18	0.67	295
	个人消费贷款	25	18	0.56	3
	个人经营贷款	300	18	0.62	33
	个人信用消费贷款	50	18	0.5	5
	一般流动资金贷款	800	18	0.52	75
对公业务	国内贸易融资	150	18	0.7	19
	国际贸易融资	30	18	0.71	4
	出口买方信贷	18	18	0.7	2
	项目贷款	1 780	18	0.73	234
	银团贷款	180	18	0.69	22
	系统内联合贷款	75	18	0.6	8
	并购贷款	105	18	0.7	13
	国际融资转贷款	1	18	0.68	0
	房地产贷款	200	18	0.75	27
	票据贴现	110	18	0.55	11
合计		6 274			751

三、市场风险资本成本

该银行采用新标准法计算市场风险经济资本占用。新标准法分别对基于敏感度方法的资本要求、违约风险的资本要求、剩余风险附加资本要求明确相关计量规则，通过确定每组策略的风险因子、风险权重等，计算市场风险经济资本占用。

根据上述几类资本成本的计算结果，汇总后如表 6－11 所示。

表6-11 **主要信贷产品经济资本占用表** 单位：亿元

贷款产品	经济资本占用			
	信用风险	操作风险	市场风险	合计
个人住房贷款	171	295	—	466
个人消费贷款	148	3	—	150
个人经营贷款	1	33	—	35
个人信用消费贷款	3	5	—	7
一般流动资金贷款	23	75	—	98
国内贸易融资	303	19	—	322
国际贸易融资	121	4	—	124
出口买方信贷	1	2	—	4
项目贷款	313	234	—	547
银团贷款	57	22	—	79
系统内联合贷款	1	8	—	9
并购贷款	0	13	—	13
国际融资转贷款	0	0	—	0
房地产贷款	161	27	—	188
票据贴现	15	11	—	26
合计	1 318	751	—	2 070

四、EVA核算应用

现以某商业银行为例说明资本成本分产品核算的具体应用，该银行信用风险采用内部评级法、操作风险采用以BI为核心的新标准法、市场风险采用新标准法分别计量。

步骤一：计算分产品经济资本占用。

按照上述方法，分别计算三项风险占用的经济资本，并汇总计算分产品综合经济资本占用（见表6-12）。

表6－12　主要资产项目经济资本占用表　单位：亿元

产品分类			信用风险经济资本	操作风险经济资本	市场风险经济资本	经济资本占用合计
法人贷款	流动资金贷款	一般流动资金贷款	207.90	41.61	—	249.51
		国内贸易融资	118.93	34.98	—	153.91
	项目贷款	项目贷款	277.48	54.28	—	331.76
		银团贷款	95.04	11.21	—	106.25
		系统内联合贷款	223.34	44.05	—	267.40
		并购贷款	433.20	85.61	—	518.82
		出口买方信贷	218.64	46.08	—	264.72
		国际融资转贷款	277.82	55.12	—	332.95
	房地产开发贷款	房地产贷款	309.54	61.54	—	371.08
个人贷款	个人住房贷款		103.83	20.68	—	124.51
	个人消费贷款	汽车贷款	335.06	66.88	—	401.94
		综合贷款	276.34	55.27	—	331.61
		信用贷款	409.89	82.14	—	492.04
		质押贷款	289.26	60.94	—	350.20
		个人房屋抵押贷款	238.57	48.00	—	286.57
		个人助学贷款	206.52	41.64	—	248.16
	个人经营性贷款	一般个人经营性贷款	303.73	61.36	—	365.09
		个人商用房贷款	321.67	64.82	—	386.49
票据贴现	非本行票据	直贴银票	30.00	4.16	—	34.16
		直贴商票	20.20	3.51	—	23.71
		转贴银票	5.00	0.82	—	5.82
		转贴商票	3.28	0.64	—	3.91
	本行信用票据		73.19	9.16	—	82.34
	外币票据贴现		75.74	11.94	—	87.68

续表

<table>
<tr><th colspan="3">产品分类</th><th>信用风险经济资本</th><th>操作风险经济资本</th><th>市场风险经济资本</th><th>经济资本占用合计</th></tr>
<tr><td rowspan="5">银行卡透支</td><td rowspan="2">商务卡透支</td><td>一般商务卡透支</td><td>149.94</td><td>30.79</td><td>—</td><td>180.73</td></tr>
<tr><td>商务卡分期付款</td><td>159.17</td><td>32.75</td><td>—</td><td>191.92</td></tr>
<tr><td rowspan="2">个人卡透支</td><td>一般个人卡透支</td><td>185.32</td><td>38.21</td><td>—</td><td>223.52</td></tr>
<tr><td>个人卡透支分期付款</td><td>191.35</td><td>39.53</td><td>—</td><td>230.88</td></tr>
<tr><td colspan="2">其他卡透支</td><td>186.80</td><td>38.68</td><td>—</td><td>225.48</td></tr>
<tr><td rowspan="4">资金业务</td><td colspan="2">存放央行款项</td><td>95.63</td><td>6.25</td><td>—</td><td>101.87</td></tr>
<tr><td colspan="2">存放同业</td><td>104.48</td><td>7.27</td><td>—</td><td>111.74</td></tr>
<tr><td colspan="2">拆放同业</td><td>119.14</td><td>7.72</td><td>—</td><td>126.86</td></tr>
<tr><td colspan="2">买入返售资产</td><td>108.39</td><td>8.43</td><td>—</td><td>116.82</td></tr>
<tr><td rowspan="4">债券投资</td><td colspan="2">政府债券</td><td>97.50</td><td>7.92</td><td>65.00</td><td>170.42</td></tr>
<tr><td colspan="2">金融债券</td><td>111.27</td><td>9.52</td><td>107.10</td><td>227.88</td></tr>
<tr><td colspan="2">企业债券、基金、理财产品</td><td>150.28</td><td>10.53</td><td>480.00</td><td>640.81</td></tr>
<tr><td colspan="2">其他债券投资</td><td>16.63</td><td>1.08</td><td>48.00</td><td>65.71</td></tr>
<tr><td rowspan="6">无息资产</td><td colspan="2">现金及贵金属</td><td>1.00</td><td>0.08</td><td>—</td><td>1.08</td></tr>
<tr><td rowspan="2">应收款项</td><td>一般应收款及垫款</td><td>0.27</td><td>0.02</td><td>—</td><td>0.28</td></tr>
<tr><td>应收财政部账款</td><td>0.44</td><td>0.02</td><td>—</td><td>0.46</td></tr>
<tr><td colspan="2">待处理类资产</td><td>1.09</td><td>0.06</td><td>—</td><td>1.14</td></tr>
<tr><td colspan="2">固定资产</td><td>3.03</td><td>0.18</td><td>—</td><td>3.20</td></tr>
<tr><td colspan="2">无形、递延、其他资产</td><td>2.29</td><td>0.18</td><td>—</td><td>2.46</td></tr>
<tr><td rowspan="6">表外资产</td><td rowspan="4">担保类</td><td>银行承兑汇票</td><td>15.73</td><td>3.49</td><td>—</td><td>19.22</td></tr>
<tr><td>融资性保函</td><td>3.23</td><td>0.73</td><td>—</td><td>3.96</td></tr>
<tr><td>非融资保函及其他</td><td>0.66</td><td>0.17</td><td>—</td><td>0.83</td></tr>
<tr><td>信用证</td><td>2.72</td><td>0.69</td><td>—</td><td>3.41</td></tr>
<tr><td rowspan="2">承诺类</td><td>贷款承诺</td><td>178.20</td><td>54.01</td><td>—</td><td>232.21</td></tr>
<tr><td>备用贷款</td><td>134.64</td><td>43.51</td><td>—</td><td>178.15</td></tr>
</table>

步骤二：计算分产品经济资本成本。

EVA 计算中所要确定的资本成本占用在本步骤内完成其匡算过程，已知对分产品的经济资本需求，只需要知道对资本的回报率就能够完成计算。假定某商业银行的资本成本率为10%。

分产品的经济资本成本 = 经济资本占用 × 资本成本率

以此得到分产品的资本成本，在本例中，分产品资本成本的计算结果如表6－13所示。

表6－13　　分产品资本成本计算结果

产品分类			经济资本（亿元）	资本成本率（%）	经济资本成本（亿元）
法人贷款	流动资金贷款	一般流动资金贷款	249.51	10	24.95
		国内贸易融资	153.91	10	15.39
	项目贷款	项目贷款	331.76	10	33.18
		银团贷款	106.25	10	10.63
		系统内联合贷款	267.4	10	26.74
		并购贷款	518.82	10	51.88
		出口买方信贷	264.72	10	26.47
		国际融资转贷款	332.95	10	33.30
	房地产开发贷款	房地产贷款	371.08	10	37.11
个人贷款	个人住房贷款		124.51	10	12.45
	个人消费贷款	汽车贷款	401.94	10	40.19
		综合贷款	331.61	10	33.16
		信用贷款	492.04	10	49.20
		质押贷款	350.2	10	35.02
		个人房屋抵押贷款	286.57	10	28.66
		个人助学贷款	248.16	10	24.82
	个人经营性贷款	一般个人经营性贷款	365.09	10	36.51
		个人商用房贷款	386.49	10	38.65

续表

<table>
<tr><th colspan="3">产品分类</th><th>经济资本（亿元）</th><th>资本成本率（%）</th><th>经济资本成本（亿元）</th></tr>
<tr><td rowspan="6">票据贴现</td><td rowspan="4">非本行票据</td><td>直贴银票</td><td>34. 16</td><td>10</td><td>3. 42</td></tr>
<tr><td>直贴商票</td><td>23. 71</td><td>10</td><td>2. 37</td></tr>
<tr><td>转贴银票</td><td>5. 82</td><td>10</td><td>0. 58</td></tr>
<tr><td>转贴商票</td><td>3. 91</td><td>10</td><td>0. 39</td></tr>
<tr><td colspan="2">本行信用票据</td><td>82. 34</td><td>10</td><td>8. 23</td></tr>
<tr><td colspan="2">外币票据贴现</td><td>87. 68</td><td>10</td><td>8. 77</td></tr>
<tr><td rowspan="5">银行卡透支</td><td rowspan="2">商务卡透支</td><td>一般商务卡透支</td><td>180. 73</td><td>10</td><td>18. 07</td></tr>
<tr><td>商务卡分期付款</td><td>191. 92</td><td>10</td><td>19. 19</td></tr>
<tr><td rowspan="2">个人卡透支</td><td>一般个人卡透支</td><td>223. 52</td><td>10</td><td>22. 35</td></tr>
<tr><td>个人卡透支分期付款</td><td>230. 88</td><td>10</td><td>23. 09</td></tr>
<tr><td colspan="2">其他卡透支</td><td>225. 48</td><td>10</td><td>22. 55</td></tr>
<tr><td rowspan="4">资金业务</td><td colspan="2">存放央行款项</td><td>101. 87</td><td>10</td><td>10. 19</td></tr>
<tr><td colspan="2">存放同业</td><td>111. 74</td><td>10</td><td>11. 17</td></tr>
<tr><td colspan="2">拆放同业</td><td>126. 86</td><td>10</td><td>12. 69</td></tr>
<tr><td colspan="2">买入返售资产</td><td>116. 82</td><td>10</td><td>11. 68</td></tr>
<tr><td rowspan="4">债券投资</td><td colspan="2">政府债券</td><td>170. 42</td><td>10</td><td>17. 04</td></tr>
<tr><td colspan="2">金融债券</td><td>227. 88</td><td>10</td><td>22. 79</td></tr>
<tr><td colspan="2">企业债券、基金、理财产品</td><td>640. 81</td><td>10</td><td>64. 08</td></tr>
<tr><td colspan="2">其他债券投资</td><td>65. 71</td><td>10</td><td>6. 57</td></tr>
<tr><td rowspan="6">无息资产</td><td colspan="2">现金及贵金属</td><td>1. 08</td><td>10</td><td>0. 11</td></tr>
<tr><td rowspan="2">应收款项</td><td>一般应收款及垫款</td><td>0. 28</td><td>10</td><td>0. 03</td></tr>
<tr><td>应收财政部账款</td><td>0. 46</td><td>10</td><td>0. 05</td></tr>
<tr><td colspan="2">待处理类资产</td><td>1. 14</td><td>10</td><td>0. 11</td></tr>
<tr><td colspan="2">固定资产</td><td>3. 2</td><td>10</td><td>0. 32</td></tr>
<tr><td colspan="2">无形、递延、其他资产</td><td>2. 46</td><td>10</td><td>0. 25</td></tr>
</table>

续表

产品分类			经济资本（亿元）	资本成本率（%）	经济资本成本（亿元）
表外资产	担保类	银行承兑汇票	19.22	10	1.92
		融资性保函	3.96	10	0.40
		非融资保函及其他	0.83	10	0.08
		信用证	3.41	10	0.34
	承诺类	贷款承诺	232.21	10	23.22
		备用贷款	178.15	10	17.82

步骤三：计算分产品的模拟经济增加值。

最后我们要完成对经济增加值的计算，通过之前的研究工作，确定以下计算公式：

$$EVA = 净利润 - 经济资本成本$$

$$产品维度\ EVA = \sum EVA_j$$

其中，EVA_j 代表该产品下第 j 笔债项的经济增加值。

分产品资本成本来自上一步骤的计算结果，而分产品的账面利润则来自各个分部的相关报告结果。

本案例中，该商业银行的所有产品经济增加值如表6－14所示。

表6－14　　主要资产项目 *EVA* 计算　　单位：亿元

产品分类			净利润	经济资本成本	EVA
法人贷款	流动资金贷款	一般流动资金贷款	70	24.95	45.05
		国内贸易融资	110	15.39	94.61
	项目贷款	项目贷款	99	33.18	65.82
		银团贷款	110	10.63	99.38
		系统内联合贷款	207	26.74	180.26
		并购贷款	126	51.88	74.12
		出口买方信贷	58	26.47	31.53
		国际融资转贷款	58	33.30	24.71
	房地产开发贷款	房地产贷款	98	37.11	60.89

续表

产品分类			净利润	经济资本成本	*EVA*
个人贷款	个人住房贷款		36	12.45	23.55
	个人消费贷款	汽车贷款	136	40.19	95.81
		综合贷款	55	33.16	21.84
		信用贷款	55	49.20	5.80
		质押贷款	54	35.02	18.98
		个人房屋抵押贷款	54	28.66	25.34
		个人助学贷款	53	24.82	28.18
	个人经营性贷款	一般个人经营性贷款	90	36.51	53.49
		个人商用房贷款	89	38.65	50.35
票据贴现	非本行票据	直贴银票	30	3.42	26.58
		直贴商票	20	2.37	17.63
		转贴银票	3	0.58	2.42
		转贴商票	2	0.39	1.61
	本行信用票据		35	8.23	26.77
	外币票据贴现		34	8.77	25.23
银行卡透支	商务卡透支	一般商务卡透支	136	18.07	117.93
		商务卡分期付款	134	19.19	114.81
	个人卡透支	一般个人卡透支	133	22.35	110.65
		个人卡透支分期付款	131	23.09	107.91
	其他卡透支		129	22.55	106.45
资金业务	存放央行款项		32	10.19	21.81
	存放同业		31	11.17	19.83
	拆放同业		31	12.69	18.31
	买入返售资产		31	11.68	19.32
债券投资	政府债券		130	17.04	112.96
	金融债券		119	22.79	96.21
	企业债券、基金、理财产品		120	64.08	55.92
	其他债券投资		12	6.57	5.43

续表

产品分类			净利润	经济资本成本	*EVA*
无息资产	现金及贵金属		0	0.11	-0.11
	应收款项	一般应收款及垫款	0	0.03	-0.03
		应收财政部账款	0	0.05	-0.05
	待处理类资产		0	0.11	-0.11
	固定资产		0	0.32	-0.32
	无形、递延、其他资产		0	0.25	-0.25
表外资产	担保类	银行承兑汇票	0	1.92	-1.92
		融资性保函	0	0.40	-0.40
		非融资保函及其他	0	0.08	-0.08
		信用证	0	0.34	-0.34
	承诺类	贷款承诺	0	23.22	-23.22
		备用贷款	0	17.82	-17.82

第五节　小结

在基于EVA的业绩核算体系中，资本成本是确定产品业绩的关键。本章通过对商业银行分产品业绩核算体系中资本成本的深入研究，得出如下结论：

（1）在金融创新日益加深，宏观经济下行趋势明显的环境下，银行面临的风险不断加大。以经济资本为核心的银行业绩评价体系能够更有效地实现风险、资本与收益的内在统一。

（2）目前经济资本计量方法和模型较多且较为复杂，随着资本新规的落地实施，需要商业银行更加关注系统或平台对风险计量的支持作用，依托计量模型、管理要求与技术融合，持续构建和完善风险管理系统，以先进、强大的技术能力支撑资本成本计量。

（3）经济资本的理念可以延伸触及银行的产品、机构、客户等维度，准确分析每一客户经理、分支机构、业务品种、行业的风险调整后收益，实现更加精细化的管理。

第三篇

核 算 维 度

第七章　产品业绩

国外较为发达的商业银行在组织机构设置上多采用以产品为核心的事业部制①，区域管理功能较弱，机构层级较少，内设部门与产品的对应关系较为清晰，产品业绩核算体系较为成熟。而我国商业银行的组织机构多采用以区域为核心的管理模式，机构层级较多。以国有大行为例，基本是五级机构，不同层级机构内设部门存在很大差异，产品核算体系基础较国外银行较弱。由于国内外商业银行组织机构设置存在显著差异，本章主要结合我国商业银行实践进行分产品业绩核算的研究。

第一节　相关概念

一、产品

从客户受益角度看，产品是“银行向金融市场提供的、可以为客户带来收益或客户可以用于消费的一切产品和服务”。从银行受益角度看，产品则是“银行直接提供给客户以赚取实际的、名义的、潜在收入的服务”。由于产品业绩核算需要保证数据的可获取性，本书将产品定义为“银行向客户提供的、可以为银行带来直接收益的一切产品和服务”。

分产品业绩核算要解决的主要问题是如何确定每一种产品的经济增加值，进而将产品业绩与该产品所属部门、经营管理负责人的经营管理目标责任考核结合起来，为考核提供客观的数据基础，为分析评价每一个产品的盈利能力提供客观的数据基础。对业绩核算对象——产品的界定，则需

① 事业部制是指按照企业所经营的事业，包括按产品、按地区、按顾客（市场）等来划分部门，设立若干事业部，各事业部实行严格的独立核算，并在内部经营管理上拥有自主性和独立性。事业部既是受公司控制的利润中心，又是产品责任单位或市场责任单位。这种组织结构形式最突出的特点是“集中决策、分散经营”，即公司集中决策，事业部独立经营。

要借助科学合理的产品线。

产品线致力于为商业银行设立标准的产品定义和分类，使不同分支机构采用相同的产品分类，在不同领域能够采用统一标准进行操作，提高产品的管理效率。银行将产品线维护在系统中，方便进行数据共享。

具体来说，产品线在产品业绩核算中的主要作用是：

（1）产品线是商业银行产品业绩核算的根基。

由于分产品业绩核算涉及银行的所有资产负债科目，以及所有费用成本、资金成本、风险成本、资本成本和收入等核算要素，这些核算事项最终都要按照统一的产品分类体系核算到产品，因此，就分产品业绩核算而言，产品线是所有这些要素进行组合、汇总的主线，贯穿商业银行的所有业务。在银行推行产品业绩核算之后，相关业务的日常管理与操作不仅要关注机构属性，也要关注产品属性。例如在日常操作中，营业费用可以根据产品定义，将能够明确到产品的费用事项直接归集到产品。商业银行要推行分产品业绩核算，就需要确保这一分类标准能够贯穿所有业务，否则任何一个环节出现错误，都可能导致产品业绩核算体系无法实施。

（2）产品线是连接管理会计与财务会计的纽带。

产品业绩核算属于管理会计的范畴。尽管管理会计可以按照银行内部的需要生成各类报告，并不拘泥于财务会计的约束，但这并不意味着管理会计无须与财务会计衔接。事实上，管理会计的作用是助力商业银行提高价值，银行价值提高的最终目的是满足利益相关者的需要。银行利益相关者获取信息的主要来源，仍然是按照会计准则编制的财务报告，管理会计也应当为更好地编制对外会计报告服务。因此，分产品业绩核算应当受到财务会计的约束，相应地，产品线将对外披露的财务报告按照这一统一标准分解到各个业务单元，成为管理会计与财务会计的纽带。

（3）产品线是银行数据纵向汇总的主线。

商业银行在机构设置上都存在多层级特征，特别是国有大型商业银行，把机构设置为总行、一级分行、二级分行、支行、基层营业网点五个层级。除基层营业网点之外，多数层级都有较为详细的内设部门划分。由于不同层级之间以及不同分支机构之间部门职责的差异，部门业绩在纵向之间不具有同质性，无法进行跨级累加。产品线的引入，可以让银行在不同层级之间采用统一的分类标准，银行关于产品业绩核算的所有数据均按照产品线进行整理和汇总，使得银行的产品业绩在纵向之间进行累加成为可能。产品业绩在同一层级之间与部门职责进行对应，有效解决了部门业绩评价问题。

（4）产品线是信息系统的重要参数。

分产品业绩核算涉及银行的主要经营数据，比分机构业绩核算的数据量更大、内容更精细。银行要推行分产品业绩核算，必须依赖于信息系统的支持，这需要银行把产品线作为参数维护在银行信息系统中，以便各项成本与收入能够按照既定的产品线进行汇总和分析，确保分产品业绩核算在技术上的可行性。

二、产品业绩

产品业绩核算就是围绕商业银行产品线，把商业银行所有的资产负债和损益科目按照一定的规则核算到产品，以获得不同产品的经营业绩。

银行资产负债的关系式为：

$$\text{资产} = \text{负债} + \text{所有者权益} \tag{7.1}$$

银行核算的基本等式为：

$$\text{收入} = \text{支出} + \text{利润} \tag{7.2}$$

对于现代商业银行来说：

$$\begin{aligned} \text{净利润} &= \text{全部收入} - \text{全部支出} \\ &= \text{营业收入} - (\text{营业成本} + \text{营业费用} + \text{税金及附加}) \\ &\quad - \text{资产减值损失} + (\text{营业外收入} - \text{营业外支出}) - \text{所得税} \end{aligned} \tag{7.3}$$

现代商业银行的资产、负债和所有者权益以及收入、成本和利润之间是相互关联的，因此，资产、负债的规模在很大程度上决定着营业收入、营业成本与营业费用：资产规模大，相应的营业收入就多；负债规模大，相应的营业成本就高（尤其利息支出就高）；同时，资产、负债规模较大，在运营时所耗费的人力成本、占用的固定资产、发生的业务管理费用等营业费用就高。

商业银行分产品业绩核算体系的建立，就是要将银行所有的资产、负债及所有者权益全部按照产品进行分解，在此基础上，所有金融产品的收入、支出对应核算到金融产品。总体来说，就是要将银行的资产负债表与损益表的所有内容全部按照产品进行分解，按照产品出具“产品资产负债表”与“产品损益表”，以此衡量银行不同产品占用银行的资源规模以及相应产生的经济效益。

在分产品业绩核算体系中，由于资产、负债科目对应的外部利息收入（相对内部收入而言）与支出（相对内部支出而言）向产品的划分相对简单，核算重点是解决不同类型成本向产品的分割问题。按照现代商业银行会计要素，成本主要由营业成本、营业费用、税金成本、风险拨备、资本成本五大部分构成，核算方法见第二篇“核算要素”的各章节。

第二节　应用现状

银行是经营货币资金的特殊企业，就商业银行的产品业绩核算而言，费用成本的研究与生产企业的成本核算具有相当的同质性；生产企业成本核算制度的发展成果，也被逐步引入商业银行的费用成本管理中。

除了与生产企业具有同质性的费用成本核算之外，商业银行产品业绩核算与生产企业相比还有一重大差异，即资金成本、风险成本和资本成本是商业银行的核算重点，却不是一般企业的核算重点。商业银行要建立分产品业绩核算体系，不仅要基于费用成本进行分产品核算，也要基于资金成本、风险成本和资本成本进行分产品业绩核算。目前商业银行和政策性银行均已基本建立了产品业绩核算体系，并不同程度地尝试开展基于产品业绩核算结果的预算、考核等管理应用。

第三节　计量方法

一、产品线设计

（一）产品线

商业银行在市场营销、对外信息披露和业绩核算等不同方面对产品的划分标准是不同的。从市场营销角度看，银行为满足客户的多样化需求，需要的金融产品越丰富越好，产品分类倾向于细化甚至重复；从信息披露和业绩核算角度看，银行产品线需要兼顾内外部管理的需要和数据源的可获得性。市场营销、信息披露和业绩核算关于产品线要求的不同，使得产品线划分成为商业银行业务管理中必须解决的问题。

1. 从市场营销角度划分产品种类

在推行分产品业绩核算体系之前，我国商业银行主要从市场营销的角度进行产品分类。从市场营销角度划分产品时，分类依据以客户为中心，其主要出发点是为了满足客户对产品的多样化需求。

理论上，银行产品分类越细，产品信息就越详尽，对管理的支持作用也就越大。但由于一个银行的金融产品达数百上千种，要实现对所有金融产品一一进行业绩核算，显然并不容易。过于精细化的产品分类，会相应加大工作量和投入，可能导致产品业绩核算的操作性较弱，无法在实践中推行。尤其在分产品业绩初期核算基础不充分的情况下，由于产品业绩核算几乎涉及银行所有的主要经营数据，如果分类标准设计过于细化，一旦某一环节无法落实，整个产品业绩核算体系可能有陷于瘫痪的危险。但如果划分过于粗略，则难以满足精细化管理的要求，从而失去了分产品业绩核算的意义。

由于从市场营销角度进行产品分类核算容易导致分类过细、不易落实，因此商业银行亟须寻求一套适合产品业绩核算的产品线，以便把与产品业绩相关的外部收支、内部转移收支、风险成本和资本成本等核算到产品。

2. 从信息披露角度研究产品线

为便于投资者更好地了解企业过去的经营业绩，准确评估企业的风险及收益，进而更有效地、整体地评价企业，国际会计准则对披露产品分部报告作了原则性规定，实际上也是从产品业绩核算的角度确定产品线。

（1）国际会计准则对产品线及信息披露的规定。

根据《国际财务报告准则第 8 号——经营分部》的相关规定，企业主要是通过“业务分部”或“地区分部”来体现其多种经营模式和企业的风险回报水平。同时分部报告的形式又分为“主要分部报告”和“次要分部报告”，如果企业的风险和回报率主要受其产品和劳务差异的影响，报告分部信息的主要形式便应是业务分部，而按地区报告的信息则是次要的。类似地，如果企业的风险和回报率主要受其在不同的国家或地区经营方面的影响，报告分部信息的主要形式便应是地区分部，而按相关产品和劳务的组合报告的信息则是次要的。

关于分部报告的界定线，国际会计准则规定，企业可以将两个或多个本质上相似的内部报告业务分部或地区分部合并为单一的业务分部或地区分部。但只有符合以下条件时，两个或多个业务分部或地区分部才能被认为实质上是相似的：它们显示了相似的长期财务业绩；它们在地区或业务分部上的定义在所有因素方面都是相似的。

同时，如果某一业务分部或地区分部的大部分收入通过对外部客户的销售赚取，并且符合以下三个条件中的一个，则它应被确定为报告分部：

①通过对外部客户的销售和与其他分部交易赚取的收入占所有分部（内部的和外部的）总收入的10%或以上；

②分部经营成果不论是盈是亏，占所有盈利分部合并经营成果或所有亏损分部合并经营成果的10%或以上，视哪一个的绝对金额更大而定；

③资产占所有分部总资产的10%或以上。

如果归属于报告分部的外部总收入占合并总收入或企业总收入的比重不足75%，则应将更多的分部确定为报告分部（即使它们达不到上述10%的临界线），直到合并总收入或企业总收入的至少75%已包括在报告分部之中。

（2）产品业绩信息披露实例。

目前，国内外上市银行主要是按照国内、国际会计准则的要求，对产品进行分类并对产品业绩信息进行披露。表7－1列示了以信息披露作为产品分类视角，在会计准则规定下的国内商业银行产品业绩披露状况。

表7－1　　国内商业银行产品业绩披露情况

分类	披露内容	银行名称
第一类	公司＋个人/零售＋资金/金融市场＋其他/未分配项目	工商银行、中国建设银行、农业银行、邮储银行、交通银行、中信银行、中国光大银行等

续表

分类	披露内容	银行名称
第二类	批发/对公+零售+其他	招商银行、平安银行、民生银行等
其他类	中国银行：公司+个人+资金+投行+保险+其他； 杭州银行：公司+小企业+零售+资金+其他业务	

从信息披露情况可以看出，多数商业银行对外信息披露的产品分类基本都在3~4种之间。然而，从商业银行的内部管理要求看，将数百种产品仅仅划分为3~4类，显然难以满足业绩评价、产品定价等相关内部管理目标的需要。

3. 从内部管理角度研究产品线

由于分产品业绩核算体系的主要目的在于为商业银行内部管理提供相应的分产品业绩信息，上述的基于对外市场营销的过细分类，以及旨在对外披露信息的过粗分类，均不能满足商业银行内部管理的需要。因此，应量体裁衣地为内部管理设计一套产品线，从而准确地向内部产品业绩管理者提供相关信息。

系统管理理论认为，通过对组织的研究来分析管理行为，使人们从整体的观点出发，对组织内各个子系统的地位和作用，以及它们之间的相互关系有更清楚的了解；系统管理理论要求管理者不仅要分析组织的内部因素，解决组织内部因素的相互关系问题，还必须了解组织的外部环境因素，注意解决组织与外部环境的相互关系问题。从系统的观点来考察和管理企业，有助于提高企业的整体效率。根据系统管理理论，在分析产品业绩核算中的产品分类时，不仅需要考虑产品业绩核算本身的需要，还要考虑分产品业绩核算在内部管理中的应用。

4. 三个角度的相互关系

总体上看，从市场营销角度、信息披露角度和内部管理角度研究产品线，三者之间存在一定的差异。市场营销角度对产品线的划分最为详细，信息披露角度对产品线的划分最为粗略，内部管理角度介于两者之间。尽管三个角度之间存在差异，但也存在内在联系。商业银行的分产品对外信息披露与内部的分产品管理之间可以建立相互联系，市场营销的产品线也可以通过建立与内部管理产品线之间的对应关系，形成完整的市场营销—内部管理—对外信息披露产品分类与产品管理体系（见表7－2）。

表7－2　　三类产品划分标准的对应关系

对外信息披露角度	内部管理角度	市场营销角度
个人金融业务	活期储蓄	
	定期储蓄	1年期、2年期、3年期……
	个人住房贷款	1年期、2年期、4年期……
	个人消费贷款	1年期、2年期、5年期……
	个人经营贷款	1年期、2年期、6年期……
	个人中间业务	代理基金、代理保险……
	……	……
公司金融业务	活期存款	
	定期存款	1年期、2年期、5年期……
	流动资金贷款	一般流动资金贷款、国际贸易融资、国内贸易融资……
	项目贷款	银团贷款、项目贷款、并购贷款……
	房地产贷款	土地储备贷款、中长期房地产贷款……
	公司中间业务	承诺业务、对内担保……
	……	……
资金业务	金融资产投资	……
	系统内往来	……
	系统外往来	……
	外汇交易	……
	贴现及买卖票据	……
	资金交易	……
其他业务	……	……

在这三种分类标准中，从市场营销角度确定的产品线过细，用于产品业绩核算难以操作；从对外信息披露角度确定的产品线过粗，难以满足内部管理的需要；从内部管理角度确定产品分类，既可满足业绩评价、产品定价等内部管理的需要，也可以在此基础上形成对外信息披露报告，是各

种分类中最为关键的内容，也是本书研究的重点。

（二）考虑因素

鉴于产品线在产品业绩核算的基础性地位及其包含的成本信息的相关内容，在确定产品线时要根据系统管理理论，从产品数据源的可获取性、基础应用角度、拓展应用角度和分析加工角度，综合考虑各种相关因素。

首先，从数据源的可获得性角度出发，产品线的设定应当考虑产品业绩核算的各类信息的可获取性。产品业绩核算需要将产品线对银行的各项收入与成本数据，按照金融产品进行完整细分与核算，只有这些要素全部具备之后，才能够实现对产品的客观评价，因此，数据源问题是制约产品业绩核算的基础性要素。

其次，从基础应用角度出发，产品线需要考虑产品业绩核算能否为商业银行日常决策提供相应的信息。分产品业绩核算的基础应用主要是指管理部门利用分产品业绩核算体系所生成的产品业绩信息进行诸如定价、投资等短期、长期决策。由于内部管理涵盖整个商业银行经营过程，从而要求产品线包含银行内部的各类主要产品，以避免各决策环节上产生遗漏。

再次，从拓展应用角度出发，产品业绩核算除为商业银行日常管理过程提供相应信息之外，还需要为高层战略决策管理提供必要信息。随着银行精细化管理程度的提高，从产品角度进行商业银行的决策规划这一要求已经越来越迫切。由于战略层管理决策具有较大的动态性，为了使产品业绩信息能够符合动态战略决策要求，产品线还应当充分考虑商业银行整体层面的规划发展，并需要具备产品归类的可拓展性。

最后，从分析加工角度出发，产品业绩核算需要为部门业绩、管理层负责人业绩的核算等提供相应信息，从而需要将产品分类与部门划分、权责利分配相挂钩，因此，产品线的确定还需要充分考虑产品业绩核算与部门业绩核算的对应关系。

1. 部门业绩评价与产品业绩核算的关系

商业银行如果要深化业绩评价和薪酬分配机制，首先需要对部门业绩进行量化核算。长期以来，我国商业银行的业务管理模式以区域为主，在这种管理模式下，不同层级、不同区域分支机构的内设部门存在较大差异，使得银行的部门业绩在纵向上难以累加，直接采用纵向汇总的方式生成部门业绩，在实践中缺乏可操作性。

分产品业绩核算的引入为解决这一问题提供了可行的路径。由于银行的产品设置不受组织机构的影响，如果以产品业绩核算为主线，在不同层级汇总生成产品业绩，再根据部门的产品经营职责，就可以生成部门的业绩报告，部门业绩核算的问题可以得到较好的解决（见图7－1）。

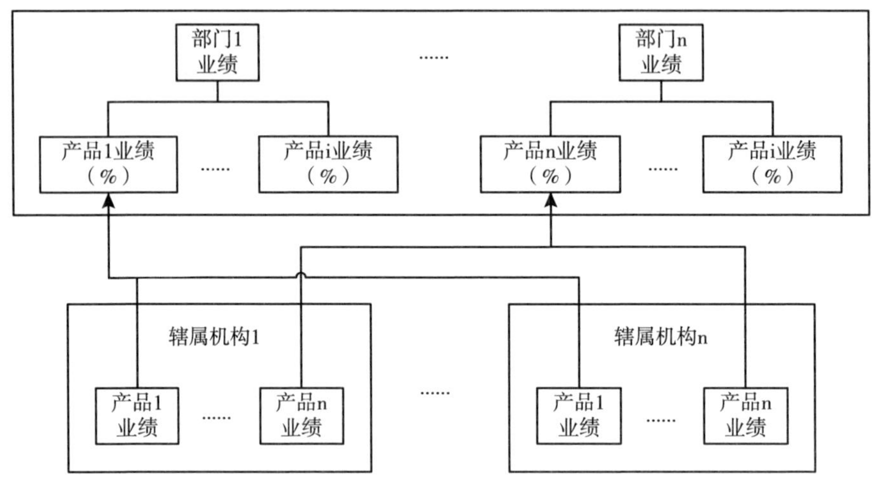

图7－1　产品业绩与部门业绩关系

2. 产品线应考虑与部门的对应关系

鉴于部门业绩核算依赖于产品业绩核算，产品线的设定需要考虑部门业绩评价的需要。在部门业绩评价中，以能够准确核算部门业绩为目标，尽量避免部门业绩的交叉计算，建立清晰的部门与产品对应关系，对银行的内部管理效率具有非常重要的意义。为从源头上减少矛盾，在设置产品线时，应提前考虑部门与产品的对应关系，使对应关系简单、清晰，尽量避免同一产品归属到不同的部门；对于确实存在一种产品有多个部门经营的情况，也应本着宜简不宜繁的原则处理产品定义问题。因此，产品分类的多少应当以不低于经营产品部门的数量，并在职责上尽量减少交叉，保证部门业绩核算准确为标准（见表7－3）。

表 7 - 3 产品大类划分

序号	部门	产品大类
1	个人金融业务部	个人金融业务产品
2	公司金融业务部	公司业务产品
3	结算与现金管理部	会计结算产品
4	机构金融业务部	机构业务产品
5	资产托管部	资产托管产品
6	国际业务部	国际业务产品
7	资产管理部	资产管理产品
8	银行卡业务部	银行卡业务产品
9	投资银行部	投资银行产品
10	贵金属业务部	贵金属产品
11	票据营业部	票据营业产品
12	养老金业务部	企业年金产品
13	私人银行部	私人银行产品
14	金融市场部	金融市场产品

以表 7 - 3 为例，假设商业银行经营产品的部门有 14 个，这些部门都应当有相关的产品经营职责，从部门业绩评价的角度考虑，银行的产品设置应该不低于 14 个。

（三）设计原则

根据分产品业绩核算的基本原理，不同类型产品的核算方法存在差别。产品线在考虑与部门的对应关系之后，由于同一部门存在不同属性的产品，且存在其他的考虑因素，产品线的具体设计原则还需进一步研究。

（1）对属于同一部门但业务类型不同的产品，应该单独核算。

根据商业银行的业务属性，银行的产品总体上可以分为资产产品、负债产品和中间业务产品。在这三类产品中，资产产品作为资金运用，从外部客户处收取利息收入；负债产品作为资金来源，需要给外部客户支付利息；中间业务主要是非利差收入。这三类产品的核算内容与核算方式存在差异，因此，从产品核算的角度考虑，需要将这三类产品进行区分，形成更为详细的产品分类体系。

在表7－3所列示的产品类别的基础上，每一类产品又可以按照资产、负债和中间业务将原先的14类产品进一步细分为30种（见表7－4）。

表7－4　　　　某商业银行产品大类划分

序号	部门	业务大类	产品一级分类
1	个人金融业务部	个人业务	存款
			贷款
			中间业务
2	公司金融业务部	公司业务	存款
			贷款
			中间业务
3	结算与现金管理部	会计结算	结算
			代理
4	机构金融业务部	机构业务	存款
			中间业务
5	资产托管部	资产托管业务	资产托管
6	国际业务部	国际业务	国际贸易融资
			国际贸易融资中间业务
7	资产管理部	资产管理业务	理财销售
			理财投资管理
8	银行卡业务部	银行卡业务	准贷记卡
			贷记卡
			国际卡
			卡中间业务
9	投资银行部	投资银行业务	财务融资顾问
			银团贷款
10	贵金属业务部	贵金属业务	贵金属融资
			自营贵金属买卖
			实物贵金属买卖
			代客贵金属买卖

续表

序号	部门	业务大类	产品一级分类
11	票据营业部	票据业务	贴现及买卖票据
12	养老金业务部	企业年金业务	企业年金
13	私人银行部	私人银行业务	私人银行产品
14	金融市场部	金融市场业务	金融资产投资
			资金交易

（2）对属于同一部门，但规模较大的产品，应该单独核算。

推行分产品业绩核算，重要性原则是不可缺少的，这一原则在对外信息披露标准中也有体现。例如在《国际财务报告准则第 8 号——经营分部》（IFRS 8）中要求该产品从客户收取的外部收入占全行所有外部收入总和的 10% 以上，或该产品向客户支付的外部支出占全行所有外部支出总和的 10% 以上，或者该产品的资产负债规模占全行所有资产负债规模总和的 10% 以上，都应当设置单独的产品。在实际划分中，还可能出现以此标准划分的产品业绩之和占比较小，例如按照这一标准划分的所有产品业绩只占到全行业绩的 60%，则划分的标准应进一步降低，比如可以将所有占比标准降低到 7%，则产品划分可进一步细化。

根据重要性原则，产品线可以进一步细分为 38 种（见表 7－5）。

表 7－5　　　　某商业银行产品分类标准划分

序号	部门	业务大类	产品一级分类	产品二级分类
1	个人金融业务部	个人业务	存款	活期储蓄
				定期储蓄
			贷款	个人住房贷款
				个人消费贷款
				个人经营贷款
			中间业务	个人中间业务

续表

序号	部门	业务大类	产品一级分类	产品二级分类
2	公司金融业务部	公司业务	存款	公司活期存款
				公司定期存款
			贷款	流动资金贷款
				项目贷款
				房地产贷款
			中间业务	公司中间业务
3	结算与现金管理部	会计结算	结算	结算
			代理	代理
4	机构金融业务部	机构业务	存款	机构存款
			中间业务	机构中间业务
5	资产托管部	资产托管	资产托管	资产托管
6	国际业务部	国际业务	国际贸易融资	国际贸易融资
			国际贸易融资中间业务	国际贸易融资中间业务
7	资产管理部	资产管理	理财销售	理财销售
			理财投资管理	理财投资管理
8	银行卡业务部	银行卡业务	准贷记卡	准贷记卡
			贷记卡	贷记卡
			国际卡	国际卡
			卡中间业务	卡中间业务
9	投资银行部	投资银行	财务融资顾问	财务融资顾问
			银团贷款	银团贷款
10	贵金属业务部	贵金属业务	贵金属融资	贵金属融资
			自营贵金属买卖	自营贵金属买卖
			实物贵金属买卖	实物贵金属买卖
			代客贵金属买卖	代客贵金属买卖
11	票据营业部	票据业务	贴现及买卖票据	贴现及买卖票据
12	养老金业务部	养老金业务	企业年金	企业年金
13	私人银行部	私人银行	私人银行产品	私人银行产品

续表

序号	部门	业务大类	产品一级分类	产品二级分类
14	金融市场部	金融市场业务	金融资产投资	债券投资
				同业存单
			资金交易	资金交易

(3) 对属于同一部门但客户群体存在显著差异的产品，可根据管理需要作进一步细分。

例如机构存款业务依据存款的主要客户群体可以分为政府存款、保险存款、特种存款、住房公积金存款和同业存款，又如托管业务可按客户群体细分为机构托管、公司托管、养老金托管。按照客户群体细分产品，银行的产品可以进一步划分为44种（见表7-6）。

表7-6　　产品分类标准划分

序号	部门	业务大类	产品一级分类	产品二级分类
1	个人金融业务部	个人业务	存款	活期储蓄
				定期储蓄
			贷款	个人住房贷款
				个人消费贷款
				个人经营贷款
			中间业务	个人中间业务
2	公司金融业务部	公司业务	存款	公司活期存款
				公司定期存款
			贷款	流动资金贷款
				项目贷款
				房地产贷款
			中间业务	公司中间业务
3	结算与现金管理部	会计结算	结算	结算
			代理	代理

续表

序号	部门	业务大类	产品一级分类	产品二级分类
4	机构金融业务部	机构业务	存款	政府存款
				保险存款
				特种存款
				住房公积金存款
				同业存款
			中间业务	机构中间业务
5	资产托管部	资产托管	资产托管	企业托管业务
				机构托管业务
				养老金托管业务
6	国际业务部	国际业务	国际贸易融资	国际贸易融资
			国际贸易融资中间业务	国际贸易融资中间业务
7	资产管理部	资产管理	理财销售	理财销售
			理财投资管理	理财投资管理
8	银行卡业务部	银行卡业务	准贷记卡	准贷记卡
			贷记卡	贷记卡
			国际卡	国际卡
			卡中间业务	卡中间业务
9	投资银行部	投资银行	财务融资顾问	财务融资顾问
			银团贷款	银团贷款
10	贵金属业务部	贵金属业务	贵金属融资	贵金属融资
			自营贵金属买卖	自营贵金属买卖
			实物贵金属买卖	实物贵金属买卖
			代客贵金属买卖	代客贵金属买卖
11	票据营业部	票据业务	贴现及买卖票据	贴现及买卖票据
12	养老金业务部	养老金业务	企业年金	企业年金
13	私人银行部	私人银行	私人银行产品	私人银行产品
14	金融市场部	金融市场业务	金融资产投资	债券投资
				同业存单
			资金交易	资金交易

（4）产品线应当体现银行未来的发展趋势。

对于纳入银行整体战略的重点业务，尽管当期规模不大，但属于银行今后发展的重点产品，例如个人养老金产品、第三方支付等银行新的业务增长点。在产品开发初期，尽管业务规模不大、资源投产较多，但由于其代表了银行业务的发展方向，符合银行的发展战略，也应纳入产品定义的范畴，以便强化对这些产品的跟踪管理。

（5）产品线应确保核算要素有相对准确的核算数据来源。

根据产品业绩核算的整体框架，产品核算要把营业收入、费用成本、资金成本、风险成本等银行损益类数据以及资产负债科目等业务数据，依照产品线进行拆分汇总，这需要稳定、准确的数据源作支撑支持。这些数据的获得，有些需要根据会计科目设置，保证多数产品的资产负债类数据以及损益类数据能够基本准确地按照产品线进行分解归类，有些则需要通过统计方式获取。因此，产品分类标准不得不考虑银行的会计科目设置，或者说，银行核算基础的精细度会对银行的产品线形成制约。

（6）产品线应考虑业务可操作性。

在产品业绩核算过程当中，营业费用的成本归集要按照既定的产品线进行操作，如果划分过细，前台人员往往无法保证操作质量，成本分摊中涉及人数、面积、业务量等大量成本动因，这些成本动因，都需要按照金融产品进行分类汇总，如果产品线无法兼顾这些相关业务操作，也会给银行产品业绩核算带来影响。因此，在产品线设置过程中应该考虑前台业务的可操作性，以保证产品业绩核算的数据质量。

（四）会计科目与产品线

商业银行的各项业务都是通过会计科目进行反映和核算的。在确定了产品线之后，就要按照相关性原则，建立所有会计科目与产品的对应关系。由于不同会计科目的产品属性不同，在建立产品线与会计科目的对应关系的过程中应当结合不同情况，采取不同的方式。

（1）资产负债科目应与损益类等外部收支科目捆绑划分到产品，这是建立科目与产品线的基本原则。由于资产负债科目与损益类科目具有直接的逻辑关系，为准确核算产品业绩，当资产负债科目按照产品线进行划分之后，其对应的损益类科目也要按照产品线划分到相应的产品。例如，利息收入、利息支出等科目有贷款、存款等业务相对应，是与银行外部客户业务往来过程中发生的业务记录，应当按照金融产品的分类体系，连同资产负债科目对应划分到金融产品。

（2）当会计科目全部为核算某一种产品服务时，则将该科目直接划归到这一产品，这是建立产品线与会计科目对应关系过程中最简单的划分方法。当前，银行的会计科目设置越来越详细，多数会计科目都能够直接与某一金融产品建立准确的对应关系。

（3）当一个会计科目同时核算多种产品时，则应采取适当的方式将其划分到相应的产品。例如在会计科目设置中，对于按业务设置会计科目，但需要按照客户类型进行产品细分的情况，在以机构为主体的核算体制下没有进一步精细化核算需求，当推行分产品业绩核算之后，这种核算方式很可能无法满足业务需要。在这种情况下，可以采用两种方式解决该问题：一是直接建立账户与产品的对应关系。由于账户是银行核算中最为细化的层级，其设置能够满足产品核算的需要。可将这类业务数据按照产品线，从账户直接加工汇总为产品业绩核算需要的数据。二是采用适当的分摊方法，将这些科目按照与产品的关联程度分摊到不同产品。在银行建立产品业绩核算体系初期，可以采取较为简便的方式，尽快建立产品业绩核算体系框架。

除上述对外部客户经营产品或者提供服务产品外，对于历史遗留问题、政策性问题等与当期经营无关或属于内部管理类的会计科目，可以通过设置“其他”类，将这些科目归入该产品，单独核算与评价。按照上述原则与方法，大部分会计科目可以直接或间接地归属到相应的业务品种。

二、产品业绩核算框架

具体来说，产品业绩核算主要通过五条主线实现（见图7-2）：一是通过内部资金转移价格衡量资产业务的资金成本、负债业务的内部收益以及资金营运的利差，准确反映相关产品的机会成本和收益；二是通过预期信用损失模型等方法提取资产的风险成本；三是通过合理的分摊基数和分摊方法将部门等成本中心的成本分摊到产品，准确反映产品的费用成本；

四是提取各产品的利息收支、中间业务收入、汇兑损益、其他营业收入、营业外收入等各类业绩指标，最终形成不同角度的产品投入产出业绩；五是根据不同产品占用的经济资本，计算不同产品的经济增加值（EVA）。

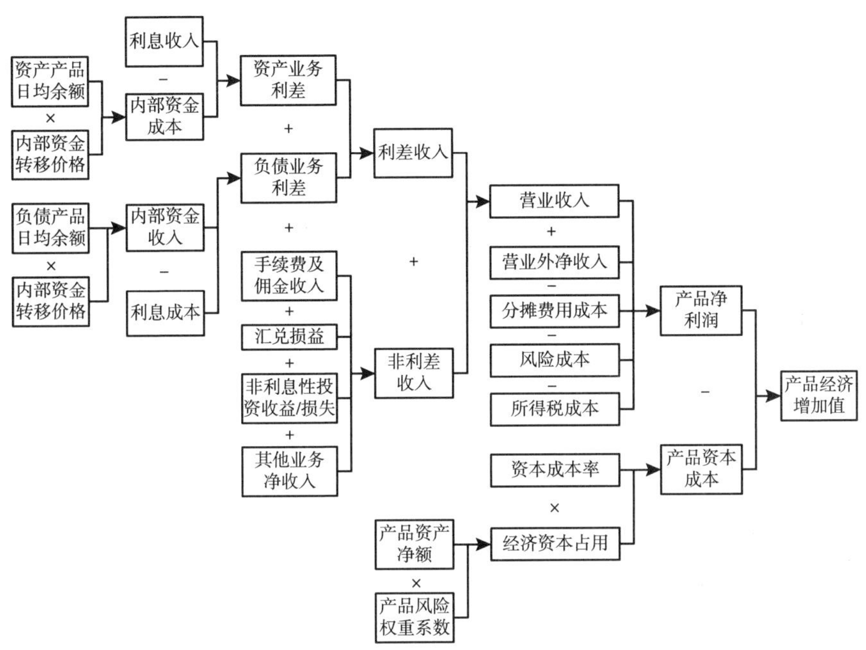

图7－2　产品业绩核算五条主线

具体计算公式包括：

产品经济增加值(EVA)＝产品净利润－资本成本

其中：

产品净利润＝资产业务利差收入＋负债业务利差收入＋非利差收入＋营业外收入－营业外支出－费用成本－风险成本－所得税成本

资本成本＝经济资本占用×资本成本率

其中：

资产业务利差收入＝资产利息收入－内部资金转移支出

负债业务利差收入＝内部资金转移收入－负债利息支出

内部资金转移支出(资金成本) = $\sum$ (逐笔业务日均余额×内部资金转移价格)

内部资金转移收入(资金收入) = $\sum$ (逐笔业务日均余额×内部资金转移价格)

如上所言，分产品业绩核算的主要目的就是围绕金融产品，将银行的各项资产负债及相应的收支核算到金融产品，需要研究的事项包括：

（1）建立银行产品线体系。要推行分产品业绩核算，首先需要明确被核算产品，这需要银行建立统一的产品线，这是产品业绩核算的基础。

（2）将银行的资产负债科目以及外部收支科目与产品建立对应关系。由于多数会计科目与产品具有一定的关联性，可以依照产品线，将这些科目与金融产品建立对应关系。

（3）分产品核算营业费用。营业费用是商业银行仅次于营运成本（主要是资金成本）的主要成本，这些成本如何准确地核算到金融产品，是商业银行成本管理的一个难点，也是产品业绩核算的一个难点。

（4）核算资金转移收支。传统银行业务可以按照资金流分为负债业务(以存款业务为主)、资金营运业务、资产业务。由于这些业务分属不同金融产品，资金在这些部门间的转移涉及内部资金转移价格。

（5）核算风险成本。即通过预测资产违约概率和违约损失率、未来可收回现金等方法，测算资产产品的风险成本。

（6）核算资本成本。股东价值最大化逐步成为商业银行管理的重要目标，资本回报将成为商业银行内部管理中一个无法回避的问题。尽管资本回报一般是对机构整体而言，但机构业绩是由不同金融产品汇总而成，在分产品业绩核算中，资本成本的核算方法也成为一个重点。

三、产品线业绩汇总

（一）同一层级

同一层级的产品业绩汇总，主要是将产品业绩的相关内容按照统一的核算方法进行汇总，形成产品业绩。

产品业绩的核算方法前面已有论述，其主要核算总框架如图 7 - 3 所示。在此基础上汇总形成单一产品的业绩核算表（见表7 - 7）。

表 7-7　　分产品业绩核算表

报告指标	计算公式或数据源
1. 资产业务收入	1 = 1.1 + 1.2 + 1.3 - 1.4
1.1 贷款利息收入	贷款日均规模 × 贷款收益率
1.2 金融机构往来收入	往来日均规模 × 收益率
1.3 投资收益	
1.4 内部资金转移支出	资产日均规模 × 内部资金转移价格
2. 负债业务收入	2 = 2.1 - 2.2 - 2.3
2.1 内部资金转移收入	负债日均规模 × 内部资金转移价格
2.2 利息支出	负债日均规模 × 存款付息率
2.3 金融机构往来支出	往来日均规模 × 付息率
3. 中间业务收入	
4. 其他业务收入	汇兑损益、其他业务收入、公允价值变动等
5. 往来净收入	
6. 手续费支出	
7. 营业费用	根据成本分摊结果列示
8. 税金及附加	增值税附加、房产税、印花税等
9. 营业外收入	
10. 营业外支出	
11. 扣除资产减值损失前利润	11 = 1 + 2 + 3 + 4 + 5 - 6 - 7 - 8 + 9 - 10
12. 资产减值损失	预期信用损失模型、现金流折现法、账龄分析等测算
13. 扣除资产减值损失后利润	13 = 11 - 12
14. 所得税	14 = 13 × 25%（所得税税率）模拟测算
15. 净利润	15 = 13 - 14
16. 经济资本成本	分产品经济资本占用 × 资本成本率
17. 经济增加值 EVA	17 = 15 - 16

由于银行产品既包括资产又包括负债，还包括非利差收入，因此，表 7-7 适用于银行的所有产品。商业银行可以按照产品线，形成所有产品的分产品业绩报告。

（二）不同层级

某机构辖内产品业绩可通过汇总的方式实现，汇总核算的路径由最低层次机构（网点）产品的业绩数据开始向上一级机构的产品汇总，之后加上本级机构产品业绩数据逐级向上一级机构汇总。以产品A为例，其业绩汇总如图7－3所示。

即：　某机构产品业绩 = $\sum$ 辖属机构产品业绩 + 本级产品业绩

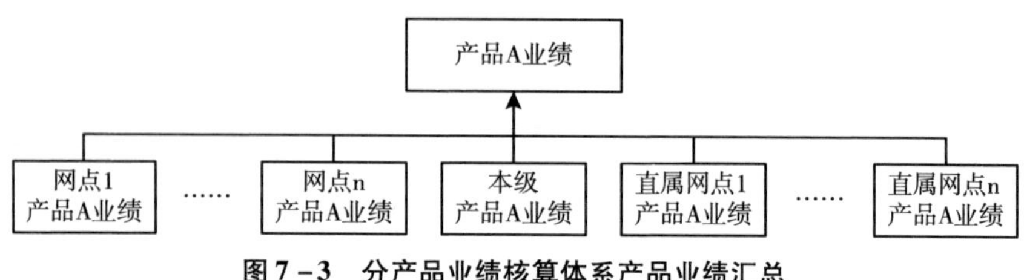

图7－3　分产品业绩核算体系产品业绩汇总

第四节　实证研究

一、产品线体系

前述产品线设置方法已经在实践中获得了具体应用，如某商业银行目前产品体系共分六级，其中前三级计量产品经营业绩，后三级产品重点关注营销业绩（见表7－8）。同时，根据部门产品对照关系，在产品业绩核算基础上对部门条线开展业绩预算、监测、考核与资源配置的闭环管理。

表7－8　　　　某商业银行产品分类标准

序号	部门	业务大类	产品一级分类	产品二级分类
1	个人金融业务部	个人业务	存款	活期储蓄
				定期储蓄
				个人保本理财
				个人结构性存款
			贷款	个人住房贷款
				个人消费贷款
				个人经营贷款
			中间业务	个人中间业务（进一步细分略）

续表

序号	部门	业务大类	产品一级分类	产品二级分类
2	公司金融业务部	公司业务	存款	公司活期存款
				公司定期存款
				单位保本理财
				公司结构性存款
			贷款	流动资金贷款
				项目贷款
				房地产贷款
				小企业贷款
			中间业务	公司中间业务（进一步细分略）
3	结算与现金管理部	会计结算	结算	结算
			代理	代理
4	机构金融业务部	机构业务	存款	政府存款
				保险存款
				特种存款
				住房公积金存款
				机构结构性存款
				同业存款
			中间业务	机构中间业务（进一步细分略）
5	资产托管部	资产托管	资产托管存款	资产托管存款
			资产托管业务	企业托管业务
				机构托管业务
				养老金托管业务
6	国际业务部	国际业务	国际贸易融资	国际贸易融资
			国际贸易融资中间业务	国际贸易融资中间业务
7	资产管理部	资产管理	理财销售	理财销售
			理财投资管理	理财投资管理

续表

序号	部门	业务大类	产品一级分类	产品二级分类
8	银行卡业务部	银行卡业务	准贷记卡	准贷记卡
			贷记卡	贷记卡
			国际卡	国际卡
			卡中间业务	卡中间业务
9	投资银行部	投资银行	财务融资顾问	财务融资顾问
			银团贷款	银团贷款
10	贵金属业务部	贵金属业务	贵金属融资	贵金属融资
			自营贵金属买卖	自营贵金属买卖
			实物贵金属买卖	实物贵金属买卖
			代客贵金属买卖	代客贵金属买卖
11	票据营业部	票据业务	贴现及买卖票据	贴现及买卖票据
12	养老金业务部	养老金业务	养老金业务	养老金业务
13	私人银行部	私人银行	私人银行资产管理	私人银行资产管理
14	金融市场部	金融市场业务	金融资产投资	债券投资
				同业存单
			资金交易	资金交易（进一步细分略）
15	其他业务	其他业务	其他业务	其他业务（进一步细分略）

二、产品业绩报告

考虑到贷款产品业绩核算要素较全面，以某商业银行贷款产品为例，说明产品业绩核算的具体步骤。

步骤一：收集资产负债科目明细、外部收支明细和产品线信息，按照产品线将贷款相关资产负债科目和外部收支科目拆分到7个产品（见表7－9）。

表 7 – 9　　贷款产品资产负债与外部收支表　　单位：万元

产品名称	资产时点余额	资产日均余额	外部收入
个人住房贷款	11 608 123	11 177 100	504 329
个人消费贷款	73 463	113 279	6 059
个人经营贷款	600 609	599 356	33 633
流动资金贷款	4 579 428	4 731 550	184 422
项目贷款	15 545 401	15 423 108	701 037
房地产贷款	1 327 994	899 362	40 239
小企业贷款	259 180	323 581	15 052

步骤二：计量内部资金转移支出。鉴于目前大部分商业银行已实现系统自动化计量贷款业务逐笔借据内部资金转移支出，产品业绩计量中可从上游 FTP 系统中链接明细数据，再根据借据 – 会计科目 – 贷款产品对应关系，得出各项贷款产品内部资金转移支出，并倒算内部资金转移价格（见表 7 – 10）。

表 7 – 10　　贷款产品内部转移收支计算　　单位：万元

产品名称	资产时点余额	资产日均余额	资金转移支出	资金转移价格
个人住房贷款	11 608 123	11 177 100	312 674	2. 80
个人消费贷款	73 463	113 279	3 252	2. 87
个人经营贷款	600 609	599 356	18 396	3. 07
流动资金贷款	4 579 428	4 731 550	110 635	2. 34
项目贷款	15 545 401	15 423 108	473 236	3. 07
房地产贷款	1 327 994	899 362	27 385	3. 04
小企业贷款	259 180	323 581	9 693	3. 00

步骤三：收集各层级所有成本中心营业费用和分摊基数，将各个层级各成本中心的营业费用按照基数（如资产负债日均余额、业务量、主营业务收入等）分摊到对应的产品（见表 7 – 11）。

表7－11　贷款产品营业费用计算　单位：万元

产品名称	营业费用
个人住房贷款	10 672
个人消费贷款	202
个人经营贷款	583
流动资金贷款	3 310
项目贷款	11 570
房地产贷款	664
小企业贷款	310

步骤四：按照《新金融工具会计准则》要求，按照逐借据违约率、违约损失率等，采用预期信用损失模型及贴现现金流法等，通过系统自动计算逐项借据的风险成本。

案例中的各项贷款通过系统测算，风险成本结果如表7－12所示。

表7－12　贷款产品风险成本计算　单位：万元

产品名称	贷款余额	风险成本
个人住房贷款	11 608 123	－2 556
个人消费贷款	73 463	－3 968
个人经营贷款	600 609	－7 361
流动资金贷款	4 579 428	8 593
项目贷款	15 545 401	5 825
房地产贷款	1 327 994	8 578
小企业贷款	259 180	－22 007

步骤五：收集各项产品的经济资本占用和资本成本率，计算贷款产品的资本成本。

除费用成本和风险成本之外，资本成本占用也是计算经济增加值的减项，本步骤主要目标是完成对资本成本占用的量化。与内部资金转移成本相同，目前经济资本计量大多已经实现系统自动化计量，产品业绩核算时直接取上游系统汇总至科目数据，按照科目与产品对照关系进行汇总加工（见表7－13）。

表7－13　　贷款产品资本成本占用计算

产品代码	资产余额（万元）	经济资本占用（万元）	资本成本率（%）	资本成本（万元）
个人住房贷款	11 608 123	304 775	13	39 621
个人消费贷款	73 463	4 672	13	607
个人经营贷款	600 609	36 152	13	4 700
流动资金贷款	4 579 428	623 819	13	81 096
项目贷款	15 545 401	1 307 132	13	169 927
房地产贷款	1 327 994	70 267	13	9 135
小企业贷款	259 180	31 505	13	4 096

步骤六：计算产品的经济增加值。

产品经济增加值的计算公式如下：

产品经济增加值＝外部净收支＋内部净收支－风险成本－营业费用－模拟所得税－资本成本

通过以上步骤的计算，我们可以将经济增加值的各个项目加总，最终能够得到所需要的计算结果（见表7－14）。

表7－14　　产品经济增加值计算　　单位：万元

产品名称	外部净收入	内部净支出	风险成本	营业费用	模拟所得税	资本成本	经济增加值
个人住房贷款	504 329	312 674	－2 556	10 672	45 885	39 621	98 033
个人消费贷款	6 059	3 252	－3 968	202	1 643	607	4 322
个人经营贷款	33 633	18 396	－7 361	583	5 504	4 700	11 811
流动资金贷款	184 422	110 635	8 593	3 310	15 471	81 096	－34 683
项目贷款	701 037	473 236	5 825	11 570	52 602	169 927	－12 123
房地产贷款	40 239	27 385	8 578	664	903	9 135	－6 426
小企业贷款	15 052	9 693	－22 007	310	6 764	4 096	16 196

注：为举例简便，实证案例中暂不考虑增值税附加成本。

第五节　小结

本章首先对产品的基本定义、产品线设计中的分类标准、需考虑的因素以及遵循的原则进行了系统研究，探索了目前商业银行适用的产品体系。其次通过将会计科目与产品进行对应的方法实现机构维度业绩与产品业绩的连接与匹配。最后通过实例说明贷款产品外部收入以及五大成本要素的具体核算步骤，直至计量出经济增加值。

第八章 部门业绩

本章以产品分类标准为主线，将各产品的资产负债、外部收支、内部资金转移收支、营业费用、风险成本、资本成本以及经济增加值（EVA）进行汇总。在此基础上，根据各个部门的产品经营职责，形成了不同层级各部门业绩报告。然后，全面采集了某商业银行的相关数据进行实证研究，分步计算产品和部门业绩，形成了完整的业绩核算体系。

第一节 相关概念

一、部门分类

为进行部门维度的业绩评价，首先需要梳理清楚部门分类。由于部门（条线）业绩评价需要与企业自身的组织架构相适应，因此商业银行部门业绩评价同样要适应商业银行内部的部门设置。在实践中，商业银行各分支机构的内设部门可能存在一定差异，因此在部门分类以及产品对照中需要保持一定的灵活性。

根据商业银行不同部门所具备的不同职能，可以按照营销管理、风险管理和综合管理三类对部门进行区分。其中营销管理类部门主要负责客户拓展、产品销售的整体规划与组织推动，包括公司金融业务部、个人金融业务部、机构金融业务部、普惠金融事业部、结算与现金管理部、网络金融部等；风险管理类部门主要负责银行全面风险管理工作，包括信贷与投资管理部、授信审批部、风险管理部、内部审计局、内控合规部、法律事务部等；综合管理类部门主要负责战略管理、资源配置、综合管理以及各类业务运营的支持保障，包括办公室、财务会计部、人力资源部、资产负债管理部、渠道管理部、国际业务部、金融科技部、运行管理部、管理信息部等。

此外，在商业银行总行本部，还可设置独立核算的利润中心，主要负责特定金融业务和产品线的专业经营，包括金融市场部、资产管理部、资产托管部、投资银行部、养老金业务部等（见表8－1）。

表8－1　　商业银行部门分类

部门类型	部门名称
营销管理类部门	公司金融业务部
	个人金融业务部
	机构金融业务部
	普惠金融事业部
	结算与现金管理部
	网络金融部
风险管理类	信贷与投资管理部
	授信审批部
	风险管理部
	内部审计局
	内控合规部
	法律事务部
综合管理类	办公室
	财务会计部
	人力资源部
	资产负债管理部
	渠道管理部
	国际业务部
	金融科技部
	运行管理部
	管理信息部
利润中心	金融市场部
	资产管理部
	资产托管部
	投资银行部
	养老金业务部

通过对商业银行部门进行分类，营销管理类部门直面市场和客户，成为商业银行价值创造的主力；风险管理类部门承接营销部门的风险控制、信用审批、监督控制等职能；综合管理类部门则以综合性服务为主。

根据部门职能和业务性质的不同，商业银行可分类实施部门维度的业绩评价。营销管理类部门主要以定量评价为主、定性评价为辅；风险管理类部门可将定量与定性评价结合；综合管理类部门以定性评价为主。因此，营销部门的价值贡献情况尤其值得关注。

在核算营销部门 EVA 时，可分别从部门与产品的关系、部门与客户的关系两个角度进行部门业绩评价。

二、部门与产品

将部门与产品对照，在产品业绩核算的基础上，根据经营性部门和产品的对应关系，将产品业绩横向组合，即可形成经营性部门的业绩报告。考虑到各行部门设置的差异性，对于一个产品由不同部门分管的情况，可以将产品业绩按照一定的比例拆分到相应部门，拆分比例可以根据各个分支机构的情况自行设定（见图 8－1）。

$$部门汇总业绩 = \sum 部门所经营的各产品业绩$$

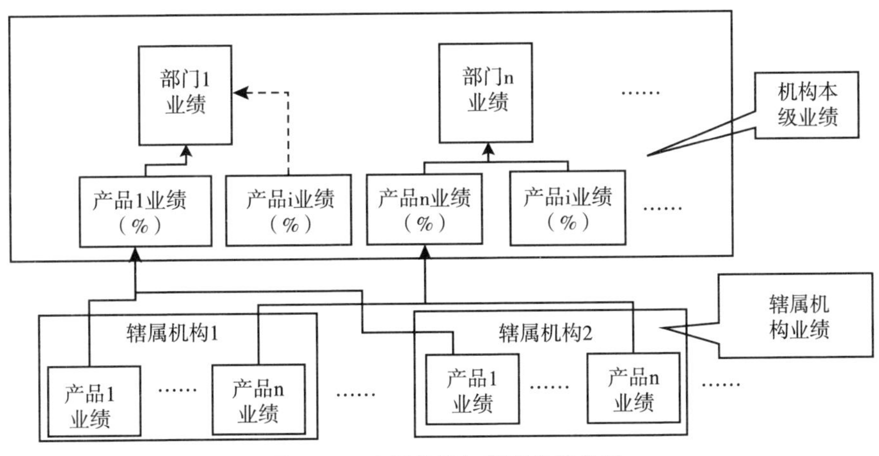

图 8－1　产品业绩与部门业绩关系

三、部门与客户

将部门与客户对照，在精确核算的客户业绩基础上，根据经营性部门和所管辖客户的对应关系，将客户业绩横向组合，即可形成经营性部门的业绩报告。在商业银行的经营实践中，公司金融业务部、个人金融业务部、机构金融业务部是比较典型的可进行客户盈利分析的部门，而结算与现金管理部是比较典型的可进行产品盈利分析的部门（见图8－2）。

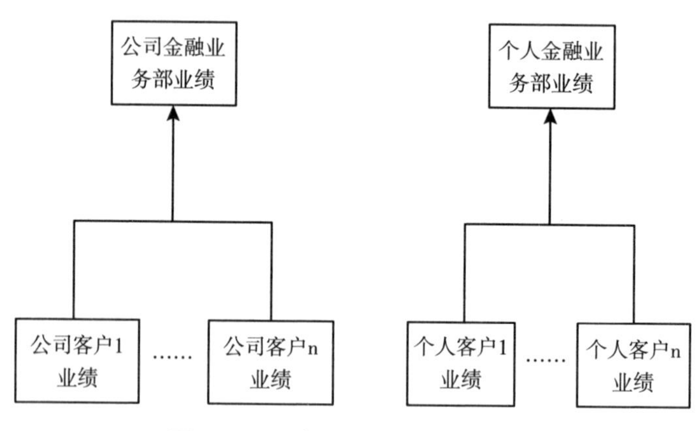

图8－2　客户业绩与部门业绩关系

第二节　应用现状

为满足精细化管理要求，实现商业银行战略目标在部门间的分解落实，一些商业银行已在按“块”进行分支机构考评的基础上，着手建立按“条”进行的部门考评体系，从而搭建起“条块结合”的业绩评价体系。部门考评强调落实部门经营管理责任制，引导各部门围绕全行经营目标，正确处理好局部利益与整体利益的关系，形成分工协作、联动协调的良好格局，增强部门之间的协作配合，强化整体管理合力，促进全行整体经营业绩的提升。对部门经营管理业绩综合评价，并与薪酬分配相结合，建立健全“责、权、利”相统一的激励约束机制，是完善商业银行公司治理机制的要求。

此外，为推动商业银行经营战略的实施，激发产品线经营活力，打造新的利润增长极，商业银行大多已实施经营管理体制改革，将面向客户提供专业化产品的部分总行部门和直属机构建设成为独立核算的利润中心，并建立和完善与之配套的经营考评和资源配置机制，实现自主经营、独立核算、自负盈亏，形成市场化、专业化、扁平化的经营模式。

独立于分行和总行部室考评体系的利润中心考评激励体系，是以价值创造为导向的考评管理机制。利润中心业绩考评兼顾了自身价值贡献和全行产品线的整体发展，以产品线业绩指标为主，注重引导做大做强产品线，平衡价值创造、业务增长和风险控制等各方面内容。作为完整的利润单位，各利润中心均有利润和业务指标任务，利润中心之间、利润中心与分行之间应合理进行利益分配，充分考虑资金价格和公共费用分摊，建立配套的激励机制，使总行的经营部门具有一定的经营压力，充分调动经营部门业务发展的积极性。

第三节　计量方法

一、部门与产品对照

由于营销管理类部门着重于定量评价，针对其业务管理职能，参照产品维度业绩评价中形成的部门与产品之间的管理关系，可建立产品与营销部门之间的相互对照关系，为定量评价架设桥梁。汇总产品业绩得到部门业绩，将产品 EVA 与部门价值创造紧密联系起来，成为传导价值创造、衡量部门创利能力的新路径。结合上文有关产品分类的论述，以产品维中第二级产品为例，可明确产品与部门的对照关系以及分享比例（见表 8 -2）。

表8－2　　部门产品对照

产品代码	产品名称	部门名称	分享比例
11001	个人住房贷款	个人金融业务部	1
11002	个人消费贷款		1
21001	活期储蓄		1
21002	定期储蓄		1
25004	个人结构性存款		1
25006	个人保本理财资金		1
53001	个人理财销售		0.5
56006	代客贵金属买卖		0.75
56010	机构托管业务		0.2
56012	私人银行资产管理		0.3
57001	个人电子银行服务		1
11003	个人经营贷款	公司金融业务部	1
12001	一般流动资金贷款		1
12002	国内贸易融资		1
12003	国际贸易融资		0.2
12004	出口买方信贷		0.2
55003	资产证券化	金融市场部	1
55004	国债承销发行		1
55005	金融债承销发行		1
55006	企业债承销发行		1
56006	代客贵金属买卖		1
81001	拆放同业		1

在产品与部门的对照关系中，还需要设置分享比例。实践中，某产品可能由多个部门共同营销管理，需要在不同部门之间进行分润，以体现各部门真实的贡献。分享比例介于0～1之间，分享比例为1，表示此产品的全部业绩归属于对应部门；分享比例小于1，如0.3，表示此产品业绩中的30%归属于该部门，另外70%归属于其他部门。

如基金销售，其产品线涵盖了对公基金和个人基金等产品，目标营销客户既包含了对公客户也包括了个人客户，在营销渠道的选择上，包括客户经理推荐、网点柜台销售以及手机银行销售等方式。因此，基金销售可能在个人金融业务部、结算与现金管理部、网络金融部之间进行分润。

二、部门与客户对照

参照部门与产品的对照关系，针对营销管理类部门与客户的管理关系，可建立客户与营销部门之间的相互对照关系。汇总客户业绩得到部门业绩，将客户 EVA 与部门价值创造紧密联系起来，可作为衡量部门业绩的新路径。结合上文有关客户业绩的论述，可明确客户与几个主要的营销类部门的对照关系（见表 8 -3）。

表 8 -3　　部门客户对照

客户代码	客户名称	部门名称
00001	个人客户 A	个人金融业务部
00002	个人客户 B	
00003	个人客户 C	
00004	个人客户 D	
……	……	
10001	集团客户 A	公司金融业务部
10002	集团客户 B	
10003	集团客户 C	
10004	集团客户 D	
……	……	
20001	机构客户 A	机构金融业务部
20002	机构客户 B	
20003	机构客户 C	
……	……	

第四节　实证研究

一、基于产品计量部门业绩

在分产品业绩核算体系中，部门业绩等于该部门所辖产品的业绩之和。在计算完各部门各产品的业绩之后，可根据以下公式计算出部门业绩，即将所有产品业绩汇总形成部门业绩。部门业绩的计算结果如表8－4所示。

$$\text{部门业绩} = \sum \text{部门所经营的各产品业绩}$$

表8－4　部门业绩计算表　单位：万元

所属部门	产品代码	产品经济增加值	部门经济增加值
个人金融业务部	活期储蓄	56 007.47	177 458.87
	定期储蓄	76 068.29	
	个人消费贷款	－83.27	
	个人经营性贷款	－71.36	
	个人住房贷款	14 991.49	
	个人中间业务	30 546.25	
公司金融业务部	活期存款	139 247.03	175 089.80
	定期存款	71 274.50	
	流动资金贷款	－58 588.46	
	项目贷款	14 705.71	
	房地产贷款	2 376.08	
	委托贷款及特定贷款	6 074.93	
机构金融业务部	同业存款	46 241.40	216 304.46
	政府存款	60 177.00	
	保险存款	2 803.63	
	特种存款	112 778.07	
	住房委托	－7 153.21	
	机构中间业务	1 457.58	

续表

所属部门	产品代码	产品经济增加值	部门经济增加值
资产托管部	资产托管	148.68	148.68
银行卡业务部	准贷记卡	-2 691.72	4 438.46
	贷记卡	-985.39	
	国际卡	-148.08	
	卡中间业务	8 263.65	
投资银行部	财务融资顾问	3 864.69	16 843.87
	银团贷款	12 979.18	
国际业务部	外汇交易	7 111.31	8 516.68
	信用证	1 399.20	
	外汇担保	222.78	
	押汇及贷款	-793.26	
	国际融资转贷款	576.64	
票据营业部	贴现及买卖票据	8 550.66	8 550.66
机构业绩		607 351.47	607 351.47

二、基于客户计量部门业绩

基于已计量清晰准确的客户业绩可汇总得出部门业绩。部门业绩等于该部门所管辖的客户业绩之和。在计算完各部门管辖客户的业绩之后，需要根据如下公式计算出部门业绩，即将所有客户业绩汇总形成部门业绩。部门业绩的计算结果如表 8-5 所示。

$$\text{部门业绩} = \sum \text{部门所管辖的各客户业绩}$$

表 8-5　　基于客户计量部门业绩示例　　单位：亿元

条线客户贡献		公司金融业务部	机构金融业务部	个人金融业务部
存款	1. 内部转移收入	2 037.08	16.30	95.34
	2. 利息支出	301.90	2.42	14.13

续表

条线客户贡献		公司金融业务部	机构金融业务部	个人金融业务部
贷款	1. 利息收入	817.14	6.54	38.24
	2. 税金及附加	377.18	3.02	17.65
	3. 内部转移支出	4 414.52	35.32	206.60
手续费及佣金收入	余额	92.23	0.74	4.32
风险成本	余额	82.75	—	3.87
拨备前利润	余额	1 345.31	10.76	62.96
拨备后利润	余额	1 262.57	10.76	59.09
所得税	余额	315.64	2.69	14.77
净利润	余额	946.92	8.07	44.32

基于产品或客户业绩汇总计算出部门业绩后，可将部门业绩进行同比、环比和与预算完成率的对比分析，并作为部门考核评价的依据（见表8－6）。

表8－6　　　　部门业绩分析

业务条线	拨备费用前利润				
	6月（亿元）	同期（亿元）	同比（亿元）	增幅（%）	预算完成率（%）
个人金融	2 000.00	1 700.00	300	17.65	92.00
公司金融	1 500.00	1 300.00	200	15.38	88.20
机构金融	800	700	100	14.29	98.30
金融市场	850	700	150	21.43	103.10
结算与现金管理	400	450	－50	－11.11	86.20
银行卡	200	170	30	17.65	90.90
资产管理	130	180	－50	－27.78	78.40
投资银行	120	115	5	4.35	73.30
资产托管	115	100	15	15.00	98.20
国际业务	90	80	10	12.50	92.70

续表

业务条线	拨备费用前利润				
	6月（亿元）	同期（亿元）	同比（亿元）	增幅（%）	预算完成率（%）
私人银行	50	60	-10	-16.67	83.00
票据业务	55	50	5	10.00	117.80
贵金属业务	55	65	-10	-15.38	69.80
养老金	10	13	-3	-23.08	74.50

第五节 小结

本章主要以产品和客户业绩为基础，探讨了部门业绩的计量方法。精准计量部门业绩需要可靠准确的产品业绩或者客户业绩，需要对产品和客户进行准确分类和精细化核算。部门产品对照表和部门客户对照表是进行部门业绩核算的前提，准确的产品 EVA 和客户贡献是进行部门业绩核算的基础，成熟的部门业绩可应用于对营销部门的评价考核，有助于进一步强化专业部门量化考核，推动各级行经营性部门评价从定性为主到定量为主的转变，使以价值为核心的经营理念在各级行推广，充分调动经营性部门的积极性。此外，部门业绩的合理计量也可应用于经营部门负责人的业绩考核，解决各级行专业条线负责人的业绩量化和考核问题。

但是，分产品、分客户业绩与部门业绩的关系在实践中是比较复杂的。随着新技术的发展，如何更加准确地计量产品 EVA 和客户贡献是一个值得长期探讨的话题，此外，国内商业银行部门设置存在差异，选择以产品业绩还是客户业绩为基础也值得思考，部分营销部门（如结算与现金管理部）主要以营销产品为主，并不负责具体的客户，因此对这一类部门以客户业绩为基础进行业绩计量可能不太合理。

第九章　客户业绩

第一节　相关概念

一、定义

客户是指接受商业银行提供金融服务的自然人或单位机构，也可以是商业银行的投资对象，是商业银行价值创造的源头。

客户群是指商业银行根据业务开展需要，将客户分为不同群体，比如按客户性质、客户贡献程度、客户金融资产规模、信用等级、客户投资方向需求等划分（见图 9－1）。

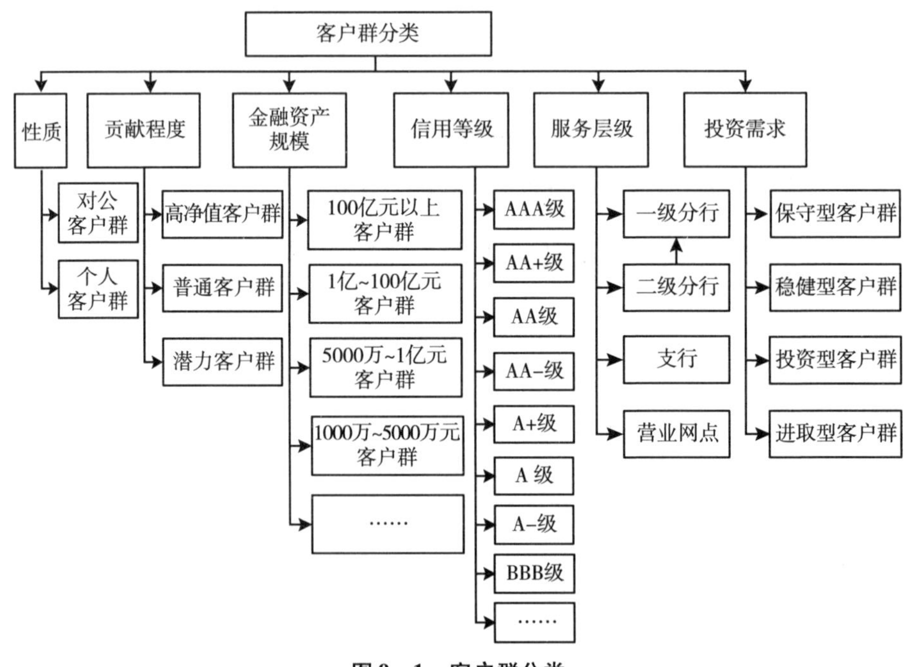

图 9－1　客户群分类

客户业绩是指客户一段时间内使用银行产品和服务给银行创造的收益。客户贡献评价模型通过全面、准确识别客户为银行创造的收入（含内部资金转移收入）、发生的成本（含内部资金转移支出），实现客户贡献的定量评价。从广义的角度看，客户可为银行带来当前已实现的价值和未来可能实现的潜在价值。本书中的客户业绩是指该客户给银行带来的当前价值贡献，包括直接贡献、已实现贡献和可计量贡献，不包括间接贡献和潜在贡献（见图9－2）。

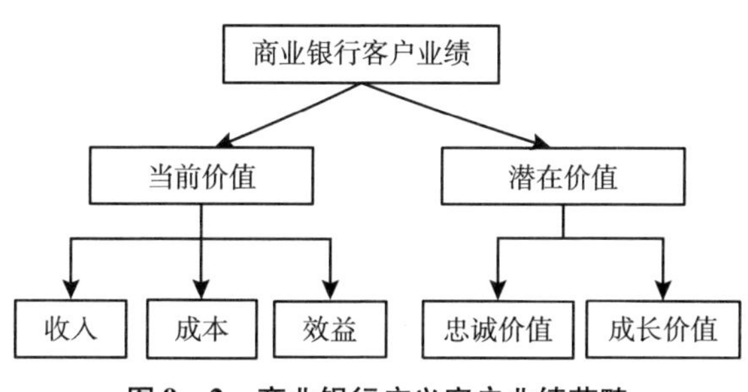

图9－2　商业银行广义客户业绩范畴

二、意义

随着市场竞争的加剧、金融脱媒的深化、利率市场化的持续推进、银行业审慎监管的不断加强以及消费者金融需求的改变，国内商业银行要实现持续健康发展，需要建立以客户为中心、以客户价值创造为导向的经营模式。准确核算客户业绩是商业银行提升核心竞争力的关键，是商业银行科学高效经营管理的有力保障，具有长远的战略意义（见图9－3）。

（1）客户业绩核算有助于实现客户维度精细化预算管理，将机构预算目标分解到各类客户群乃至单一客户，针对不同目标客户实行差别化策略选择，预算导向更加鲜明直接。

（2）客户业绩核算有助于精准资源配置投入。资源配置与客户业绩核算结果相结合，引导内部经营资源向客户贡献度大的区域、机构、部门、产品和个人倾斜，提高资源投入回报率。

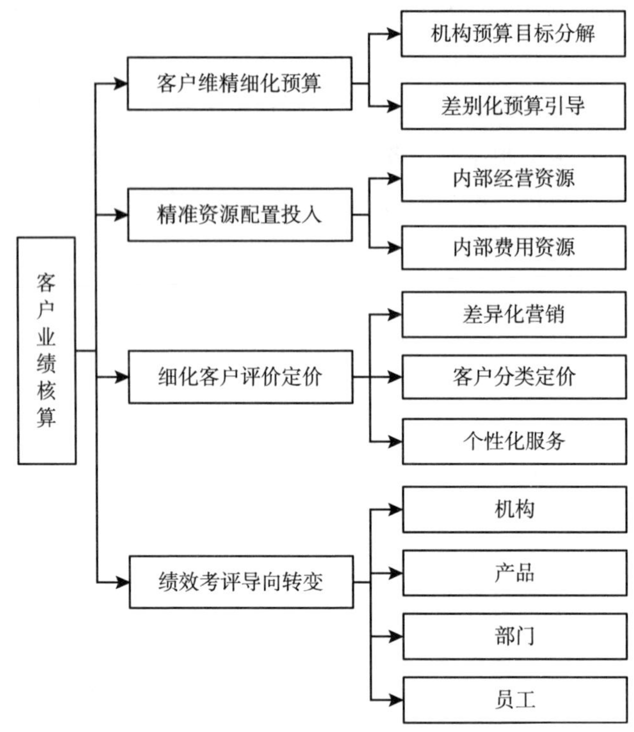

图9－3　商业银行客户业绩价值内涵

（3）客户业绩核算有助于细化客户评价与定价，运用客户业绩核算结果，通过差异化营销、个性化服务、客户分类定价等手段充分挖掘现有客户资源价值，提升价值创造能力。

（4）客户业绩核算有助于促进绩效考评导向转变，通过客户业绩数据整合，对产品、机构、部门、客户经理多维度分析，使考核向纵深延伸，明晰展现各维度对银行的价值贡献，引导客户经理考核向“以效益为导向”转变，有效提高绩效考核的精细化管理水平。

三、核算原则

随着商业银行信息技术不断创新和数字化转型持续深入，数据加工和处理能力大幅提升，客户业绩可基于客户账户粒度计算，通过对客户资产负债类业务、中间业务所产生净收益的计算反映客户为银行带来的净收益，以此衡量客户业绩。本书客户业绩是以客户账户已实现收益为基础进行汇总的，得到单一客户业绩。

第二节 应用现状

为了提升商业银行可持续竞争力，建立系统可操作的客户业绩核算体系越来越受到国内外学者的重视。

杜亚飞（2019）研究发现，对客户价值准确估计、合理定位中高端客户，能较好地提升商业银行资源利用效率；孙源晨（2017）则汇总了现有商业银行客户评价体系的构建思路，提出了分类建立客户评价体系的方法；徐福昌等（2017）构建了 ARFM 模型，运用 K 均值算法对商业银行理财客户价值进行评价分析；周毓萍等（2017）于 2013 年提出基于客户协同创新，从基本价值和协同创新价值两方面构建商业银行高净值客户价值评价体系，2017 年基于上述理论，运用组合赋权—模糊评价法对商业银行高净值客户进行价值评价；王胜超（2016）介绍了零售客户价值管理系统，分析了当前银行在客户价值挖掘方面存在的问题和成因，提出了零售客户价值的评价体系；吕梁等（2014）针对中小商业银行具体特征，提出从客户价值全面进行客户分析，构建商业银行企业类客户价值评价指标体系；朱鸿飞（2013）从供应链金融的角度，通过考察客户自身价值以及所属供应链价值从而对供应链金融客户进行价值分析；曹丽等（2012）基于作业成本法，通过建立客户交易行为和成本价值分析模型，计算商业银行储蓄客户成本和终身价值；肖智等（2010）提出运用软集合方法对商业银行企业类贷款客户进行价值评价，解决客户价值评价指标中不确定性、混合性数据的处理问题。

在商业银行实践中，客户业绩被广泛应用于以下方面：一是存贷款产品利率和手续费收入定价审批管理，有利于实现差别化产品定价，推动存款量价协同，加强战略传导。二是应用于授信辅助审查，嵌入授信审查报告，作为授信审查和审批辅助决策参考。三是应用于客户经理考核和条线业务发展能力评价指标，引导考核向“以效益为导向”转变，提高绩效考核的精细化管理水平。

第三节　计量方法

一、客户业绩核算模型

考虑到银行产品特点和模型的可操作性，分别从资产、负债和中间业务三个方面，按照管理会计核算框架中的收入、成本等要素，以客户账户为基础，建立核算模型。

客户经济增加值 = 净利润 − 资本成本

其中：

净利润 = 资产业务利差收入 + 负债业务利差收入 + 手续费及佣金净收入 − 费用成本 − 风险成本 − 税金成本

资产业务利差收入 = 利息收入 ÷ 投资收益 − 内部资金转移支出

负债业务利差收入 = 内部资金转移收入 − 利息支出

手续费及佣金净收入 = 手续费及佣金收入 − 手续费及佣金支出

具体模型如图9－4所示。

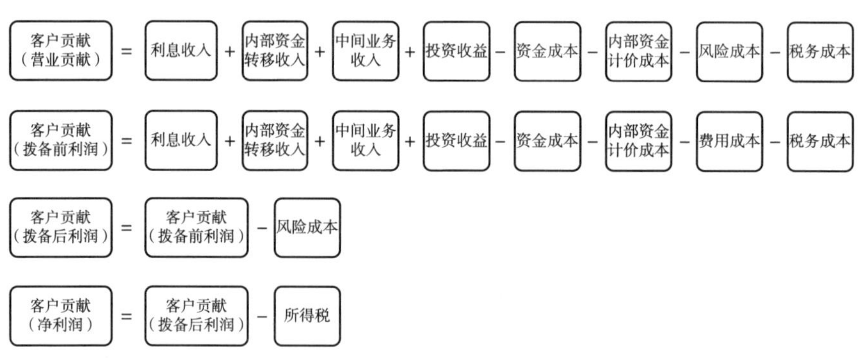

图9－4　商业银行客户业绩核算模型

注：税务成本指增值税的附加税。

二、要素核算模型

（一）资产业务

资产业务主要有贷款、信用卡透支、票据融资、投资、存拆放同业等。

$$利息收入 = \sum 账户利息收入 + \sum 投资收益$$

$$内部资金转移支出 = \sum (资产各期限日均余额 \times 对应期限内部资金转移价格)$$

（二）负债业务

负债业务主要有活期存款、定期存款、同业存拆放等。

$$利息支出 = \sum 账户利息支出$$

$$内部资金转移收入 = \sum (负债各期限日均余额 \times 对应期限内部资金转移价格)$$

（三）手续费及佣金收入

1. 收入分类

根据银行业务的不同管理模式，本书将手续费及佣金收入分为两类（见图9－5）。

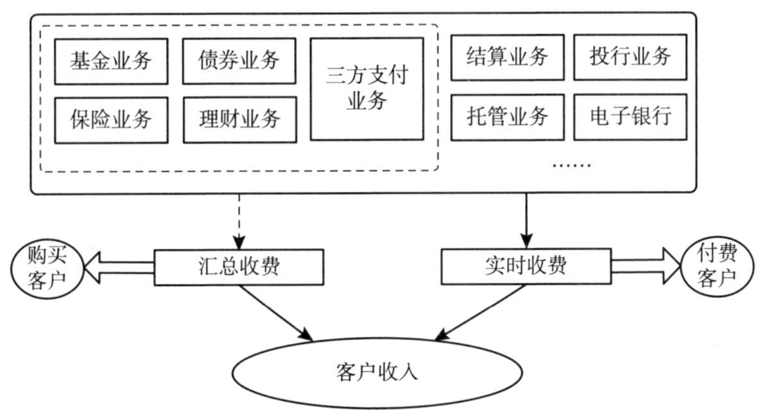

图9－5 商业银行客户手续费及佣金收入分类框架

（1）单笔实时记账收费型。即客户通过柜面、ATM等自助机具或网上银行等电子银行渠道办理业务，银行核算系统联动客户账户实时扣费记账。这类业务交易明细中包含客户付费账户等信息，可采用自动归集方式将该收入核算到单一客户账户。主要包括结算、投资银行、担保、银行卡年费、托管、委托贷款等业务。

（2）“总对总”汇总记账收费型。即对于外部客户财务总部化后“总对总”营销、客户集中阶段性付费的手续费及佣金收入，这类业务的特点是收入由总部客户发起支付，但其收入产生动因为产品的实际购买客户。例如，个人保险业务收入，由保险公司定期与银行对账后支付手续费，但手续费产生的根源是个人客户在银行网点、网上银行等各渠道购买的保险产品。银行之所以向保险公司收取手续费，本质上是个人客户购买保险产品。此类收入的交易明细中只有保险公司付费账户信息，个人客户购买产品时并不向银行支付手续费。主要包括代销业务类、代收代付类、银行理财类、三方支付类等业务。

2. 模型分类

目前商业银行通用的客户核算模型主要有两种：

（1）按照交易明细核算到付费客户，直接取逐笔收入交易明细里的客户付费信息，如客户账号、客户编码等。计算公式为：

$$\text{单一客户手续费及佣金收入} = \sum \text{客户账户收入}$$

$$\text{客户账户收入} = \sum \text{客户单笔交易收入}$$

（2）根据银行核算系统信息和业务原理，按照交易量和费率计算客户账户的逐笔交易收入，或是按照总收益和客户产品规模分摊到客户账户，再汇总到购买客户。计算公式为：

$$\text{单一客户手续费及佣金收入} = \text{客户销售手续费类收入} + \text{客户业绩报酬类收入}$$

$$\text{客户销售手续费类收入} = \text{客户产品交易量} \times \text{产品手续费率}$$

$$\text{客户业绩报酬类收入} = \text{客户账户的交易量} \times \text{产品收入总额} \div \text{客户账户的交易量}$$

两种方法的对比见表9－1。对于同一产品两种方法不能同时使用，否则造成收入重复核算，既核算到付费客户，又核算到购买客户，客户业绩虚增。

表9－1　　手续费及佣金收入方法对比

核算对象	核算方法	优点	缺点
付费客户	直接取逐笔收入交易明细里的客户付费信息，如客户账号、客户编码等	客户维收入可与机构维收入完全匹配，准确度高。数据核对方便	当付费客户与购买客户的管理部门不统一时，无法促进产品销售，激励性差。遵循“收付实现制”

续表

核算对象	核算方法	优点	缺点
购买客户	(1) 对于销售手续费类收入，按照业务原理，根据银行信息系统的交易量和费率计算客户账户的逐笔交易收入。 (2) 对于业绩报酬类收入，按照总收益和客户产品规模，分摊到客户账户	遵循“权责发生制”，业务发生时即确认账户收入。有效激励产品销售部门积极性	客户维收入可能与机构维收入存在时间性差异

3. 模型选择

对于单笔实时记账收费型收入，本书将其核算至付费客户，对于“总对总”汇总记账收费型收入，本书将其核算至购买客户。对于基于“权责发生制”的客户维业绩与基于“收付实现制”的机构维业绩之间可能存在的差额，属于会计基础的差异，本书未将其在客户维度核算。

客户手续费及佣金支出、费用成本、风险成本、税金成本和资本成本详见相关章节。随着信息技术不断发展，商业银行客户贡献覆盖产品范围不断扩大，基本可以覆盖银行主要产品。以法人客户为例，客户贡献产品范围如图 9 -6 所示。

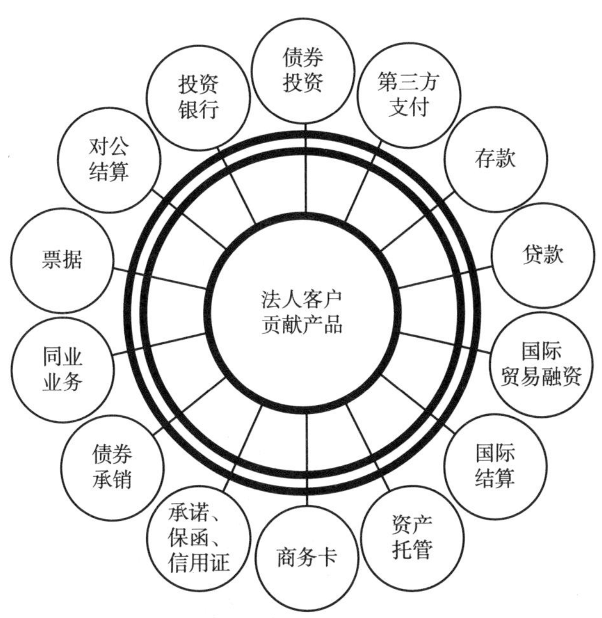

图 9 -6　商业银行法人客户贡献产品范围

（四）客户群业绩

在上述单客户业绩核算结果的基础上，根据客户群标识，分别汇总到各个客户群体，得到客户群业绩。需要说明的是，由于集团客户或者个人客户会在同一家银行跨区域的多个网点开立银行账户，各区域分支机构均会将其作为客户，因此在核算不同层级机构的客户群业绩、统计客户数量时需要按照客户在该银行的唯一标识（如客户编码）进行汇总或去重，避免遗漏客户业绩或虚增客户数量（见图9－7）。

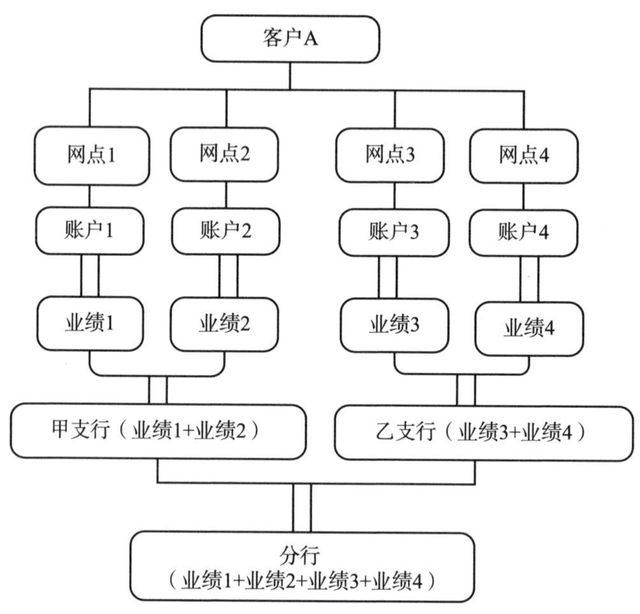

图9－7　商业银行客户业绩汇总

（五）客户业绩延伸应用

近年来，随着商业银行经营范围不断拓展，“以客户为中心”的经营理念不断深入，商业银行逐步丰富客户业绩的计量内涵，主要有以下5个方面：

（1）集团客户业绩。集团客户是建立在控股、持股基础上的法人集合。集团成员企业虽然在法律上各自独立，但具有统一的经营目标，实际上是一个经济利益共同体，之间具备一定的投资关系、亲属关系、利益关系及控制影响关系。针对同一集团下不同成员企业在商业银行办理业务的情况，为了集中展示集团客户业绩，为大客户营销提供数据支持，将集团的各成员客户业绩按照法人间的关联关系进行汇总，可得到集团客户业绩（见图9－8）。

$$集团客户业绩 = \sum 各成员客户业绩$$

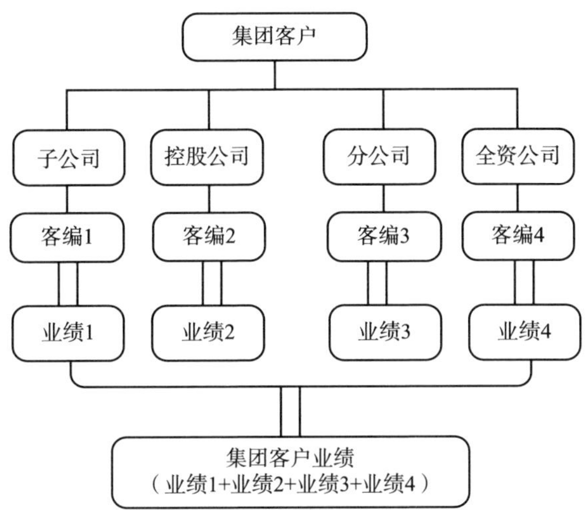

图9－8　商业银行集团客户业绩汇总

（2）分区域客户业绩。随着城市化进程不断加快，以及日益改善的交通便利条件，客户流动性不断增大，为了便于分区域对客户开展精准营销，可以根据一定规则，比如开户网点、管户网点、交易网点等归属，将客户账户和产品归属至不同区域，实现客户分区域业绩计量。

（3）全球化客户业绩。随着商业银行全球化经营不断推进，当同一客户同时在商业银行境内和境外办理业务时，可以在属地监管政策允许的前提下，借助境内外数据整合，计量客户跨境业务业绩，实现全球客户业绩计量。

$$客户全球业绩 = 客户境内业绩 + 客户境外业绩$$

（4）行司联动客户业绩。当同一客户同时在商业银行母行和子公司办理业务时，可以在属地监管政策允许的前提下，借助母行与子公司的数据整合，实现客户的行司业绩计量。

客户行司业绩 = 客户母行业绩 + 客户子公司业绩

（5）供应链客户业绩。以商业银行资金链条为主线，根据上下游客户之间的资金流向关系，计量整个资金供应链上的客户业绩。

供应链客户业绩 = 上游客户业绩 + 中游客户业绩 + 下游客户业绩

第四节　实证研究

一、单客户及客户群贡献案例

某商业银行支行的客户持有产品情况如表9－2、表9－3所示。

表9－2　　对公客户持有产品情况　　单位：万元

对公客户	贷款	存款	对公结算收入	投资银行收入	代发工资收入
A集团	178	4 000	355	220	150
B公司	129	770	146	50	79

表9－3　　个人客户持有产品情况　　单位：万元

个人客户	存款	贷款	保险（销售额）	理财（销售额）	个人结算收入	结售汇收入
甲（普通客户）	10	20	5	10	0.3	0.5
乙（私人银行客户）	800		20	30	2	
丙（私人银行客户）	1 000	100	100	200	5	

对公客户和客户群业绩计算如表9－4所示。

表9－4　　对公客户业绩表　　单位：万元

业绩指标	A集团	B公司	对公客户群
利息收入	8.72	5.61	14.33
内部资金转移支出	5.34	3.61	8.95

续表

业绩指标	A 集团	B 公司	对公客户群
贷款减值损失	3.50	3.20	6.70
利息支出	60.00	2.70	62.70
内部资金转移收入	100.00	15.40	115.40
对公结算	355.00	146.00	501.00
投资银行	220.00	50.00	270.00
代发工资	150.00	79.00	229.00
增值税金附加	5.28	2.02	7.30
费用成本	5.00	3.50	8.50
拨备前利润	758.10	284.18	1 042.28
拨备后利润	754.60	280.98	1 035.58
所得税	188.65	70.25	258.90
净利润	565.95	210.74	776.69
资本成本	0.83	0.35	1.18
经济增加值	565.12	210.39	775.51

个人客户和客户群业绩如表 9－5 所示。

表 9－5　　个人客户业绩　　单位：万元

业绩指标	甲	乙	丙	私人银行客户群
利息收入	0.87		4.90	4.90
内部资金转移支出	0.56		3.00	3.00
贷款减值损失	0.20		1.00	1.00
利息支出	0.04	2.80	3.50	6.30
内部资金转移收入	0.20	16.00	20.00	36.00
个人结算	0.30	2.00	5.00	7.00
结售汇	0.50			—
保险	0.03	0.10	0.50	0.60
理财	0.40	1.20	8.00	9.20
增值税金附加	0.02	0.02	0.13	0.16

续表

业绩指标	甲	乙	丙	私人银行客户群
费用成本	0.50	0.80	1.00	1.80
拨备前利润	1.18	15.68	30.77	46.44
拨备后利润	0.98	15.68	29.77	45.44
所得税	0.25	3.92	7.44	11.36
净利润	0.74	11.76	22.33	34.08
资本成本	0.08		0.43	4.29
经济增加值	0.66	11.76	21.90	33.65

其中，

客户甲保险收入 = 保险产品销售额 × 销售费率 = 5 × 0.5%
= 0.025（万元）

客户甲理财销售收入 = 理财产品销售额 × 销售费率 = 10 × 1%
= 0.1（万元）

客户甲理财投资收入 = 客户理财产品销售额
× 理财产品投资收入总额/理财产品销售总额
= 10 × 3% = 0.3（万元）

二、客户分区域业绩实证案例

客户王先生在某一商业银行北京和上海的网点都办理了业务，如表9－6所示。

表9－6　　客户业务分布　　单位：万元

区域	贷款	存款	保险（销售额）	理财（销售额）	信用卡分期付款金额
北京	50	200	5	0	0
上海	0	10	0	20	0.5

根据王先生开户的区域归属，分别计算客户在北京和上海分区域业绩，如表9－7所示。

表9-7　　客户分区域业绩　　单位：万元

区域	贷款		存款		保险	理财	信用卡分期付款
	利息收入	内部资金转移支出	利息支出	内部资金转移收入			
北京	2.45	1.5	0.8	4	0.03	0	0
上海	0	0	0.04	0.2	0	0.8	0.03

综上，客户北京区域业绩＝2.45－1.5－0.8＋4＋0.03＝4.18（万元），客户上海区域业绩＝0.2－0.04＋0.8＋0.03＝0.99（万元）。

三、从业务条线展示客户业绩

商业银行业务条线业绩示例如表9－8所示。

表9-8　　商业银行业务条线业绩示例　　单位：万元

指标		条线		
		公司	机构	个人
存款	利息支出	1 301.90	2.42	114.13
	内部转移收入	4 414.52	35.32	206.60
贷款	利息收入	1 817.14		38.24
	内部转移支出	2 037.08		95.34
	风险成本	82.75	—	3.87
手续费及佣金收入		92.23	0.74	4.32
费用成本		13.54	0.81	1.50
税金及附加		377.18	3.02	17.65
拨备前利润		2 594.19	29.81	20.54
拨备后利润		2 511.44	29.81	16.67
所得税		627.86	7.45	4.17

四、从员工角度展示客户业绩

商业银行客户经理业绩示例如表9－9所示。

表9－9　　商业银行客户经理业绩示例　　单位：万元

客户经理	所属机构	管户客户	管户客户资产业务		管户客户负债业务		管户客户手续费及佣金收入
		贡献	利息收入	内部转移支出	内部转移收入	利息支出	
李蕾	A支行	0.89	4.22	2.82	0.98	0.15	2.19
郭慧	B支行	1.17	5.54	3.71	1.29	0.19	3.69
阎军	C支行	1.07	5.08	3.40	1.18	0.18	1.36
赵艳	D支行	1.43	6.78	4.54	1.58	0.24	3.04
张涛	E支行	0.92	4.34	2.91	1.01	0.15	2.39
李红	F支行	0.94	4.47	2.99	1.04	0.16	2.82
杨静	G支行	0.80	3.80	2.55	0.88	0.13	0.95
杨欣	H支行	0.72	3.39	2.27	0.79	0.12	2.00

五、按金融资产分段展示客户群业绩

金融资产分段客户群业绩如表9－10所示。

表9－10　　金融资产分段客户群业绩　　单位：万元

年日均资产分段	客户数	总贡献	负债业务贡献	资产业务贡献	中间业务贡献	户均总贡献
[800，+∞)	20	110	69	5	36	5.50
[600，800)	100	50	33	8	9	0.50
[100，600)	500	253	198	15	40	0.51
[20，100)	300	175	155	6	14	0.58
[0，20)	80	35	30	2	3	0.44

六、按客户年龄分段展示客户业绩

年龄分段客户群业绩如表9－11所示。

表 9－11　年龄分段客户群业绩

年龄分段	客户数量		AUM				客户贡献				
	总量		总量		户均（万元）	其中：存款占比（%）	总量		户均（元）	其中：中间业务贡献	
	规模（万户）	占比（%）	规模（亿元）	占比（%）			规模（亿元）	占比（%）		规模（亿元）	占总贡献比重（%）
[0～20 岁)	1 838	8.20	577	1.00	0.31	80.90	5.208	0.60	28.4	0.124	2.70
[20～30 岁)	3 321	14.80	2 447	4.20	0.74	85.90	80.29	8.90	241.7	3.534	4.40
[30～40 岁)	5 374	24.00	8 028	13.90	1.49	79.90	258.602	28.80	481.2	14.88	5.80
[40～50 岁)	4 153	18.50	12 376	21.40	2.98	74.60	220.007	24.50	529.8	20.305	9.20
[50～60 岁)	3 985	17.80	16 104	27.90	4.04	72.20	180.637	20.10	453.3	24.242	13.40
[60 岁以上)	3 754	16.70	18 274	31.60	4.87	78.10	152.334	17.00	405.7	18.166	11.90
合计	22 426	100	57 805	100	2.58	76.30	897.08	100	400	81.282	9.10

七、按客户年龄分段和产品交叉展示客户业绩

交叉分段客户群业绩如表9－12所示。

表9－12　　交叉分段客户群业绩　　单位：亿元

产品		[0～20岁)	[20～30岁)	[30～40岁)	[40～50岁)	[50～60岁)	[60岁以上)	合计
投资理财	基金	0.05	0.28	1.14	2.92	4.74	6.68	15.83
	保险	0.05	0.99	3.66	6.48	9.66	5.92	26.75
	理财	0.01	0.41	2.00	3.73	5.17	4.00	15.31
小计1		0.11	1.68	6.80	13.13	19.57	16.60	57.88
银行卡	借记卡	0.01	0.24	0.60	0.51	0.34	0.11	1.79
	贷记卡	0.01	1.43	6.99	6.12	3.69	0.93	19.16
小计2		0.01	1.66	7.59	6.62	4.03	1.03	20.95
贡献合计		0.13	3.34	14.39	19.75	23.60	17.63	78.83
中间业务贡献占比		27.98%	29.30%	29.98%	30.14%	30.17%	30.07%	30.07%

第五节　小结

本章从收入、成本、效益等方面介绍了客户业绩的计量模型。特别需要说明的是客户业绩与机构业绩的关系。基于客户账户信息核算的客户业绩可与机构维建立核对关系。客户业绩不应包含内部管理类产品，避免内部业务影响外部客户业绩，使客户业绩真正反映源自客户本身的对商业银行的贡献。

第十章 员工业绩

商业银行的所有业务、产品最终均落脚于员工，如何借助管理会计手段，对员工的营销业绩进行合理计量，并对员工价值贡献进行科学考核评价，实现从业绩计量到价值评价的转变，关系到商业银行经营战略传导的“最后一公里”落地。

第一节 相关概念

一、员工分类

根据经营管理的性质，商业银行员工岗位的设置主要包括以下几类：管理类、营销类、专业类、客服类和运行类。

管理类员工主要包括商业银行各分支机构、各部门的负责人等，通常承担着所在机构或部门各项工作的规划、组织、协调和领导等职能。

营销类员工主要包括对公客户经理和个人客户经理等营销序列人员，主要负责向零售、公司、机构等客户销售银行产品，提供全方位金融服务，通过维护银行与客户的关系，提高客户贡献。

专业类员工主要包括各专业部门人员，从事商业银行的人力资源管理、财务管理、业务研发、软件开发、风险监测、内部审计等专业性较强的工作，其工作结果为管理决策提供辅助参谋和支持。

客服类员工主要包括基层网点直接银行服务人员（如大堂经理）和线上渠道服务人员，负责直接接待和服务客户、推介产品和协助业务办理等。

运行类员工主要包括前台业务办理柜员和后台账务处理及监管人员，负责各类账务的处理、核对、监管等。

二、员工业绩

从广义上讲，商业银行员工业绩是综合营销业绩、发展潜力、服务评价、工作态度和满意度等要素在内的员工价值体现，属于人力资源管理范畴。但员工业绩与产品、机构和部门业绩又息息相关，员工作为独立个体，必须立足其岗位才能体现其业绩。因此，本章所指员工业绩，是员工价值创造的量化，是员工为商业银行带来的可计量的贡献，表10－1列示了各类员工业绩的主要来源和衡量标准。

表10－1　各类员工业绩来源及衡量标准

员工分类	主要业绩来源	衡量标准
管理类	领导机构或者专业部门所创造的价值贡献	机构业绩或部门业绩
营销类	为客户提供服务、销售产品	产品贡献或客户贡献
专业类	辅助决策等提供的价值	部门绩效水平
客服类	为客户提供服务带来的增值	客户贡献
运行类	前、中、后台业务办理	业务量

因管理类和专业类员工主要与各自所在机构或部门的业绩挂钩，标准相对单一、业绩来源明晰，本章不做专门论述。

第二节　应用现状

目前，各商业银行虽然在机构调整、岗位优化、机制完善和经营发展上已经实现了一定程度的突破，但在员工业绩计量与应用方面仍存在一些现实问题：

（1）代理类产品与一般性存款的协同发展矛盾较为突出。基金、理财、保险、国债等主要资产管理业务在稳定客户关系、提高客户黏性方面发挥了积极作用，但其对存款规模存在部分替代效应。而近年来发展较快的主动负债、创新产品、结构性存款等产品则对商业银行的效益产生了明显影响和冲击，各商业银行主动负债量提升的同时带来了资金成本的显著增长。因此，在员工业绩计量过程中，需要更加关注和协调好产品协同发展问题。

（2）机构、员工业绩交叉问题较为突出。一是目前各商业银行，特别是历史悠久的老牌商业银行，其交易系统的架构主要是满足账务处理要求，多数情况下缺少客户、员工等用于管理要求的基础信息，从源头上导致员工业绩无法统计计量。二是目前多数商业银行的机构业绩是按照“账户→网点→支行→二级分行→一级分行→总行”的账务体系汇总生成的，由于客户存在跨网点、跨支行开户和交易的情况，员工业绩常常横跨多个网点甚至多个支行，支行、网点业绩不等于辖内员工业绩的合计数，机构业绩与员工业绩交叉。受制于业绩计量主要以账户为依托，网点间、员工间内部挖转竞争的现象较为突出，出现大量开立无效账户、营销资源大量浪费和客户体验降低的问题，存款等基础业务的经营任务和绩效奖励也无法有效传导落地到员工层面。

第三节 计量方法

一、员工营销业绩计量方法

基于经营发展实际和专业管理需求不同，目前商业银行员工营销业绩计量模式主要包括管户模式、认领模式以及综合模式，不同业绩计量模式的区别主要在于对管户业绩、本人认领业绩、他人认领业绩的处理与认定方式不同（见图 10－1）。

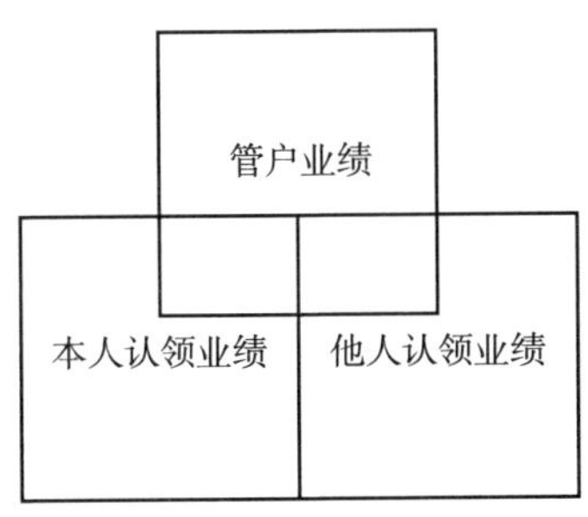

图 10－1 员工业绩核算模式

（一）管户模式

管户模式营销业绩计量是以客户为中心，按照客户经理管户关系核算客户经理业绩。以员工管户关系为基数，按照员工管户客户业绩汇总形成员工营销业绩（见图10－2）。

$$员工营销业绩 = \sum 管户客户业绩$$

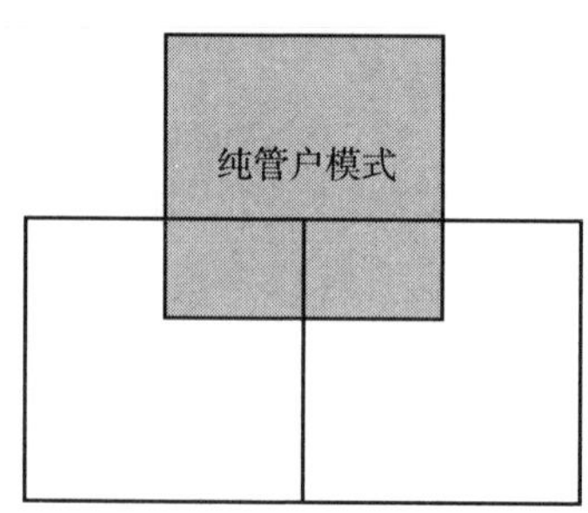

图10－2　纯管户核算模式

管户模式业绩计量支持跨机构、跨层级的业绩在客户经理间的分配，不考虑业绩认领因素，对客户服务和管理水平要求较高，适用于客户总体稳定、专业管理基础较好的商业银行。管户模式的优点是系统自动化程度高、人为因素少、业绩自动汇集和客户责任归属明确，有利于推动各级机构相关员工重视管户客户关系维护与业务营销。缺点是难以区分员工主动营销业绩和客户自然增长形成的业绩，也容易造成员工对非自己管户客户的服务问题。

（二）认领模式（见图10－3）

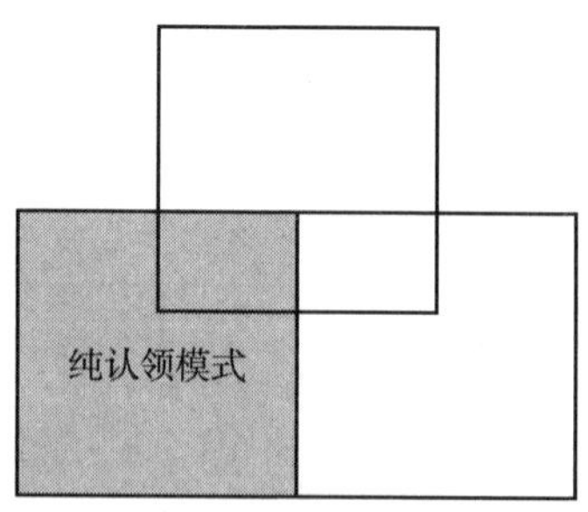

图10－3　纯认领核算模式

认领模式分为自动认领与手工登记两种方式。自动认领模式是指客户自助办理业务，或是由员工为客户服务和办理业务过程中，输入营销代码，由系统自动归集认领的员工业绩。手工登记是指由员工逐笔记录日常营销明细，手工录入业绩登记系统，并进行业绩确认和碰对。

$$员工营销业绩 = \sum 认领业绩明细$$

认领模式业绩分成不考虑管户业绩，仅考虑业绩认领，支持跨机构认领，适用于新客户占比多或者日常管户基础薄弱的商业银行。认领模式的优点是能够较为准确地计量员工的主动营销业绩，有利于调动员工营销积极性，只要成功营销了业务就能登记认领业绩；缺点是需要手工登记、确认、碰对等人为操作，工作量大，时效性、准确性难以保证，同时也容易造成员工过于重视产品营销而忽视了客户实际需要，影响服务质量的提升。

管户和认领模式流程如图 10－4 所示。

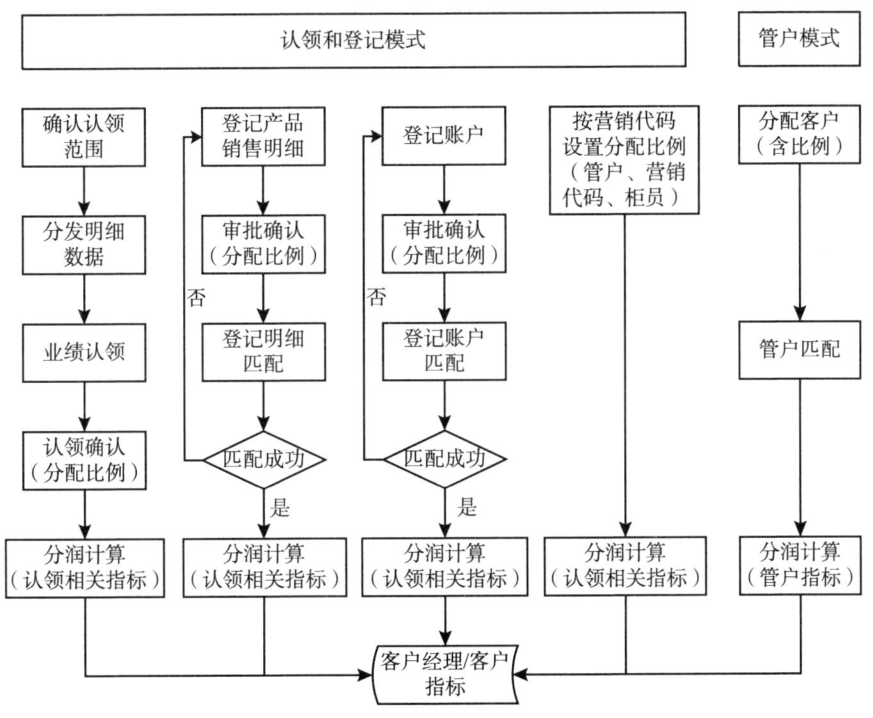

图 10－4 管户和认领模式流程

（三）综合模式

员工营销业绩计量的综合模式是商业银行根据经营管理实际与业务发展需要，在全面考虑管户模式、认领模式优缺点基础上确定的员工业绩计量方法，大致上可区分为以下两种模式。

1. 综合模式一

全面考虑管户业绩、本人认领非本人管户业绩、他人认领本人管户业绩等各方面因素，按照谁管户谁负责、谁营销谁受益原则，对员工营销业绩进行全面计量（见图10－5）。

员工营销业绩＝本人管户业绩＋本人认领非本人管户业绩
－他人认领本人管户业绩

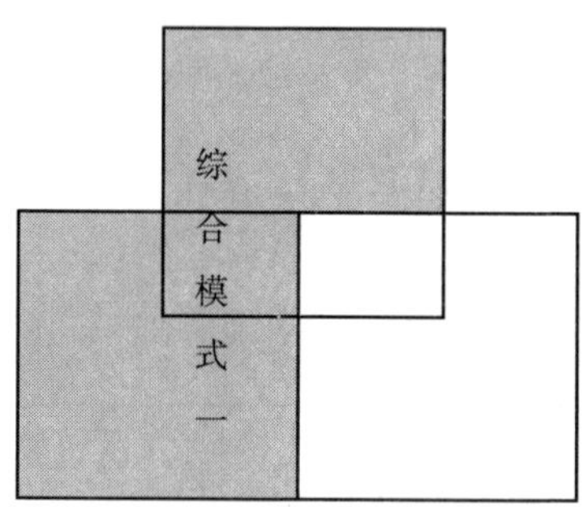

图10－5　综合核算模式一

2. 综合模式二

只考虑本人管户业绩、本人认领非本人管户业绩，不考虑他人认领本人管户业绩因素，对员工营销业绩进行计量（见图10－6）。

员工营销业绩＝本人管户业绩＋本人认领非本人管户业绩

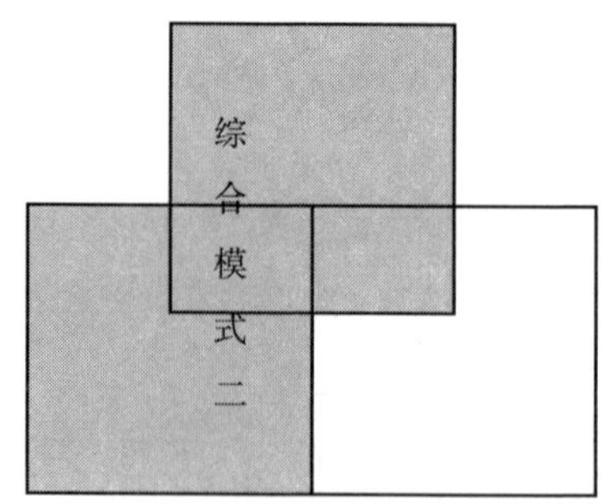

图10－6　综合核算模式二

二、员工价值贡献计量方法

员工维不仅有营销业绩的计量，还有价值贡献的计量。员工营销业绩评价的是“量”，员工价值贡献评价的是“效益”，即量价协调在员工维度的传导。目前由于管理模式和技术等原因，多数商业银行在员工维仅局限于员工营销业绩计量，本章基于各维度间的关联关系，提供两种员工维价值贡献核算方式：一是基于纯管户模式的员工业绩核算，二是基于营销业绩模式的员工业绩核算。

（一）管户模式

在第九章“客户业绩”章节，已提供客户贡献计量模型，可以精准核算客户贡献，基于管户制的员工业绩核算，即根据“以客户为中心”原则，构建客户关系导向的管户制业绩归属模式。通过客户经理与客户间的管户关系，在客户贡献精准核算的前提下，根据客户经理管户客户持有的产品、效益贡献以及分成比例，可汇总出员工综合价值贡献。

$$\text{员工综合价值贡献} = \sum \text{管户客户价值贡献}$$

［示例］A 商业银行的客户经理 W 管户的客户为个人客户甲、乙、丙和对公客户丁集团、戊集团、己集团，其管户客户的贡献如表 10 – 2 所示，根据公式，员工综合价值贡献 = $\sum$ 管户客户价值贡献，则客户经理 W 的价值贡献为：100 + 150 + 200 + 800 + 900 + 1 000 = 3 150（元）。

表 10 – 2　　客户贡献情况　　单位：元

个人客户	客户贡献	对公客户	客户贡献
甲	100	丁集团	800
乙	150	戊集团	900
丙	200	己集团	1 000

管户模式下可以充分发挥管户客户经理对管户客户的维护及营销积极性。在应用方面，管户模式的员工价值贡献计量仅限于设置管户的营销岗

位员工，在系统建设时应支持固定周期内（每季/每年）按照客户实际维护关系、交易频次、资产占比等逻辑切换管户客户经理，并具备跨地区管户业绩归属以及跨地区客户维护关系切换机制。

同时建立“谁营销、谁服务、谁受益”的绩效考核体系。当客户具备管户属性时，按照“管户客户经理所在机构+开户机构/营销代码人员所在机构”进行业绩归属；当客户不具备管户属性时，按照“开户机构+营销代码人员所在机构”进行业绩归属。

另外，不管是员工营销业绩计量还是员工价值贡献计量，均涉及业绩分成的问题，因此需建立公平有效的分成机制，解决机构、部门、员工的分成问题。

（二）营销业绩模式

营销业绩模式指通过员工营销业绩的计量，包括员工营销的存款类产品、贷款类产品以及中收类产品，计算不同类产品的转换系数，将营销业绩转换为员工营销产品的EVA，汇总各类产品EVA形成员工价值贡献。营销业绩模式实现了员工业绩从“量”到“价”的转换。在本章第三节“员工营销业绩计量方法”部分已介绍员工业绩计量方法，可根据考核评价、资源配置等内部管理活动的需要，选择适合本机构的方法。

$$\text{员工综合价值贡献} = \sum(\text{员工营销产品业绩} \times \text{对应产品转换系数})$$

$$\text{产品转换系数} = \text{产品 EVA} \div \text{产品日均余额}$$

EVA转换系数分为三种，即资产类、负债类及中收类，营销业绩相当于“量”，转换系数相当于“价”，量×价模拟计算产品EVA，不同类产品的EVA转换系数不同。

［示例］某商业银行员工A本月营销的产品业绩和产品对应指标如表10－3所示，表内已根据各类产品的日均余额、销售额日均及EVA计算出转换系数，并按员工营销业绩计算出该产品员工的模拟EVA，则员工A的价值贡献为：10+29.41+1.65+3.14+10.42+13.59+8.96+20.19+1.73=99.1（元）。

表 10 - 3 员工 A 业绩情况 单位：元

指标	资产日均	负债日均	销售额日均	产品EVA	转换系数	员工营销业绩	员工模拟EVA
个人住房贷款	22 000 000	—	—	110 000	0.005	2 000	10.00
个人消费贷款	170 000	—	—	5 000	0.029	1 000	29.41
个人经营贷款	1 000 000	—	—	1 500	0.002	1 100	1.65
个人信用消费贷款	110 000	—	—	690	0.006	500	3.14
活期储蓄	—	24 000 000	—	50 000	0.002	5 000	10.42
定期储蓄	—	26 000 000	—	59 000	0.001	10 000	13.59
个人理财销售	—	—	17 400 000	24 500	0.003	3 000	8.96
个人基金销售	—	—	8 200 000	42 000	0.008	2 500	20.19
个人保险销售	—	—	5 200 000	45 000	0.009	200	1.73

第四节 小结

综上所述，推动员工维度的业绩核算，需要以科学先进的管理会计平台和工具为基础，同时需要管理人员按产品、按员工类型、按业务模式提前做好设置安排，做好业绩计量与评价，并通过结果规划后续工作思路，指导员工提升营销技能，增加价值贡献。

基于管户的员工价值贡献计量将客户维度与员工维度紧密联系起来，基于员工营销业绩的价值贡献计量将产品维与员工维紧密结合。要持续提升员工业绩精准度，激活员工的价值创造能力，还要将员工业绩在考核评价、资源配置、薪酬分配中应用起来，更要将核算结果与教育培训、职业晋升、人力资源管理结合，使员工业绩不只是一个数字，更是商业银行业绩整体提升的动力之源，充分发挥员工业绩在挖掘员工潜能和激发整体经营活力中的重要作用。

第十一章　渠道业绩

随着利率市场化进程的加速，商业银行传统盈利空间有所收窄，银行物理网点固定成本不断推高，商业银行竞争日趋激烈。近几年，互联网金融服务渗透能力不断增强，渠道已成为商业银行在同质化市场中竞争的重要领地，完备高效的渠道建设将成为商业银行重要的核心竞争力。精准计量商业银行渠道维业绩，对于渠道发展和客户维护具有重要意义，也有助于商业银行持续推进多维度精细化管理。

第一节　相关概念

一、定义和分类

渠道是商业银行使客户和产品建立联系的桥梁，也是银行和客户建立长期联系的途径。渠道是商业银行挖掘客户资源、维护客户关系、进行市场营销的重要载体，也是商业银行提供金融产品和服务、实现经营收益和利润的重要场所。

商业银行提供的金融产品和服务主要依托物理网点及虚拟渠道。长期以来，传统物理网点承担了主要的销售和服务功能，近几年，伴随着数字经济的高速发展，物理网点固定成本和运营成本不断提升，银行服务已不能再仅仅局限于传统物理网点渠道，以手机银行、网上银行为代表的虚拟渠道迅猛发展，线上线下渠道的相互融合越来越重要。因此，商业银行要在未来激烈的市场竞争中立于不败之地，就必须对现有渠道进行优化整合，提升自身核心竞争力。

结合我国商业银行的实践，可将现有渠道划分为线下渠道和线上渠道。线下渠道以“网点 + 自助”为主，主要包括网点柜台、自助智能机具等；线上渠道通过“智能+人工”形式开展对客服务，主要包括手机银行、网上银行等平台，以及微信小程序、第三方代理平台等（见表11－1）；远程渠道以远程线上服务客户为主，也可归属于线上渠道。

表11－1　　　　渠道分类

渠道大类	渠道细分
线下渠道	网点（柜台）
	自助智能机具
线上渠道	网上银行
	手机银行
	微信小程序
	第三方代理平台
	远程银行渠道

二、研究意义

（1）支持渠道建设。借助管理会计平台，商业银行可对各渠道交易数据进行精细化处理，针对不同渠道不同的成本收益比和运营效率，可提出有关渠道布局的合理建议，支持渠道建设业务发展。此外，准确核算各渠道的业绩，也可对渠道建设、营销方式、产品销售、客户拓展等分析、决策提供数据支持。

（2）提升营销水平。利用管理会计系统，商业银行可获取客户在各渠道的交易情况，便于开展客户行为偏好分析，并根据不同客户的行为特征制定差异化渠道营销策略，提升整体营销服务水平。

（3）优化资源配置。由于各渠道资源投入、用户特征不同，产品在各渠道的销售情况也会有所不同。借助管理会计系统分析和识别各类产品的渠道业绩，计算分渠道交易量和EVA，再对产品进行渠道细分，开展差异化资源投入，有利于资源的合理配置。

第二节 应用现状

目前在各商业银行的实践中，主要核算渠道的两类信息：一是产品或业务在各个渠道的业务量（规模）；二是各渠道的运营成本。目前商业银行普遍未涉及对渠道业绩信息的核算。

（1）计量各渠道产品或交易的业务量。目前商业银行可对各产品或业务在各个渠道的业务量进行计量统计，但受核算要素影响，难以对渠道维成本效益等业绩指标进行全面、精准的计量核算。

（2）渠道运营成本分析。近几年，商业银行日益重视对渠道的资源投入，尤其是在物理网点到店客户日益下降的大趋势下，如何将有限的资源投入到线上、线下渠道中，是商业银行比较关注的一个话题。目前，商业银行更注重对渠道的成本分析，通过对比相同的业务在不同渠道的成本差异，对该业务的渠道布局进行优化，以此作为在各渠道配置资源的参考依据。

从近年的变化趋势看，商业银行各渠道交易延续着线下交易自助化、线上交易移动化的趋势，但随着智能渠道和移动端交易功能的不断完善和客户交易行为习惯的养成，交易整体迁移速度开始放缓，价值竞争的主战场由线上转移到线下。诸如开户、大额汇款等复杂的金融交易受监管政策、风险等约束仍须在物理网点内办理，这种客观约束使得网点交易场景中沉淀了大量的有价值客户。商业银行应主动把握线下价值用户竞争的窗口期，深挖线下渠道价值，巩固线下营销服务传统优势。

柜台渠道：柜面可迁移交易越来越少，更多沉淀的是受监管政策、客户偏好、流程约束等内外部因素影响而不得不在柜面开展的交易。

智能设备：智能设备交易数量继续保持快速增长。随着智能设备的推广应用和业务功能逐渐丰富，智能设备服务客户人次、业务量、交易量和交易金额等各项指标均继续保持快速增长。目前智能设备已覆盖大部分个人业务和对公业务，如新增客户可通过智能设备开立账户，新增批量客户通过智能设备可完成卡片启用。

线上渠道（手机银行、网上银行等）：交易体量和客户数逐渐趋于稳定。随着三方快捷支付交易场景的渗透和移动端本身交易体量的增加，线上渠道交易量和客户数增速占比持续增长。

远程渠道：商业银行远程渠道不断推进业务转型创新，智能化水平进一步提升，智能客服业务量增幅较大，有效替代了简单化、标准化业务。

第三节 计量方法

一、定义与条件

目前，商业银行管理会计建设多以产品业绩为中心，在此基础上衍生出客户、机构、员工等多维度业绩。经过近几年的探索和实践，商业银行已普遍建立了完备的产品业绩核算体系，这为渠道业绩核算提供了实现基础。目前商业银行产品业绩核算准确、计量方法成熟，以产品业绩为基础形成的部门（条线）、客户业绩也已在实践领域得到充分应用。鉴于此，分渠道业绩核算仍可以产品业绩为基础，以产品在各渠道的业务量（规模）为基数，将产品总业绩分摊至渠道。对产品业绩进行分渠道核算，有助于对产品业绩进行更细粒度分析，核算产品在不同渠道的贡献，对商业银行渠道建设和产品推广具有重要意义。

基于产品的分渠道业绩核算，就是指分渠道核算产品 EVA，在已有的产品业绩基础上，按照产品在不同渠道的业务量，可将产品 EVA 分解到渠道，最终形成分渠道 EVA。

二、渠道与产品对照

基于管理会计核算理念，各维度业绩汇总应在原则上保持一致，即：$\sum$ 机构业绩 = $\sum$ 产品业绩 = $\sum$ 渠道业绩。

基于产品业绩核算渠道业绩，需建立渠道与产品对照关系（即某一产品与其对应的渠道），一个产品可对应一个渠道，也可对应多个渠道，需根据实际情况确定（见图 11 -1）。

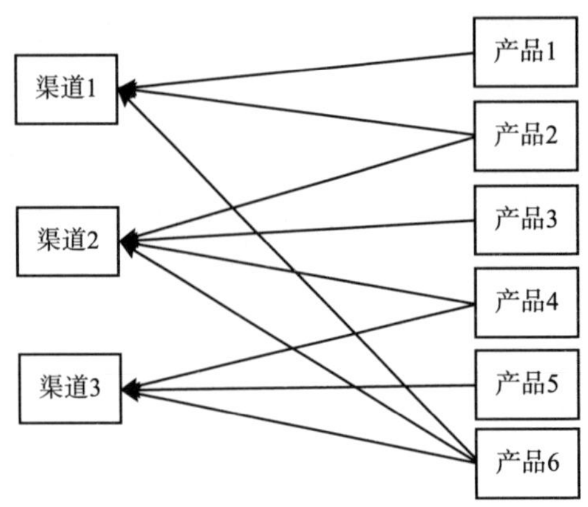

图11－1　渠道产品对照关系

以国内商业银行现有渠道与产品对应关系来看，存贷款类、中间业务产品多数已基本实现多渠道分布。随着渠道功能的完善和发展，渠道与产品对照关系会发生变化，在实践中需建立渠道与产品对照参数表，并根据新技术、新渠道、新业务的发展以确定对照关系。

如果A产品只在单一渠道a销售，则A产品在渠道a的业绩就是A产品的总业绩；如果B产品在多个渠道销售，但在渠道b的销售规模特别大，基于重要性原则，可将该产品归到单一渠道下进行核算，即B产品在渠道b的业绩就是B产品的总业绩；如果C产品在多个渠道销售，应依据该产品在各渠道的业务量，分摊该产品总EVA。因此在实际划分中，考虑到实施的难易程度、管理成本等因素，对产品的渠道划分始终处于动态变化中。

根据产品在渠道的分部特征，可建立产品与渠道对照关系表（见表11－2）。

表11－2　产品与渠道对照关系

产品名称	产品编码	渠道名称	渠道编码
个人活期存款	20001	柜面	101
		智能机具	201
		ATM	301
		个人网银	401

续表

产品名称	产品编码	渠道名称	渠道编码
个人基金	21002	柜面	101
		智能机具	201
		个人网银	401
		手机银行	501
……	……	……	……

三、计量模型

计量渠道 EVA 的基本逻辑是根据各渠道产品业务量（规模）占比将产品 EVA 分摊到各个渠道。当前，商业银行基本构建了比较完整成熟的产品、部门、客户业绩核算体系，但渠道业绩核算的成熟案例不多，由于各渠道销售量（规模）的计量相对完整，可以分渠道业务量为基础，通过将产品 EVA 向各渠道分摊的方法，模拟计量渠道 EVA（见图 11－2）。

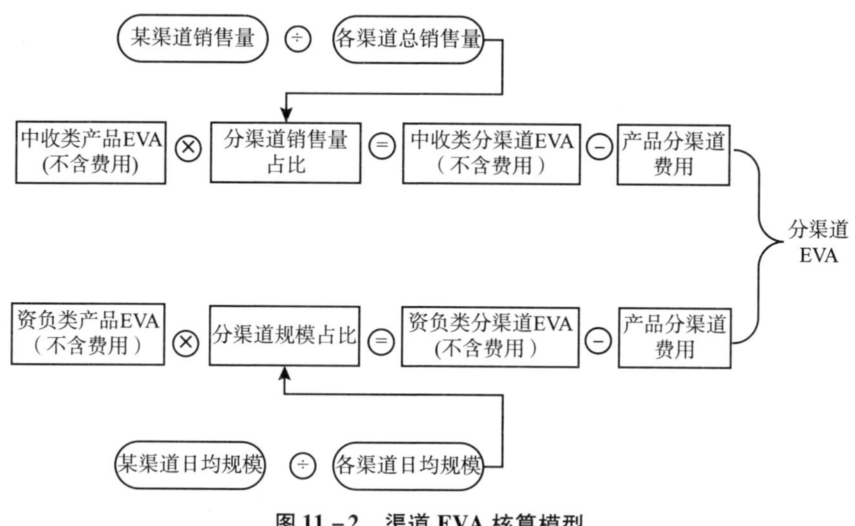

图 11－2　渠道 EVA 核算模型

由于产品在不同渠道的费用成本不一样，所以不能直接将产品 EVA 在各渠道间进行分摊，可以先将产品的费用前 EVA（不含费用成本的 EVA）在各渠道间进行分摊，再将分摊后的结果减去产品的分渠道费用后计算渠道 EVA，产品渠道费用可在费用分摊模块获取。

计算公式如下：

$$
\begin{aligned}
\text{渠道 EVA} = & \sum\{(\text{产品 a 某渠道业务量} \div \text{产品 a 各渠道业务量}) \\
& \times[\text{产品 aEVA(不含费用)}] - \text{产品 a 某渠道费用}\} + \cdots \\
& + \sum\{(\text{产品 n 某渠道业务量} \div \text{产品 n 各渠道业务量}) \\
& \times[\text{产品 nEVA(不含费用)}] - \text{产品 n 某渠道费用}\}
\end{aligned}
$$

四、基于客户的计量方法

商业银行坚持以客户为中心的定位，需要对客户进行优化分层，并对EVA 的计算粒度和层级进行细化。在进行渠道维业绩计量时，也可以客户贡献为基础，按照客户在不同渠道的贡献计量渠道业绩，这对商业银行渠道建设和客户维护具有重要意义。

基于客户的分渠道业绩核算，就是指分渠道核算客户 EVA。目前商业银行在实践中已可准确计量客户贡献，并在一定程度上进行应用。渠道维核算也可以客户为基础，利用计量成熟的客户贡献，按形成该客户贡献的产品在不同渠道的业务量将客户贡献分解到渠道，形成基于客户的分渠道业绩。各渠道业绩应以各客户的分渠道业绩为基础汇总（见图 11 -3）。

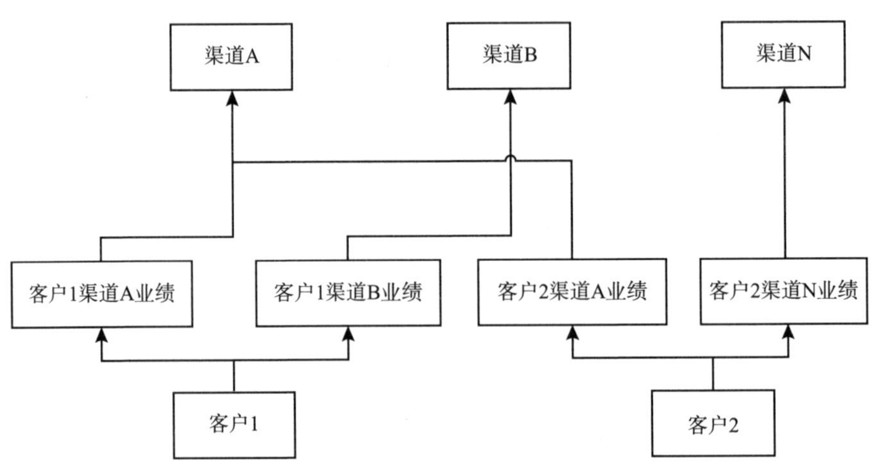

图 11 -3　基于客户计算渠道业绩

由于年龄、学历、收入等特征的不同，客户对渠道的偏好也会有所不同。借助管理会计系统分析和识别各类客户的渠道使用偏好，计算分渠道业务量和贡献，再对客户进行市场细分、客户分流，开展差异化营销及服务，可进一步扩展客户规模，提高服务质量。

由于客户贡献来自产品贡献，可将单客户贡献分解为客户持有的不同的产品 EVA 之和。图 11－4 描述了客户持有 A、B、C 三大类产品，单客户贡献 $V = A + B + C$，如果大类产品 A 下包括 x、y 两种不同的明细产品，总业务量 $m = x + y$，产品 A 的单位业务量产品贡献 $a = \frac{A}{m}$。

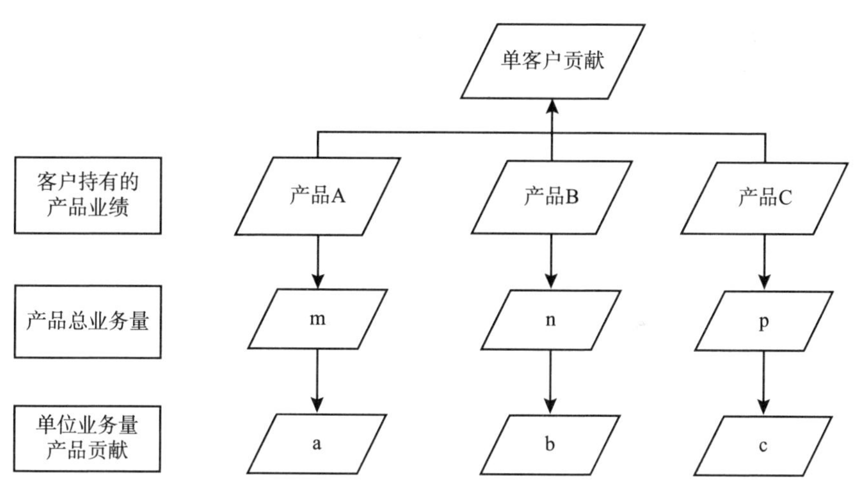

图 11－4 客户单位产品贡献

第四节 实证研究

商业银行资产、负债的规模在很大程度上决定着营业收入、营业成本。资产规模大，相应的营业收入就多；负债规模大，相应的营业成本就高（利息支出）。可以此确认收入分摊比例：存贷款产品收入按照产品分渠道业务规模（日均余额）进行分摊；中间业务收入按照产品分渠道业务量进行分摊。当然，这里有一个前提条件，即各渠道销售产品的价格要保持一致，若不一致，需进行相应调整。

上文已提到，由于产品在不同渠道的费用成本不一样，所以不能直接将产品 EVA 在各渠道间进行分摊，需要以费用前 EVA 作为各渠道分摊的基础，再将分摊后的结果减去产品分渠道费用计算渠道 EVA。

一、中间业务收入分渠道核算

商业银行中间业务收入广义上是指不构成商业银行表内资产、表内负债，形成银行非利息收入的业务。具体可分为支付结算类中间业务、银行卡业务、代理类中间业务、交易类中间业务、投资银行业务、基金托管业务、咨询顾问类业务和其他类中间业务。

分渠道核算中间业务收入类产品业绩，首先需以核算清晰、计量成熟的产品 EVA（不含费用）为基础，再以中间业务收入在各类渠道的业务量为基数，分摊产品 EVA（不含费用）。

EVA（不含费用）= EVA + 产品营业费用

（1）对于销售理财、基金、保险等产品产生的手续费收入，并非在客户实际交易发生时产生扣款，而是由第三方公司按月或按季统一和银行结算，且结算金额通常与按产品销量和手续费率计算的金额有差异。对于这一类中间业务收入，可以各渠道交易金额作为分摊基础，当产品手续费率不同时，应按照各产品手续费率比例关系对交易金额进行加权，再将产品 EVA（不含费用）按各渠道加权后的销售量进行分摊。

目前商业银行产品体系庞大、复杂，对于产品业绩的计量，一般只核算到二级或三级产品，非底层产品。但客户购买的往往是最底层的基础产品，涉及不同期限、不同种类，因此需要建立底层明细产品与大类产品之间的业绩分配关系。具体来讲，首先可将产品业绩匹配对应的明细产品销售量，其次，不同明细产品费率不同，不能将业务量直接简单相加后计算占比，而应先按照各产品不同的费率，将明细产品销售量调整为费率加权后的业务量，再将大类产品业绩分摊至不同的明细产品。

目前受技术和核算体系的影响，无法把 EVA 核算到最底层的产品。因此，目前需要采用以上方法，结合各产品的销量和手续费率，对销量进行加权，再将 EVA 分摊到不同产品和不同渠道。

［示例］大类产品 A 下包括的三种不同的明细产品销售量为 x、y、z，费率分别为 1%、2%、3%，可计算出总销售量 $v = x + 2y + 3z$，产品 A 的单位销售量产品贡献 $a = \frac{A}{v}$（见图 11－5）。

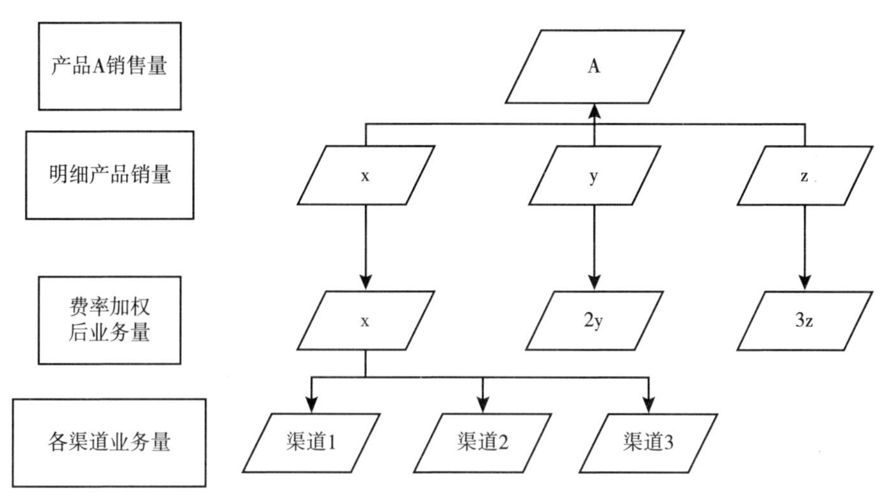

图 11－5 中间业务收入类产品销量加权

综上，针对大类产品 A，先统计出 A 下的明细产品销售量，再按照手续费率加权，最后将不含营业费用的 EVA（A）按照加权后的业务量分摊，形成明细产品的单位销售量 EVA（不含费用）。

假定 y 明细产品在手机银行渠道销售量为 b 万元，y 在手机银行渠道形成的 EVA（不含费用）可表示为：

$$y(EVA) = a \times b = \frac{A}{v} \times b = \frac{A}{x + 2y + 3z} \times b$$

A 为 y 的大类产品业绩，x、y、z 分别为 A 大类产品包括的明细产品销售量，$x + 2y + 3z$ 为按照费率加权后的销售量，b 为 y 产品在手机银行渠道加权后的销售量。三种基金产品分渠道业绩如表 11－3 所示。

表11－3　　　　　　　　　基金产品分渠道业绩

项目	个人股票型基金	国泰沪深300	博时精选基金	东方红6号
EVA（不含费用）（万元）	5 000	1 500	1 700	1 800
销售量（万元）	100 000	50 000	30 000	20 000
手续费率（%）	—	1	2	3
销售量（加权后）（万元）	170 000	50 000	60 000	60 000
加权后单位产品EVA（元）	5 000 ÷ 170 000 = 0.029			
网银销量（加权后）（万元）	105 000	30 000	35 000	40 000
手机银行销量（加权后）（万元）	35 000	15 000	10 000	10 000
柜台销量（加权后）（万元）	30 000	5 000	15 000	10 000
网银业绩（加权后）（万元）	3 045	870	1 015	1 160
手机银行业绩（加权后）（万元）	1 015	435	290	290
柜台业绩（加权后）（万元）	870	145	435	290

商业银行中间业务收入产品、种类较多，对于手续费率不同的产品，需要按照手续费率对销售量加权计算。如果某项业务在各个渠道手续费率相同，或者商业银行按笔收取手续费，则可以根据产品在各个渠道的业务量（或笔数），将该产品EVA（不含费用）分解到各个渠道。

今后在技术条件成熟、核算体系更完善的条件下，可以直接把收入、成本核算到最底层产品，直接反映底层产品业绩，再根据底层产品在不同渠道的销售量，直接分摊产品EVA。

（2）对于跨境汇款、结售汇等业务，银行会在该笔交易发生时，自动扣除客户手续费，直接产生手续费收入。此类业务在各渠道的价格可能存在差异，如跨境汇款手续费，在柜台办理无折扣，在网上银行办理8折，在手机银行办理5折。对于此类业务，应当先直接统计各渠道手续费收入，再将产品EVA（不含费用）按照渠道收入比例进行分摊，如表11－4所示。

表 11－4　　自动扣收类业务分渠道核算　　单位：万元

项目	跨境汇款	结售汇业务
手续费收入	10	20
其中：柜台	2	1
自助机	1.5	3
网上银行	4	6
手机银行	2.5	10
EVA（不含费用）	8	16
其中：柜台	1.6	0.8
自助机	1.2	2.4
网上银行	3.2	4.8
手机银行	2	8

在对此类业务收入进行分渠道统计时，系统需在业务发生时从数据源头提取渠道信息，并在此基础上需要再按照各渠道产生的中收占比，将EVA（不含费用）分解到不同渠道。

此类业务的业绩分解较为简单直接，相关渠道的手续费收入数据也比较容易获取。对于另外一种按照与客户签订合同所收取的中间业务收入，也可以按照此种方法，先统计该产品或业务在各渠道发生的手续费收入，再按照渠道占比分解 EVA（不含费用）。

直接提取中间业务发生的渠道手续费收入仍然需要以底层核算作为支撑。在实践中，部分商业银行开发的新一代核心银行系统，在业务发生产生手续费收入时，直接将该笔收入记录在带有渠道标识的多维度会计科目下，实现了从科目层级区分渠道的目的，渠道业绩核算更为精准。

二、存贷款业绩分渠道核算

存贷款业务与中间业务具有明显的差别，核算上的差异也比较明显。存贷款业务形成的 EVA 往往是多个渠道共同作用的结果，很难把业绩归属在某单一渠道上，理论与实务界也没有对存贷款业务分渠道核算做过研究或实践。因此，本书这部分内容主要对存贷款业务分渠道核算做简要的讨论。

存贷款业务仍需以产品业绩作为分渠道业绩核算的基础。目前商业银行存贷款产品业绩比较清晰，并在内部考核、资源配置上得到应用。

根据上文的介绍，存贷款业务EVA可以各渠道存贷款日均余额占比（规模占比）作为分摊比例：如存款产品A日均余额为2 000万元，EVA（不含费用）为20万元，其中柜台渠道日均余额1 000万元，手机银行渠道日均余额500万元，网上银行渠道日均余额500万元，可将A产品这20万元的贡献按照各渠道日均余额占比进行分配，如表11－5所示。

表11－5　　存贷款业务分渠道核算　　单位：万元

产品	存款A	贷款B
日均余额	2 000	5 000
其中：网银日均余额	500	500
柜台日均余额	1 000	4 000
手机银行日均余额	500	500
EVA（不含费用）	20	40
其中：网银渠道	5	4
柜台渠道	10	32
手机银行渠道	5	4

三、基于产品分渠道核算案例

基于产品核算渠道业绩，首先需要计量各渠道业务量（规模），再将EVA（不含费用）分摊，最后再减去成本分摊模块中的渠道成本，最终形成渠道EVA。

（1）统计各渠道业务量及业务量占比。在产品与渠道对照关系基础上，通过业务系统获取各渠道产品业务量（规模），并计算各渠道业务量占比（见表11－6）。

表 11－6　　产品渠道业务量

产品名称	产品编码	渠道名称	渠道编码	渠道业务量（规模）名称	渠道业务量（规模）（亿元）	业务量（规模）占比（%）
个人活期存款	20001	柜面	101	存款日均规模	2 300	63
		智能机具	201		300	8
		ATM	301		50	1
		个人网银	401		1 000	27
个人基金	21002	柜面	101	销售量	500	14
		智能机具	201		50	1
		个人网银	401		1 000	28
		手机银行	501		2 000	56
……	……	……	……	……	……	……

（2）计算渠道 EVA。首先应从产品维获取各产品项目费用前 EVA，即产品 EVA + 产品营业费用，再根据各渠道业务量占比，将产品 EVA（不含费用）分摊到各渠道，最后根据成本分摊模块中产品的分渠道成本，计算出产品 EVA（见表 11－7）。

表 11－7　　产品分渠道 EVA 计算表

产品名称	费用前 EVA（亿元）	渠道名称	渠道业务量（规模）名称	业务量（规模）占比（%）	分渠道费用前 EVA（亿元）	分渠道费用（亿元）	分渠道 EVA（亿元）
（1）	（2）	（3）	（4）	（5）	（6）=（2）×（5）	（7）	（8）=（6）－（7）
个人活期存款	80.5	柜面	存款日均规模	63	50.73	23.0	27.73
		智能机具		8	6.62	0.30	6.32
		ATM		1	1.10	0.05	1.05
		个人网银		27	22.05	1.00	21.05

续表

产品名称	费用前EVA（亿元）	渠道名称	渠道业务量（规模）名称	业务量（规模）占比（%）	分渠道费用前EVA（亿元）	分渠道费用（亿元）	分渠道EVA（亿元）
(1)	(2)	(3)	(4)	(5)	(6) = (2) × (5)	(7)	(8) = (6) - (7)
个人基金	17.75	柜面	销售量	14	2.50	5.00	-2.50
		智能机具		1	0.25	0.05	0.20
		个人网银		28	5.00	1.00	4.00
		手机银行		56	10.00	2.00	8.00
……	……	……	……	……	……	……	……

四、基于客户核算渠道业绩

与基于产品核算渠道业绩类似，客户资产、负债的规模在很大程度上决定着客户贡献。对于客户持有的存贷款产品，可按照产品分渠道业务规模（日均余额）进行分摊；对于客户贡献的中间业务收入，可按照产品分渠道业务量进行分摊。

基于客户业绩进行渠道业绩核算需以已核算清晰、计量成熟的客户业绩为基础，具体的分摊规则与基于产品核算渠道业绩类似。对于手续费率不同的产品，应按照各产品手续费率比例关系对交易金额进行加权；对于自动扣除客户手续费，直接产生手续费收入的产品，应当以各渠道手续费收入占比对产品EVA（不含费用）进行分摊；对于与客户签订合同，直接收取客户一定金额手续费的业务，按照业务发生渠道直接将EVA核算至该渠道；对于客户持有的存贷款产品，可以客户在各渠道存贷款日均余额占比对EVA（不含费用）分摊。基于某客户贡献核算渠道EVA（不含费用）如表11-8所示。

表11-8　　　　分渠道业绩——基于客户业绩

业务量与EVA	渠道A	渠道B	渠道C	合计
产品1（EVA）（元）				20 000
产品1各渠道业务量占比（%）	25	60	15	

续表

业务量与 EVA	渠道 A	渠道 B	渠道 C	合计
产品 1 各渠道 EVA（元）	5 000	12 000	3 000	20 000
产品 2（EVA）（元）	3 000	2 000	5 000	10 000
……				
贷款（EVA）（元）	35 000	15 000	10 000	60 000
……				
EVA	43 000	14 000	18 000	90 000

第五节　小结

渠道业绩核算到产品、客户粒度，有利于商业银行的精细化管理和分析。以产品业绩为基础计量分渠道业绩，可将产品 EVA 分摊到渠道，形成独立的渠道维度业绩计量视角。以产品业绩作为渠道计量的基础，各渠道产品业绩之和等于总产品业绩，各渠道客户贡献之和等于总客户贡献，确保数据核对匹配一致性；以客户为基础计量分渠道业绩，有利于细分客户群体行为和评估渠道发展趋势，提升商业银行不同渠道的竞争优势。

随着互联网经济的发展，客户对业务办理的便捷性、及时性要求更高，线上渠道已逐步成为客户的首选服务渠道，实际业务发生与账户属地关联度越来越弱化。以账户归属地为基础的渠道业绩计量已经不能满足现阶段线上、线下一体化联动营销的考核评价、激励等要求。后续，渠道业绩计量应充分考虑业绩计量与账户归属地解耦，完善产品业绩在多个渠道间的分成，提高各渠道业务拓展的主动性和积极性，客观、精准体现渠道业绩。

第十二章　机构业绩

机构业绩是多维业绩计量的标杆和基准。在各维度业绩核算体系建设中，机构业绩是最基础、最完整、最先实施的，其他维度业绩均以机构业绩为标杆，在计量方法、指标算法、数据源方面也均以机构维为标准，形成“多维一体”的核算体系。本章分别论述了基于财务会计总账和管理会计总账而生成的两套机构业绩核算体系。

第一节　相关概念

机构业绩指基于机构维会计核算体系总账，对企业在一定会计期间经营业绩计量结果的反映。商业银行机构业绩由各区域网点业绩逐级汇总形成。

一、机构业绩分类

银行会计核算体系有两大分支，一是财务会计核算体系，二是管理会计核算体系，基于两套核算体系，按照利润表核算规划，分别生成财务会计机构业绩和管理会计机构业绩。以上两类机构业绩既有联系又有区分，从总行层级汇总数来看，两套核算体系分科目余额均保持一致，经营效益等指标也相同；从各层级科目余额及经营效益来看，存在一定差异，差异部分主要是由于应用管理会计方法对系统内上下级机构联动营销以及在不同机构间进行业绩分成（见图 12－1）。

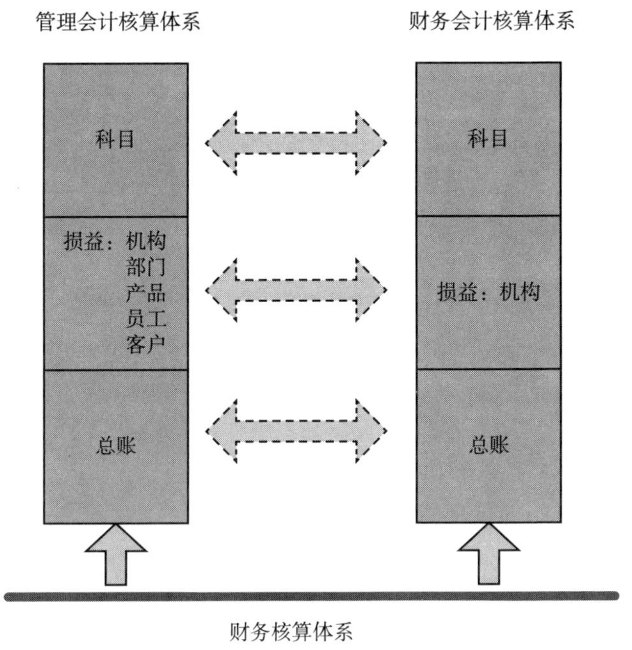

图 12－1 商业银行财务核算体系

二、管理会计机构业绩分类

管理会计机构业绩可细分为基于总账的机构业绩和无总账机构业绩，基于总账核算的机构业绩计量的对象是网点账户，按照利润表统计规则对相关账户进行业绩汇总。无总账的机构业绩主要指营业网点业绩，业绩核算相对复杂，需要构建核算模型，且需从不同信息系统抓取基于营业网点的各类损益数据。

第二节 计量方法

一、基于财务会计总账的机构业绩

财务机构业绩的计量相对简单，依据利润表核算规则，对核心银行系统的总账数据加工生成。机构业绩从网点层级开始核算，根据上下机构层级的隶属关系，分别汇总生成各级机构业绩（见图12－2）。

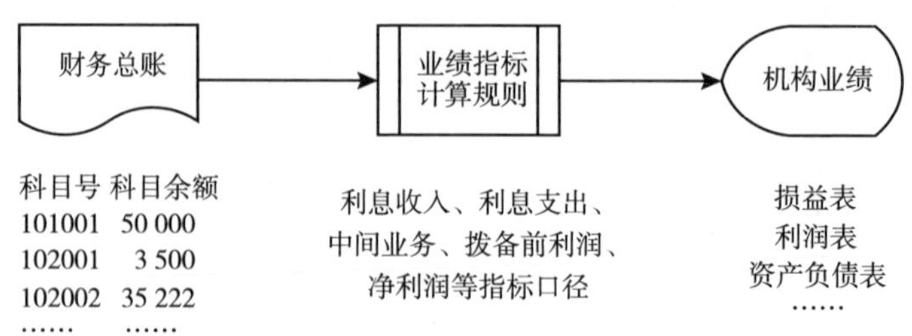

图12－2　基于财务总账的机构业绩数据流

二、基于管理会计总账的机构业绩

（一）设置总账的机构业绩

以网点账户为基础的机构业绩与财务机构业绩核算方法基本相同，不同之处在于数据源不同，基于管理会计的机构业绩来源于管理会计总账。

（二）未设置总账的机构业绩

在商业银行，无总账的机构主要是营业网点，出于业务管理效率、风险防控等考虑，部分商业银行实行账务上收，即将营业网点总账上收到上一层级核算，导致总账缺失，给网点业绩计量带来了较大挑战。下面我们将重点介绍无总账营业网点业绩核算的模型和方法。

1. 网点业绩核算的基本要求

业绩核算模式一定程度上决定着网点经营管理模式，建立以EVA为核心的网点业绩核算体系，有利于促进网点转化管理理念，树立正确的业绩观。

2. 网点业绩核算的设计原则

一是以利润评价为核心。综合考虑影响利润的各项收入以及资金成本、费用成本、风险成本和资本成本等经营要素。二是统一业绩核算标准。网点业绩核算应使用全行统一的内部资金转移价格体系、成本归集与分摊标准、风险拨备计提标准、资本成本计量标准，全系统生成的网点业绩评价结果在全行内具有可比性。

3. 网点业绩核算的基本原理

根据风险调整的绩效评价方法的基本原理，网点业绩核算采用经济增加值（EVA）来对网点业绩进行核算，核算内容包括：①各项贷款、系统内借出、存放同业、投资等资产业务；②存款、系统内借入、同业存放等负债业务；③中间业务。具体计算原理如图 12－3 所示。

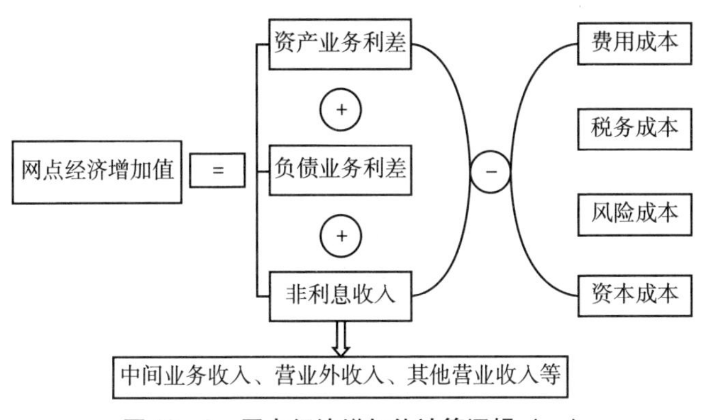

图 12－3 网点经济增加值计算逻辑（一）

4. 网点业绩核算基本框架

（1）营业收入和支出。通过内部资金转移价格系统逐笔计算每项资产业务的资金成本和负债业务的内部收入，再结合业务系统相关数据，提取每个网点不同产品的利息收入、应付利息、中间业务收入、投资收益等指标，形成每个网点的营业收入和支出。

（2）营业费用。通过管理会计的成本核算模块，将本部实际发生的营业费用还原到每个网点，以真实反映网点营业费用。

（3）风险成本。通过银行风险管理系统，将逐债项的风险成本还原到每个营业网点。

（4）资本成本。通过银行经济资本计量系统，将每项业务的经济资本占用还原到具体的业务发生网点。

（5）税金成本。按照税法规定的税率，在计量网点应税收入的基础上模拟计算网点税金成本。

（6）经济增加值。按照利润表核算规则，结合上述核算要素，核算网点经济增加值。

系统各部分之间的逻辑关系和处理流程如图 12－4 所示。

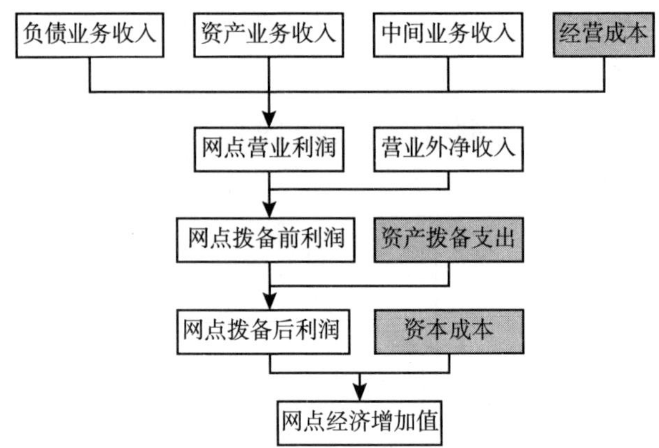

图12－4　网点经济增加值计算逻辑（二）

注：灰色项目为减项。

5. 网点业绩核算模型（见表12－1）

表12－1　　　某商业银行网点业绩核算系统模型

项目	编号	计算公式及说明
一、负债业务收支	1	1＝(2＋4)－(3＋5)
1.1 存款内部资金转移收入	2	2＝∑（计算期内各期限存款日均余额×计算天数×相应期限内部资金转移日价格）
1.2 利息支出	3	3＝利息支出
2.1 金融企业往来（借入）内部资金转移收入	4	4＝∑［计算期内各期限金融企业往来（借入）日均余额×计算期天数×对应期限内部资金转移日价格］
2.2 金融企业往来（借入）支出	5	5＝金融企业往来支出
二、资产业务收支	6	6＝(7＋10＋12)－(8＋9＋11＋13＋14)
1.1 贷款利息收入	7	7＝贷款（含贴现）利息收入
1.2 税金及附加	8	8＝利息收入×增值税及附加税率
1.3 贷款内部资金转移支出	9	9＝∑（计算期内各期限贷款日均余额×计算期天数×相应期限内部资金转移日价格）
2.1 金融企业往来（借出）收入	10	10＝金融企业往来收入
2.2 金融企业往来（借出）内部资金转移支出	11	11＝∑［计算期内各期限金融企业往来（借出）日均余额×计算期天数×对应期限内部资金转移日价格］

续表

项目	编号	计算公式及说明
3.1 投资收益	12	12 = 投资收益相关科目
3.2 投资内部资金转移支出	13	13 = $\sum$（计算期内各期限投资日均余额 × 计算期天数 × 对应期限内部资金转移日价格）
3.3 税金及附加	14	14 = 12 × 增值税及附加税率
三、中间业务收入	15	15 = 16 + 17 + 18 + 19 − 20
1. 手续费及佣金收入	16	16 = 手续费及佣金收入
2. 汇兑损益	17	17 = 汇兑损益
3. 公允价值变动损益	18	18 = 公允价值变动损益相关科目余额
4. 其他业务收入	19	19 = 其他营业收入
5. 税金及附加	20	20 =（16 + 17 + 18 + 19）× 增值税及附加税率
四、营业成本	21	21 = 22 + 23
1. 手续费及佣金支出	22	22 = 手续费及佣金支出
2. 营业费用	23	23 = 营业费用 + 监管费
五、营业利润	24	24 = 1 + 6 + 15 − 21
六、营业外净收入	25	25 = 26 − 27 − 28
1. 营业外收入	26	26 = 营业外收入
2. 税金及附加	27	27 = 26 × 增值税及附加税率
3. 营业外支出	28	28 = 营业外支出
七、扣除资产准备支出前利润总额	29	29 = 24 + 25
八、资产减值损失	30	30 = 贷款减值损失 + 其他资产减值损失
九、扣除资产准备支出后利润总额	31	31 = 29 − 30
十、所得税	32	32 = 所得税科目数据
十一、净利润	33	33 = 31 − 32
十二、资本成本	34	34 = $\sum$（经济资本占用 × 资本成本率）
十三、EVA	35	35 = 33 − 34

（1）负债业务利差收入计算。

负债内部转移收入是通过内部资金转移价格计算，相当于负债业务的利息收入。同时，存款要承担准备金成本，要扣除这部分资金收益与内部资金转换价格的差额。

①存款内部资金转移收入 = $\sum$（计算期内各期限存款日均余额 × 计算期天数 × 相应期限内部资金转移价格）

分物理网点、分科目、分期限的存款日均余额由主机相关参数表加工而成；各期限内部资金转移价格使用全行统一的内部资金转移价格体系。

②利息支出。采用应付利息计提系统与损益表数据结合计算。

③金融企业往来（借入）内部资金转移收入 = $\sum$［计算期内各期限金融企业往来（借入）日均余额 × 计算期天数 × 对应期限内部资金转移价格］

（2）资产业务利差收入计算。

①贷款利息收入。从信贷台账相关系统提取网点贷款项目的利息收入，同时根据贷款日均规模及内部资金转换价格计算贷款利差。

②税金及附加 = 贷款利息收入 × 增值税附加税率

③贷款内部资金转移支出 = $\sum$（计算期内各期限贷款日均余额 × 计算期天数 × 相应期限内部资金转移价格）

④金融企业往来（借出）收入，取自相关业务系统数据。

⑤金融企业往来（借出）内部资金转移支出 = $\sum$［计算期内各期限金融企业往来（借出）日均余额 × 计算期天数 × 对应期限内部资金转移价格］

⑥投资收益。取相关系统投资规模及收入数据。

（3）中间业务收入计算。

网点中间业务收入计算逻辑有两类：一类属于直接收入，可通过主机交易信息指向某一个网点；另一类属于“总对总”收入，需要通过管理会计的业绩分成模块核算到网点。中间业务的税金计算同资产类业务。

（4）营业费用、风险成本、资本成本核算。

上述三项成本需通过管理会计的成本核算模块以及商业银行成本管理、经济资本计量系统获取每个网点的成本信息。

第三节 小结

机构业绩是多维业绩计量的标杆和基准。从我国大型商业银行的业务管理模式来看，基本采用“条块结合、以块为主”的模式，对“块”的管理是商业银行管理体系的“中轴线”，机构业绩相应成为核心的管理对象。机构业绩核算的关注点是营业网点业绩，需构建并完善网点层面的管理会计总账，组织好数据源，将各业务系统及管理会计模型核算的财务信息在管理会计总账中反映，形成从网点到总行层级一套完整的账务体系，为业绩核算提供重要支持。

第四篇

核算拓展

第十三章 业绩分成

随着国内外商业银行集团化、国际化和综合化程度不断提高，集团内部协同业务快速发展，以公带私、以私促公、公私联动、行司联动、上下级联动、跨区域和跨专业业务数量持续增加，各大商业银行协同治理模式下战略目标传导的协同性不佳、责任边界模糊、协调成本高、部门经营活力和创新能力弱等问题凸显。通过管理会计手段，建立公平有效的业绩分成模式，成为提升集团协同效率、激励业务发展、促进业财融合的重要切入点。

第一节 相关概念

一、定义

业绩分成是指商业银行在机构、部门、渠道、员工等维度间发生协同业务时，按一定规则，共同投入资源和成本、共同分享产生的业绩。本章研究的业绩分成，是指为满足商业银行内部管理需要，对各维度业绩进行调整，以此实现各维度业绩的精准核算。

二、目标和原则

商业银行业绩分成的目标是本着市场化原则，形成公平有效的分成机制，能够客观评价参与各方业绩，分成结果能够为分析、考核、预算、资源配置等提供多维度数据支持，形成一体化财务管理闭环，提升商业银行协同治理水平，促进协同业务发展，激发经营活力。

为规范商业银行业绩分成的实施过程，应遵循以下 7 项原则：

一是激励有效。业绩分成方案应能够有效激励参与各方，节约协调成本，实现协同业务效益最大化。

二是公平公正。应保证业绩分成过程的公平性，分成结果应与参与各方实际贡献相匹配。

三是同维分成。业绩分成各参与方须来自同一维度，不可跨维度进行业绩分成。

四是协商一致。协同业务发生前参与各方须达成一致意见，并经共同管理方审批通过。

五是真实合规。业绩分成必须以实际发生的业务为依据，确保操作流程合规，真实反映分成业绩。

六是可计量。参与分成的对象必须能以某种计量属性可靠地进行计量。

七是重要性。业绩分成应选择性质相对重要、金额较大、能够对经营发展产生重大影响的业务。

三、对象及方法

商业银行业绩分成的对象是指协同业务涉及的各类指标，如存款、贷款、营业收入、营业支出、手续费及佣金收入、手续费及佣金支出、资产减值损失、业务及管理费以及其他衍生指标。

应根据协同业务场景和动因，结合内部管理需求，选择不同的分成方法，主要有佣金法、量价法和比例法。

佣金法是指协同业务参与方业务发生前约定金额并一次性分成，其资源或成本也一次性投入，不再提供后续服务。

量价法是指基于参与各方提供服务产生的业务量与商定的单价划分业绩。

比例法是指根据参与各方贡献、资源投入等确定分成比例，进行业绩调整。

在选择合理的业绩分成计算方法后，需要基于真实可靠的数据进行计算，相关数据来源应有系统或台账支持。

第二节　应用现状

目前，业绩分成方式按照是否发生实际账务划转分为账务业绩分成和虚拟业绩分成。

一、账务业绩分成

账务业绩分成包括账务直接分成和账务转移分成。

（一）账务直接分成

账务直接分成是指按照合同及事先约定的分成比例，在确认业绩时，将业绩直接按比例计入各参与方相关科目或账户（见图 13－1）。

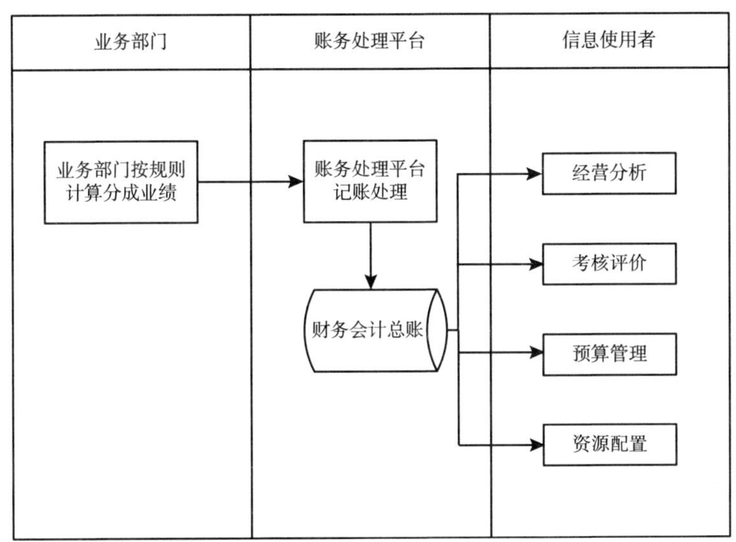

图 13－1　账务直接分成流程

例如，按照合同约定，某项业务由 A、B、C 三个部门共同负责，业绩分成比例分别为 50%、30%、20%，在该产品实现 100 万元业绩收入时，直接在 A、B、C 三个部门对应科目或账户中计入 50 万元、30 万元、20 万元。

账务直接分成的优点体现在以下四个方面：一是符合零和原则，不虚增考核利润，解决了收入和盈利的复计问题，保证了核算的精确度以及预算、考核等目标的准确度。二是责任边界清晰，事前参与各方协商确定分成比例，明确了责任归属与业务关联度，有助于业务协同发展，共同推动增收创收。三是为业务穿透分析创造有利条件，财务信息背后可以关联涉及利益分配的业务种类、价值贡献、分成方式、分成规则等，自上而下形成清晰的业绩分成和价值流动链条，助力分析深度和管理精细度的提升。四是信息质量较高，能够直接、准确反映各参与方的价值贡献，有利于业绩评价和资源配置。

同时，也存在一些难点和问题：一是分成比例确定需要参与各方进行磋商谈判，效率与效益需充分权衡。二是直接记账，影响会计核算。三是跨机构分成涉及关联交易，容易触发监管风险。四是税务成本可能增加，需要进行税务筹划。

账务直接分成解决了收入和盈利重复计算问题，真实反映参与各方的实际价值贡献，可有效引导参与各方发挥最大效用。实际应用过程中，需动态评估业务发展情况和贡献度，及时调整参与各方分成比例，使财务评估与业务发展水平紧密结合，保证总体目标的实现。

（二）账务转移分成

账务转移分成是指在业绩确认时，先将所有业绩计入某一参与方科目或账户，再按事先约定的分成比例进行内部账务划转，即一方账务减少，另一方或多方账务增加（见图13－2）。

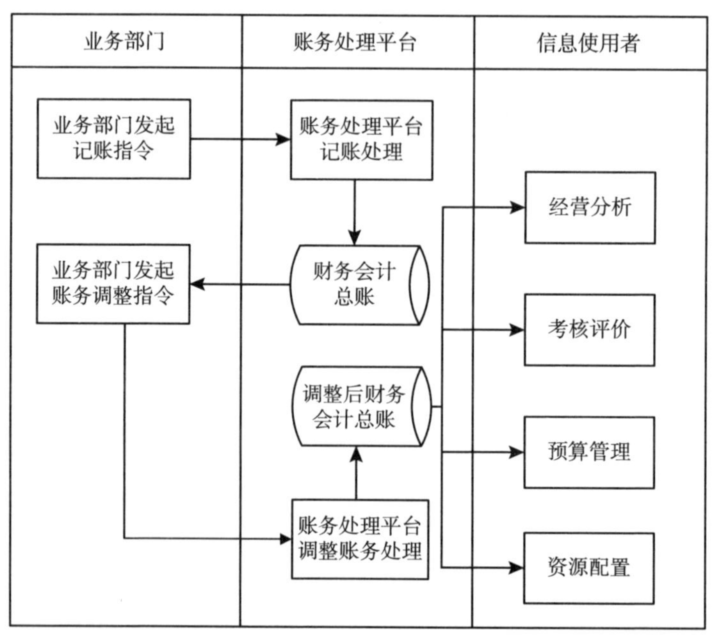

图13－2　账务转移分成流程

例如，按照合同约定，某项业务由 A、B、C 三个部门共同负责，业绩分成比例分别为 50%、30%、20%，在该产品实现 100 万元业绩时，先全部计入 A 部门相关科目或账户，再根据约定的分成比例，从 A 部门科目账户中分别转出 30 万元、20 万元计入 B、C 部门相关科目账户。

账务转移分成的优缺点、适用性与账务直接分成类似、导向一致，但在实际操作上分成两步操作。第一次记账体现的是业务责任归属，第二次转移记账反映了业务价值贡献。

二、虚拟业绩分成

虚拟业绩分成包括捆绑式分成、考核分成和财务分成。

（一）捆绑式分成

捆绑式分成即影子考核，是指在针对同一笔或某一类业务时，基于业务协同发展需要，对牵头参与方按业务贡献全量考核，全体参与方依据贡献大小按比例进行影子考核。在捆绑式考核模式下，在核算簿记部门收入以外，对非簿记部门（影子部门）设置“影子收入”作为考核收入项目，按照“交叉业务收益共享”“谁贡献、谁受益”的基本原则，根据影子部门对交叉业务的贡献及其付出的成本和承担的风险，确定“影子收入”分成基数和比例。[①]

例如，A 部门作为某业务归口管理部门，统一牵头负责市场规划、营销推动、考核激励等，B 部门、C 部门是业务办理的两大渠道，是协办参与方，该业务产生的业绩首先全部计入 A 部门进行全量考核，同时，对 B、C 两部门根据实际业务量按比例进行影子考核。

捆绑式分成有以下优点：一是不受监管限制，属于内部考核调整，不涉及税务筹划、账务调整等问题。二是有利于协同发展，影子考核是双向考核激励，鼓励跨业务和跨地区的合作，有利于管理者从总体利益出发考虑问题，有利于提高部门经营合力、共同促进全行战略落地与转型发展。三是操作成本低，参与各方的谈判成本、监督成本以及实施成本较低。

---

① 李存：《商业银行以管理会计助推经营转型的创新策略研究》，载于《经贸实践》2018 年第 6 期，第 21 ~ 22 页。

同时，捆绑式分成也存在以下难点和问题：一是“搭便车”问题，捆绑式考核中人才、技术、信息等生产要素主要以外生的、松散的联合方式存在，参与各方关联性高低不一，难以形成稳固的协同发展关系，影响牵头部门的积极性，不利于业务发展。二是公平性问题，捆绑式分成突破了零和原则，造成部分主体业绩的考核虚增，难以保证其他无捆绑分成考核主体的公平。三是责任分割问题，捆绑式考核参与各方的责任边界难以准确界定，容易导致责任主体不到位，业务边界模糊，难以真正做到责、权、利匹配。四是管理难度增大，捆绑式分成主体越多，影子考核业绩越多，容易导致预算模板缺口不明显，增加预算管理的难度，也增加了业务增收组织推动的难度，影响集团整体目标的实现。

捆绑式分成主要适用于专业管理责任边界清晰的业务，或者某一阶段需要重点发展的业务。为推动业务发展并尽力消除相关问题影响，在实施捆绑式分成过程中需严控使用范围，做到公平、公正。

（二）考核分成

考核分润是指在业绩确认时，直接计入一方财务报表，在业绩考核时，按约定的分成比例调减一方考核利润，调增另一方或多方考核利润（见图13－3）。

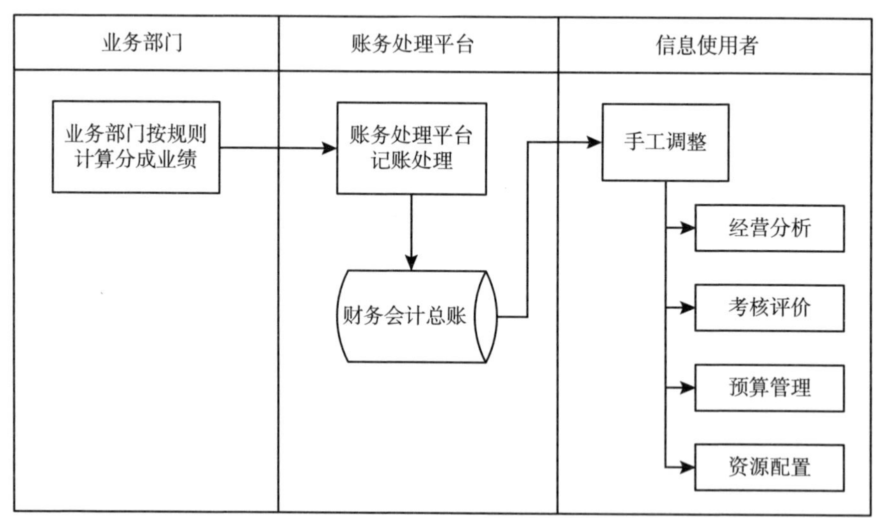

图13－3　考核分成流程

例如，按照合同约定，某项业务由 A、B、C 三个部门共同负责，业绩分成比例分别为 50%、30%、20%，在该产品实现 100 万元收入时，全部计入 A 部门相关科目或账户，在考核时，调减 A 部门考核利润 50 万元，分别调增 B、C 部门考核利润 30 万元、20 万元。

考核分成的优缺点、适用性与账务直接分成、账务间接分成类似，导向一致，主要区别为：一是在于不动会计账目，减少了税务及监管风险；二是只在考核时进行考核调整，灵活性较大。考核分成适用于跨机构记账难度较大或难以实现的相关产品或业务，如母子公司之间、子公司之间的协同发展类业务。

（三）财务分成

财务分成是指在确认业绩时，业绩直接计入某一参与方财务总账，同时为满足经营管理需要，通过商业银行管理会计平台，以管理会计总账为载体，秉承零和分成原则，调整参与各方管理会计科目账户，即一方账户余额增加，另一方或多方账户余额等量减少。财务分成可支持各分成主体间逐级和跨级分成，粒度可细至账号序号，分成层级可延伸到网点，分成结果可直接为预算管理、考核评价、资源配置提供数据支撑（见图 13－4）。

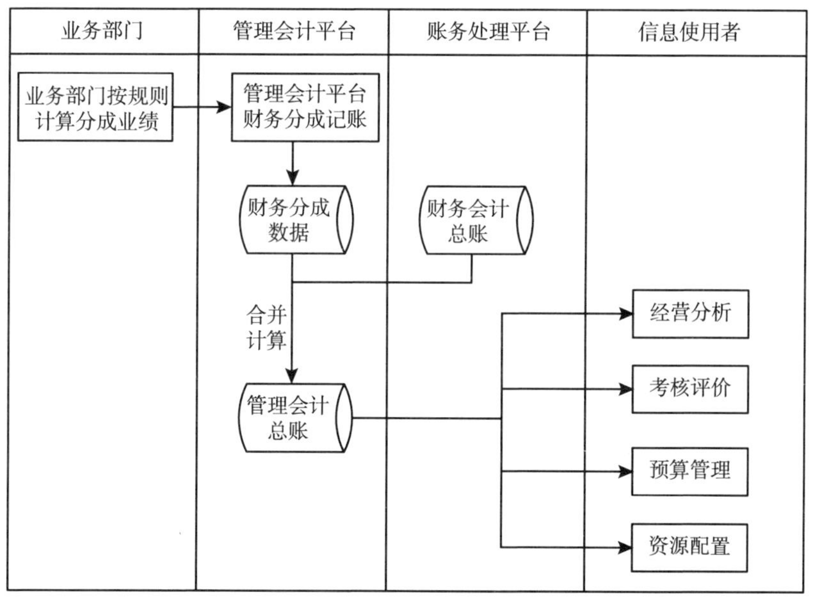

图 13－4　财务分成流程

例如，按照合同约定，某项业务由A、B、C三个部门共同负责，业绩分成比例分别为50%、30%、20%，在该产品实现100万元业绩时，全部计入A部门相关科目或账户。同时，通过管理会计手段，调减A部门管理会计账户50万元，分别调增B、C部门管理会计账户30万元、20万元。

相对于其他分成模式，财务分成具有以下几点优势：

一是运营效率提升，操作风险降低。基于管理会计的分成流程及模式，仅对同一账户在分成主体间做“一增一减”操作，不涉及主机账户核算、过渡户流转、资金汇划等操作，方法简单、操作便捷、风险较低，在分成运营效率整体提升的同时，释放了各层级运营条线分成工作量。

二是增值税管理成本一定程度下降。增值税属于流转税，每流转一次均产生开票、保管、邮寄等大量成本。财务分成模式下，增值税仅在一个参与方完成，其他参与方不再涉及该业务的增值税处理，管理成本大幅降低。

三是提升网点业绩计量精准度，激发基层业务营销积极性。由于基层行营销业绩在管理会计账中得以完整体现和展现，并且分成结果应用于考核评价，较为有效调动了基层营销积极性，一定程度上促进了业务发展。

四是财务分成与预算、考评、资源配置对接，形成一体化财务管理闭环。财务分成结果作为日常预算管理、中收监测、考核评价和资源配置的依据，统一了全行考核数据源，财务分成与其他财务工具共同形成了一体化管理闭环，对业务发展产生积极的促进作用。

五是分成动因清晰，促进业财融合。财务分成模式使业务部门更加关注量价协调，关注业务驱动下的收入变动，财务部门则更加关注动因以及动因背后的客户、市场、规模等问题，基于财务分成，参与各方形成了有机的“命运共同体”，共同推进经营目标的完成。

同时，随着管理精细化程度的不断提升，财务分成模式需要实现业绩按照业务动因进行系统梳理验证和自动记账，对商业银行的会计核算质量、管理会计系统、科技运算保障能力要求均较高。

综上，商业银行的五种业绩分成模式各具特色，适用情况也不尽相同，在具体选择时要根据自身管理需要、数据质量、管理会计平台建设情况进行合理选择（见表13-1）。

表 13-1 商业银行各类业绩分成方式比较

分成方式	操作性	信息质量	精细度	监管限制	系统要求
账务直接分成	操作复杂、工作量大	直接、准确	一般	较少	较低
账务转移分成	操作复杂、工作量大	直接、准确	一般	关联交易、税务筹划	较低
捆绑式分成	操作简单、工作量小	间接、复计	较低	无限制	无
考核分成	操作简单、工作量小	直接、准确	较低	无	无
财务分成	操作简单、工作量小	直接、准确	较高	较少，需关注	较高

第三节　各维度业绩分成应用

一、机构维业绩分成应用

越来越多的跨区域、上下级联动、行司联动等复杂业务成为经营常态，为打破机构壁垒，确保机构间权、责、利分明，商业银行相关业务收入在上下级机构之间（纵向）、同级机构之间（横向）进行合理准确的分成已成为经营管理的迫切需要。

（一）分成计算方法及应用

1. 先总后分的比例分成

机构维的比例分成是将相关收入按照一定比例在不同机构间进行分成。分成比例的确定由各业务参与方根据工作量多少、业务贡献高低、资源付出大小等因素综合确定。

比例分成的优点是直观明了、操作简单，在参与各方就分成比例达成一致后，实际分成工作量较少。缺点是分成比例的确定考虑因素较多、标准不统一，较难做到相对科学和准确，无法准确反映业务动因。目前大多数商业银行此类“总对总”或“分对分”业务的业绩分成是自上而下的比例分成模式，即根据规模占比分配业绩总额。如代销手续费收入计算公式为：

$$机构代销手续费收入 = 产品收入总额 \times \frac{机构代销规模}{全行总规模}$$

比例分成相关业务的营销、办理均由多方参与完成，最明显的特征是业务流程分散在不同的机构区域、不同机构层级。主要适用于两类场景：

一是上下级行之间的部分财务收支分成。如商业银行的利润中心和事业部承担专业管理及市场营销双重责任，既有专业条线利润考核，也有本部利润考核，分行主要职责是市场营销与客户服务，相关财务收支需根据共同协商确定的比例在总分行间进行分成。

二是部分总对总业务、银团类业务等特殊业务。如银团贷款由不同机构共同完成业务调查、授信、风险管理等工作，区别在于信贷资源投入不同，而贷款利息收入集中在银团牵头行，需按各机构贷款投放比例进行分成。

2. 先分后总的量价分成

机构维量价分成是指根据业务量、价格等因素在各参与机构间进行分成，分成金额多少受业务量大小、价格高低的双重影响。

量价分成的优点是充分考虑了业务发展动因和权责发生制，以量价因素综合测算业务价值贡献，能够较为公平合理的将相关业绩在不同机构间进行分成。缺点是对业务基础数据要求较高，计算过程复杂，分成工作量较大。

量价分成主要适用于动因清晰的业务。如代理基金、保险销售业务，市场营销与客户维护均由网点完成，而收入由上级行（多数为总行）根据代销协议确定的费率和实际销售额统一向基金、保险公司收取，这部分收入需要上级行定期根据各网点实际销售额和费率测算实际价值贡献进而分成。

在财务分成模式下，动因清晰的业务可直接通过管理会计平台，按日、按动因、按权责发生制将业绩直接计算至业务发生网点管理会计总账，即确定一个转出透支网点，每日由该转出网点向全辖所有网点根据业务动因分成，月末、季末在财务事项发生时在转出网点实际入账。如某网点的代销手续费收入可根据销售额和费率直接计算该网点每日分成业绩。

$$某网点代销手续费收入 = \sum 各代销产品销售额 \times 手续费率$$

量价分成计算方法是当前商业银行最为理想的一种计算方法，但该方法的应用需要经过动因梳理、验证等大量工作，同时也依赖于管理会计系统的自动化水平。

3. 综合分成

综合分成是指比例法和量价法结合应用的分成方法。业务复杂程度越高，涉及的分成因素就越多，需全面考虑业务动因、价值贡献等综合确定不同机构的分成比例与金额。以第三方支付业务为例，业务接入端口主要集中于某一个分行，而客户遍布全国各地，需要综合考虑业务贡献大小，在业务主办行与发卡行之间按约定比例对相关业务收入进行第一次比例分成，发卡行在此基础上再根据辖属机构的交易量、手续费率等量价因素，按照业务动因将相关收入按量价法进行二次分成（见图 13 –5）。

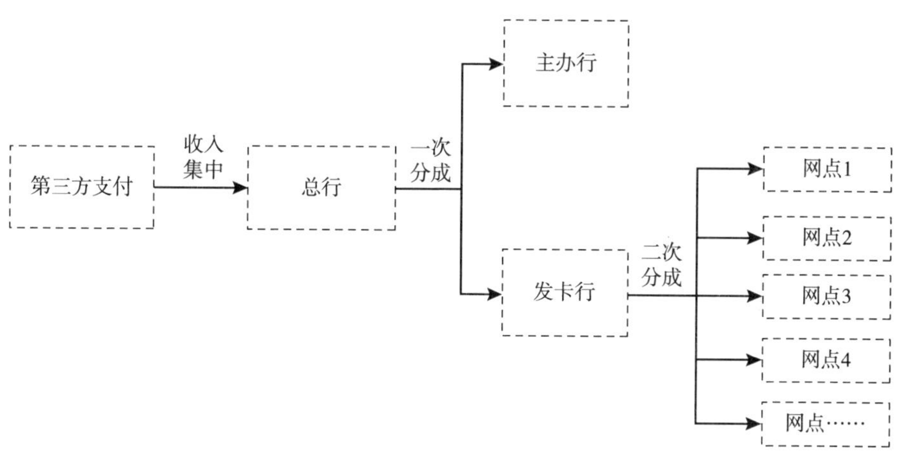

图 13 –5　第三方支付分成模式

对三方支付业务收入自动化分成，通过构建自上而下、基于业务动因（交易金额、动卡数、绑卡数等）的统一分成规则，分成的精细度和透明度明显提升。一方面，核算方法上采用了权责发生制；另一方面，核算时效上实现按日分成，营业网点营销业绩在次日即可体现，业绩反映与业务实质高度匹配，为业务发展提质增效。

（二）分成范围及流程

受技术限制和考核导向的影响，目前商业银行机构维度业绩主要集中于效益类相关指标，范围较窄，分成范围和流程仍有较大探索提升空间。

1. 全科目、全集团分成

要真实、完整地还原商业银行各机构经营业绩，实质上是还原各业务本来面目，通过管理会计总账，对应管理体制、业务管理、核算体制等特殊原因导致的机构业绩扭曲进行分成还原。这就需要对机构进行全方位业绩分成，涵盖资产、负债和效益等全科目，覆盖境内外分行、母子公司等全机构。

2. 全自动分成

从目前商业银行机构业绩分成的实践看，在“最后一公里”记账环节已基本实现系统自动化，而在“最先一公里”算账环节手工和人为因素仍较多，系统自动化程度较低。如收到代销基金的手续费时，上级行首先要根据各下级行代销基金规模占比计算应得份额，再由系统进行自动记账。

商业银行机构业绩分成要突破现有技术和管理“瓶颈”，努力实现全自动分成。要持续强化管理会计体系建设，不断提升自动化水平，实现业务发展与系统建设深度融合，以参数形式将业务分成规则嵌入管理会计系统进行固化确定，并在业务收入实现时由系统根据业务发展动因自动驱动管理会计总账分成，最终全面实现机构业绩的全自动分成。如收到代销基金的手续费时，系统自动计算各下级机构代销基金规模、应得份额，并自动驱动管理会计总账进行分成记账（见图13－6）。

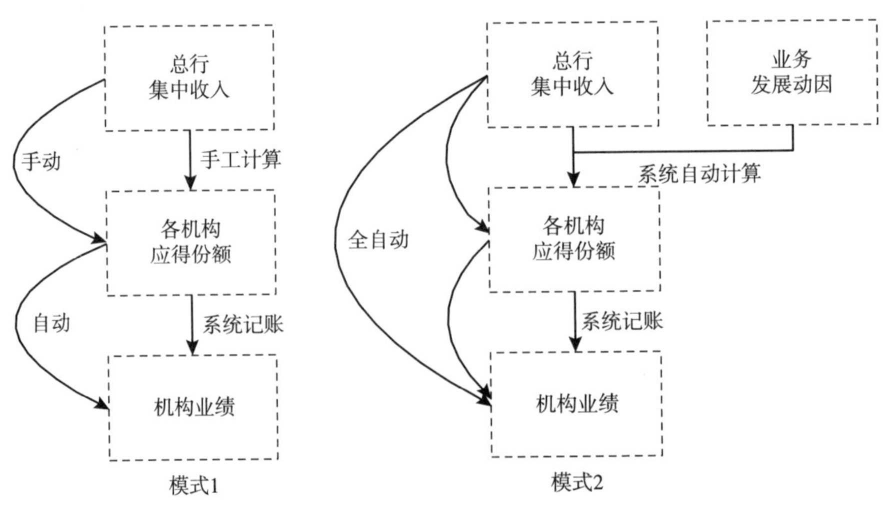

图13－6　机构维分成模式

二、部门维业绩分成应用

部门维业绩分成发生在当两个及以上业务部门开展部门联动业务时，需要对所产生的业绩按照不同业务模式进行分成。部门业绩分成有利于打破“部门墙”，将部门联动营销的共同利益重新分配，强化部门间业绩和信息的共促共享，推动营销合力的有效发挥。

本书探讨的业绩核算模式均是以分产品核算为基础，因此部门间业绩分成方法基于不同场景主要有两种：一是产品比例分成；二是虚拟科目分成。

（一）产品比例分成

产品比例分成方法是指多个部门发生业务协同时，依托管理会计平台，能够通过事前确定的比例对该业务涉及的产品业绩进行分成，再以分产品业绩核算为主线，将各产品分成业绩汇总至业务部门（见图 13－7）。

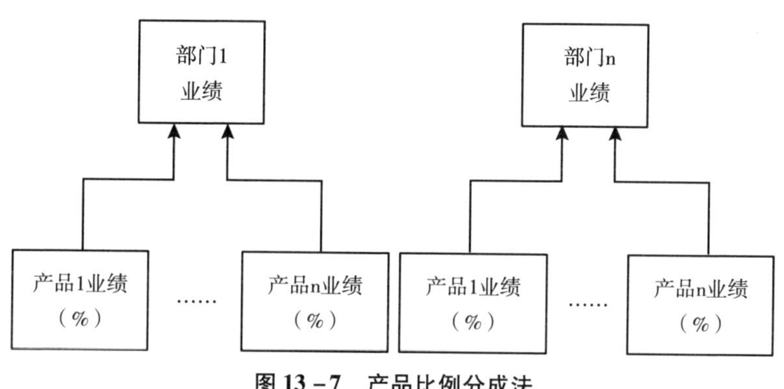

图 13－7　产品比例分成法

例如，某商业银行业务部门 A、业务部门 B、业务部门 C 共同投入开展某业务，该业务包含产品 1、产品 2 和产品 3。其中产品 1，部门 A 分成 20%，部门 B 分成 30%，部门 C 分成 50%；产品 2，部门 A 分成 40%，部门 B 分成 20%，部门 C 分成 40%；产品 3，部门 A 分成 30%，部门 B 分成 40%，部门 C 分成 30%。按照产品比例分成方法，则该业务分成情况如下：

部门A分成业绩 = 产品1 ×20% + 产品2 ×40% + 产品3 ×30%

部门B分成业绩 = 产品1 ×30% + 产品2 ×20% + 产品3 ×40%

部门C分成业绩 = 产品1 ×50% + 产品2 ×40% + 产品3 ×30%

（二）虚拟科目分成

产品比例分成是商业银行较为基础的分成方法，该分成方法依托于科目与产品清晰的对照关系，也取决于产品业绩能够客观真实反映部门业绩，满足内部管理需要。但是，在某些特定情况下，当该方法也无法将业绩准确计量到部门时，就需要通过特殊处理方法对此进行调整。

为解决此类特殊场景，本章提供了一种较为科学合理的方法——虚拟科目分成。传统财务核算体系下为保证操作的规范性和核算的严谨性，通常要求账务划转在同一科目、同一账户间进行，但基于管理会计的财务分成模式为业绩分成提供了更多可能性。

基于此，虚拟科目分成是在不影响会计核算严谨性的前提下，仅对条线间业绩进行调整，机构整体业绩不变，即通过在管理会计科目体系内设置原会计科目的虚拟科目①（如科目1的虚拟科目为X科目1），原科目与虚拟科目对应同一产品，再通过虚拟科目间的跨科目调整划分部门业绩。

例如，部门A、部门B、部门C、部门D各投入25%，共同办理某业务，该业务产生的业绩入账时对应科目1和科目2，科目1对照产品1，科目2对照产品2，产品1在部门A和部门B间平均分成，产品2在部门C和部门D间平均分成。但根据企业现行管理制度，本笔业务收入的80%应记入科目1，20%应记入科目2，基于此计量的部门C和部门D的业绩明显与其投入比例不匹配。为解决该问题，可以为科目1和科目2分别设置虚拟科目，虚拟科目1与科目1同时对照产品1，虚拟科目2与科目2同时对照产品2，虚拟科目1调减入账业绩的30%，同时虚拟科目2等量调增，调整后，该业务产生的业绩在部门间的分成与实际投入情况相符（见图13-8）。

---

① 如某会计科目为一个6位数的编码“000000”，管理会计虚拟科目则为“X000000”。

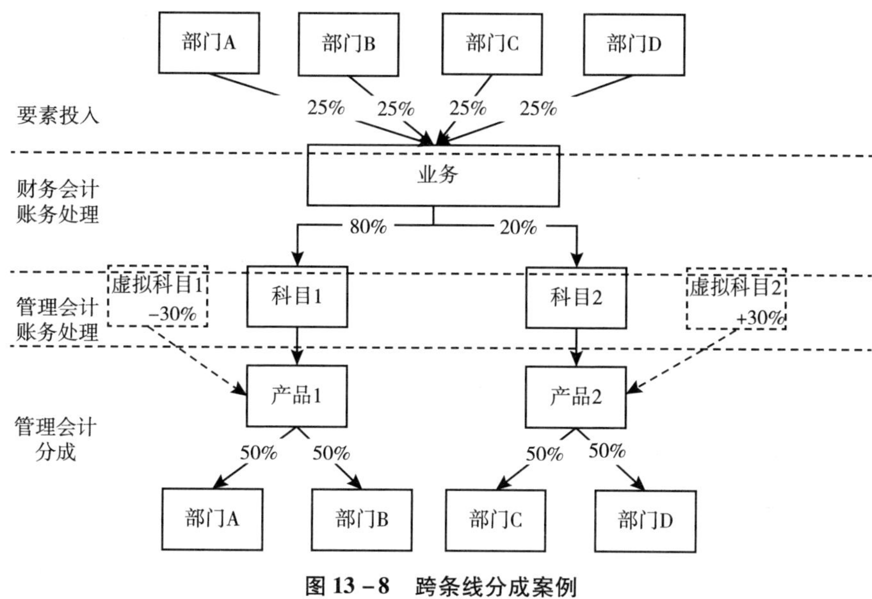

图 13－8 跨条线分成案例

虚拟科目分成法仅为特殊场景业绩分成中的一种探索，其应用也依赖于各银行管理会计平台的体系建设，同时应规范跨账户、跨科目分成的使用，避免分支机构通过该方式自主调节业绩，与实际业务情况不相符。

三、客户维业绩分成应用

商业银行近年来均通过积极畅通客户链，构建客户生态圈，将经营客户生态作为重要战略布局，但由于客户业绩和贡献分散且颗粒度小，各类客群间（机构客群、公司客群、个人客群）缺乏利益分享和计量机制，对联动的动力和效果产生影响。客户维业绩分成的探索，一是以客户在商业银行的资金链条为主要脉络，理清客户群间资金流向关系，进行业绩分成，真实反映客户对商业银行的业绩贡献；二是对部分重要的战略协同客户进行捆绑式“影子”分成。

（一）客户业绩价值化分成

以 GBC 联动为例，通过在客群联动中引入利益分享机制，应用管理会计方法，将“条”和“块”两维度联动业绩在客群间进行价值化分成，分成结果纳入财务管理闭环，实现客户联动和条块业绩增长的良性互动（见图13－9）。

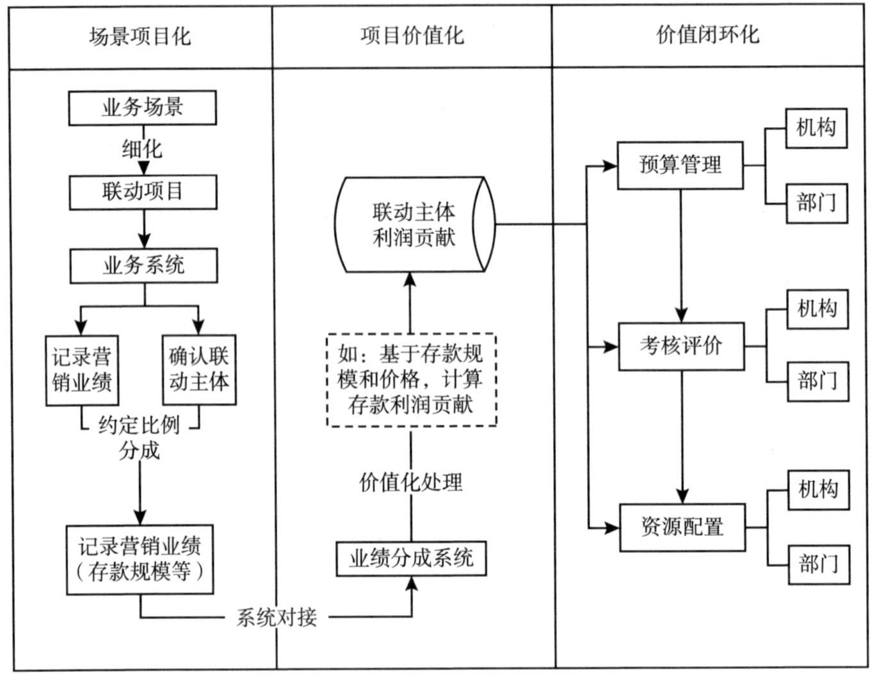

图13－9　GBC客群“三化”业绩分成方法

场景项目化。对客户生态和场景进行项目化处理，将项目纳入全行统一的IT系统管理，并在联动业务发生时记载联动营销的业绩信息，计量具体项目联动主体的业绩。

项目价值化。将联动项目的业绩进行价值化处理。如将客群联动产生的存款转化为存款的利润贡献，并按照联动主体贡献大小、投入多少等因素预设分享比例，将利润贡献在客群间进行分成。

价值闭环化。通过管理会计系统，将分成后的利润贡献纳入全行财务管理闭环，即将业绩分成结果作为条块预算、考核和资源配置的基础。

基于从业务到财务的完整业绩计量链条，既可以保障业绩分成的准确性、公平性和透明度，同时可以激发有关各方的积极性，增强业财一体化深度，提升协同效果，有利于推进价值创造的最大化。

（二）客户业绩影子分成

为提升协同效率和调动联动各方营销的积极性，对于部分跨区域协同营销的重点战略性客户，也可以采用捆绑式“影子”分成。对于联动营销产生的客户存款、贷款、中收等业务，根据账户汇总后形成单客户业绩。在考核评价时，客户账户所在机构业绩不变，参与联动的各方按照事先约定的分成比例直接增加应享有的客户价值贡献，相对而言，对于分成比例的沟通成本较少，有利于联动各方从利益大局出发，系统性、全局性地推动客户服务，多方形成战略合力，撬动客户价值的愿景更为强烈。

第四节 小结

目前，国内包括工商银行、建设银行、农业银行、中信银行等在内的商业银行均立足管理会计系统，不同程度地应用财务分成模式解决机构间、条线间等业绩分成问题，可见随着新科技的飞跃，财务分成模式将在未来成为商业银行业绩核算的一项重要手段。但财务分成方式的应用和推广还需建立在各机构、各层级对管理会计账、管理会计报表的理解之上，商业银行对管理会计账的认可度关系到财务分成模式的发展。因此，商业银行业绩分成模式的选择不仅是单纯的系统建设，更要将业绩核算结果与考核评价、预算管理、资源配置有机融合，同时也要将财务分成与业务推动相结合，真正发挥财务分成对商业银行内部管理和业务发展的推动作用。

第十四章　财务共享服务

随着商业银行业务集中进程的持续深入和新技术的蓬勃发展，财务共享服务在业务标准、闭环管理、风险防控、智能共享等方面的优势日益凸显，各家商业银行开始构建符合自身业务形态及管理模式的财务共享服务平台，提升价值创造能力。

从管理会计视角看，财务共享服务是不断标准化和智能化的过程。通过统一数据标准、会计政策、会计科目、核算体系，规范了业务授权、流程闭环、风险防控，建立了业务、财务信息一体化，从根本上解决数据口径不统一、管理视角单一等问题，为管理会计多维度费用成本核算计量、业绩分成等应用提供了更为标准、完善、精准的信息来源和数据基础。

第一节　相关概念

一、基本概念

（一）共享服务

共享服务是在具有多个运营单元的公司中组织管理功能的一种方式，它指将原来分散在不同业务单元进行的财务职能、人力资源、IT 技术等事务性或者需要充分发挥专业技能的活动，从原来的业务单元中分离出来，由专门成立的独立实体提供统一的服务。

（二）财务共享服务

财务共享服务是依托信息技术，以财务业务流程处理为基础，以优化组织结构、规范流程、提升流程效率、降低运营成本或创造价值为目的，以市场视角为内外部客户提供专业化生产服务的分布式管理模式。

财务共享服务平台是财务共享服务的实现路径。集合财务、业务、人力、办公等多项关联信息，通过系统打通和数据交互，打造业务财务信息一体化，实现核算信息的标准统一、精准计量、动因溯源、多维分析、信息共享等，形成全视角智能化核算体系。

二、建设目标

财务共享服务的建设目标应与企业经营战略保持一致。不同企业在不同发展阶段有不同的战略侧重，推进财务共享服务建设主要围绕三大目标：成本压降、风险防控、财务转型。

成本压降是构建财务共享服务的经营目标。以新技术优化财务处理流程，减少人工操作，通过更高质效的共享服务、更低的营运成本实现降本增效。

风险防控是构建财务共享服务的管理目标。通过财务共享服务智能化建设，完善授权管理规范性，强化规章制度的标准化落地执行，增强风险自动化检测防控能力，提升数据透明度，增强企业内部控制能力，满足合规及监管要求。

财务转型是构建财务共享服务的专业目标。业财一体的财务共享服务推动财务规则向业务活动前移，提升全员的基本财务意识，促进财务人员从专业型走向复合型，加强财会价值创造力，为企业管理者提供更加精准、全面的经营决策建议。

三、共享优势

财务共享服务是财务领域的一次重塑与变革。随着财务共享模式的不断升级，相较于传统管理模式的优势特点也越来越明显。

（1）标准统一。数据标准化是实现财务共享服务的前提。财务共享服务集成了多渠道、多视角的数据信息，通过对各类数据进行收集、分析、管控、筛查，达成统一的标准口径，以实现不同来源数据的有效应用，基于业务活动和资金流动全方位监督和管控，满足企业决策的信息需求。

（2）闭环管理。财务共享服务通过建立闭环流程，控制内部风险。通过对财务流程进行彻底改造，增加财务与业务的关联度，最大限度地挖掘信息的价值，明确发展方向，发现新增长点，达到提升财务价值能力的目标。①

（3）资源共享。财务共享服务最大的特点就是共享。实现财务共享服务过程，就是把所有分散在各个系统的信息集中起来，用技术手段不断挖掘、筛选、重组，实现信息共享，打破了系统间的壁垒，加强了员工之间的交流协作，进一步提升资源价值。

（4）风控内置。财务共享服务是加强控制权的过程。通过数字化技术收集和共享信息，完善财务事项全过程信息流，加强信息传递的系统硬控制，控制业务活动核心节点和要素，提升风险洞察能力，提供更为全面、精准的财务风险全过程管控路径。

（5）智能高效。财务共享服务通过应用新技术，提供更标准化、智能化的业务流程、处理模式及数据分析，让业务人员体验更为快捷、简易的财务流程，为财务人员打造更为标准、高效的工作模式，让管理人员获取更为全面、精准的经营信息（见表14－1）。

表14－1　　财务共享服务与传统财务管理模式对比

特点	传统财务管理	财务共享服务
标准统一	碎片化、来源不一致、关联度缺失	归集整合、统一口径、前后强关联
闭环管理	分散化、单点式、手工化	标准化、全闭环、智能化
资源共享	专业壁垒、信息片面化	与业务高度融合，挖掘业务潜力
风控内置	过程管控不足、依赖事后监督	过程强管控、防患于未然
智能高效	单一、结果静态分析	多元、全过程动态管理

第二节　发展历程

财务共享服务对原有分散模式下的财务核算体系从制度、流程、分工等各方面进行了标准化、信息化、专业化的重塑，目标是实现业务与财务信息的一体化，主要经历了三个阶段。

① 本书第四章“费用成本”也有相关论述。

一、"标准流程 + 集中处理"阶段

该阶段的重点是实现流程标准化、集中化，满足大型企业集团发展需求，提高业务处理效率，降低运营成本。通过对财务部门传统工作的流程进行优化，对原有的组织结构进行调整，把重复性高的工作集中起来，将核算、报销、资金支付进行集中化处理，减轻分支机构压力，加强总公司与下属机构的协同力，以集中化形式加强内部管理控制。

该模式实现财务核算环节上的共享，没有延伸到其他环节，相对独立的系统设计无法满足业务发展需要，打通对外业务和对内财务环节的需求极为迫切。

二、"多系统对接 + 财务闭环"阶段

该阶段在核算标准流程的基础上打通了财务关联系统功能，重塑财务事项从申请到支付全流程闭环，加强财务与业务活动的融合。其特征是围绕财务支出事项，打造共享平台，将多系统进行整合关联，对外向产品、交易、合同管理等业务领域延伸，对内向财务授权、预算管理、集中采购、固定资产、应税等内部控制拓展，使财务共享从多个层面渗透到企业的整个经营活动中。

该模式突破了前后信息不一致、管理滞后、风险管控弱等难点。在实现财务和技术融合基础上，将财务制度及业务授权内嵌到业务流程环节中，实现财务规则在系统管理中的硬控制，促进业务与财务双向融合。

三、"业财一体 + 智能共享"阶段

该阶段以信息共享为核心，通过智能化、数字化新技术，加强财务共享服务在企业经营活动中的作用范围和效力。侧重于利用大数据大量性、多样性、时效性和价值性的特点，对过程中的数据进行捕捉、整合、管理，通过云计算、人工智能等新技术手段进行分析，挖掘数据本身存在的潜在价值，为企业的决策提供更为精准、核心的数据基础，发挥财务创造价值的理念。

在数字化时代下，财务共享服务有更新迭代的新技术加持，在原有标准数据和统一流程基础上，持续提升智能化水平，满足企业不同时期的管理需求，解决维度单一、模式固化、结果滞后等决策问题。该模式进一步深化了业财信息一体化，提供更具针对性的分析决策建议，促进企业管理的整体优化升级。

第三节　商业银行财务共享服务演进过程

随着数字化时代的到来，商业银行面临着客户越来越多元的服务需求、监管机构更加严谨的风控要求、员工日益增加的工作负荷等多项难题。一些商业银行开始运用财务共享理念，按照“标准体系、流程再造、共享平台”的建设步骤，打造符合自身管理模式的财务共享服务平台，解决管理中的痛点、难点，增强风险防御能力，降低运营成本，提升效率与质量。

一、标准体系

构建标准体系，保障基础信息的统一性。财务共享服务需集合处理业务、财务、人力等多渠道的信息来源，而商业银行的专业系统多、数据口径复杂、业务规则严谨等特征，要求其实现财务共享服务首先需要构建一套标准体系。

建立统一规范的数据标准体系，包含数据定义、数据存储、数据传输、数据管理等内容，确保数据来源、处理、归集路径的统一，保证共享信息的真实性和精准性。建立合规、清晰的统一会计政策、科目、核算规则体系，满足财务共享服务模式下的财务核算自动化处理需求，减少人为主观判断，统一财务数据口径，满足财务报告及内部管理的信息需求，确保财务核算符合内外部政策法规。

二、流程再造

重塑业务流程，促进财务管理优化升级。财务共享服务颠覆了传统的财务工作模式，商业银行需在标准体系基础上，将标准信息与财务制度、业务授权相结合，打通流程间壁垒和断点，从分散分段到统一闭环。

纵向上，把财务事项按“事前申请、事中控制、事后评价”的全流程，形成全过程闭环，实现环环相扣的完整管理链条。横向上，加强系统与系统之间的紧密度，实现业务与财务数据的相互校验、信息互通有无、监管相互制约，增强业务财务信息的融合度。

三、共享平台

打造共享平台，承载财务共享服务实际应用。商业银行面对庞大的信息数据和复杂的业务形态，只有通过完全线上化的共享平台才能实现真正的财务共享服务。

财务共享服务平台通过全面采集、清洗、整合各个系统基础信息，以达到统一的数据标准要求，满足财务自动核算需求，实现业务端到财务端的全过程信息互通互联，最终达到系统间信息共享、统一。同时，充分应用新技术，缩减简单、重复业务处理时效，降低人工成本，打破时间和空间局限性，构建更为智能的风险防控体系，推动企业管理在数字化时代提质增效。

第四节　商业银行财务共享服务实证研究

某大型国有商业银行为解决财务管理中面临的信息贯通、业务处理效率、风险管控、分析决策等痛点、难点问题，积极拥抱先进新技术，推动财会领域改革创新，融合“闭环管理”和“共享经济”互联网思维，打造财务共享平台，实现财务信息系统架构由“支付核算”向“全流程管控”转型升级，构建形成全面开放共享的智慧财务开支管理信息体系。

对于管理会计而言，财务共享平台丰富了以财务开支项目为核心的各项管理要素信息，实现了信息的高度集成，可通过系统直接跟踪查询项目的采购、合同、报账等一系列信息。同时，对适合直接归集的成本信息可直接归集到相应的业务单元，为管理会计提供全面完整的财务核算信息，提高管理会计核算精准度，为进行多维度、多层次、多元化的财务开支分析提供了完备的数据信息基础。

一、基本思路

（一）闭环管理，系统硬控

财务共享平台主体功能以实现财务开支全流程线上的闭环管理为目标。对新增和存量的财务系统进行了高度融合，串珠成链，全面打通各系统间关联关系，形成一体化、智能化的财务信息平台，实现财务开支事前申请审批、事中执行控制和事后跟踪评价的全流程电子化管理。

将游离于财务信息系统体系之外的事前申请、合同管理、财务报销等，全部纳入财务信息架构统一管理，形成以开支项目为核心的一系列完整信息流，建立上下游信息双向传导机制，实现了事前审批、集中采购、合同签署、支付核算、实物管理、事后评价等各环节的全面贯通，保证财务开支在管理、流程、信息方面的全方位闭环，有效提升财务管理水平。

（二）平台管理，降本增效

财务共享平台上线后，打破了传统线下模式面临的时空界限和约束，拓展了系统服务的触角，应用对象由财务人员和少量的业务部门人员拓展至所有员工，形成全面开放共享的财务信息平台。

对于申请人，可通过平台直接进行电子化信息采集录入，线上完成审批流程，不用再拿着纸质资料来回跑签，大幅节省工作时间，并可实时查询处理进度，全面掌握项目进展情况。对于审批人，线上化的审批处理方式，可以不用再被员工频繁的签字审批打扰工作节奏，可自由灵活选择时间在线上进行审批。对于财务人员，可直接共享申请人录入的各项电子信息，无须重复录入，提高业务处理效率。

（三）自动管理，风控内置

在实现信息全面贯通的基础上，财务共享平台抽取各环节的结构化字段信息，实现关键环节金额、数量等要素的自动校验控制。通过将项目预算、集采、合同、自助报账等各环节的逻辑控制关系内嵌于系统之内，自动根据上游环节信息对下游环节实施硬性控制，有效防范集采或合同超预算、重复报销等财务风险。此外，通过对开支标准等财务管理要求进行参数化设置，对于超标等异常情况自动进行校验提示，达到对财务开支行为进行规范管理的目的。

（四）技术应用，智慧业财

随着科技的进步，财务发展进入智能化时代。云服务、人工智能、移动互联、大数据等先进技术给整个金融、整个社会带来重大变革，财务工作也不例外。

财务共享平台将新增的事前申请、合同管理、自助报账系统纳入云平台，实现服务的标准化管理，支持系统弹性扩展；运用智能会计引擎，通过设置开支类别与核算科目的对照关系，可自动将报销申请转换形成会计分录，减少人工操作；拥抱移动互联网，开发差旅费、业务招待费手机App，支持随时随地业务处理，提升处理效率。

二、总体架构

（一）平台架构

财务共享平台集成“事前的事项申请（含财务审批），事中的集中采购、合同管理、自助报账、支付核算、固定资产及应税系统，事后的评价、监测分析及管理会计”为一体，对接分支机构管理系统、人力资源管理系统、办公信息化系统、会议管理系统等多个外围系统，全面打通各系统间关联关系，实现财务开支管理信息在系统间的紧密衔接、充分共享和约束控制，依托系统实现流程闭环、管理闭环、信息闭环（见图 14－1）。

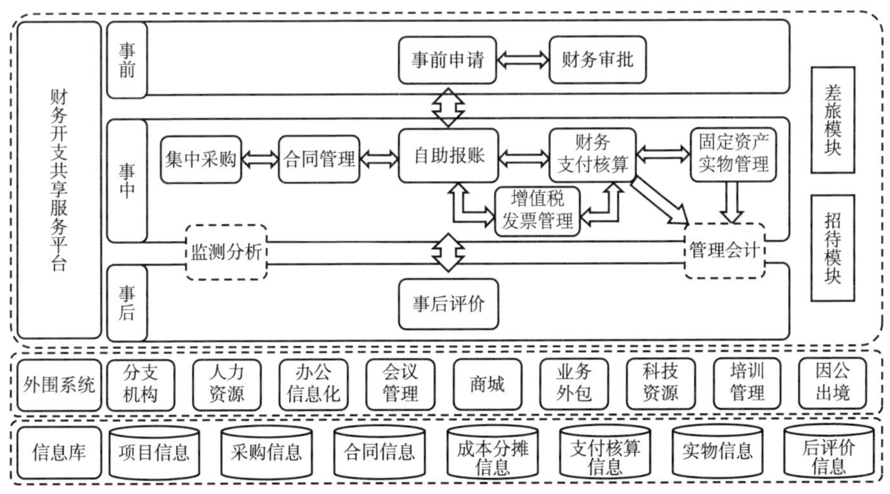

图 14－1　财务共享平台架构

（二）主体功能

该财务共享平台建设围绕“一个平台、十个核心模块”总体架构，形成“全流程管控”的财务信息系统架构，实现业务流程、财务标准、操作模式的统一和规范。

（1）事前申请。支持财务开支事前审批的线上化处理，构筑事前控制“防护网”。契合财务管理实际，通过自定义参数化设置，配置规范、高效、灵活的电子化流程。建立审批权限自动判断机制，通过参数化设置，支持配置各种复杂的业务流程审批规则，满足各机构差异化审批需求。

（2）集中采购。前端对接事前申请，控制集中采购预算、结果在事前申请审批结果金额之内，降低预算执行风险；后端对接合同管理、自助报账等，确保集中采购项目严格按照集采结果执行，为实时跟踪项目执行情况、实施项目穿透管理奠定基础。将采购结果有效运用于上下游，确保采购结果不突破事前审批结果，同时对下游合同签订、报账支付进行控制约束，强化集中采购后续管理。

（3）合同管理。引入电子签约系统，自动审核采购类合同中涉及的财务关键要素，控制集采结果及财务预算执行风险。通过电子签约系统发布集中采购类合同模板，直接复用，防范合同签约风险，提高工作效率。合同签署前即进行金额、数量等要素的自动校验，风险管控节点由原来的“支付前”前移到“签署前”，风险防范效果显著提升。

（4）自助报账。用户线上发起财务报销，成为统一的财务服务窗口。根据前端已审批项目自助发起报账，系统自动联动获取项目的集采信息、合同信息，方便快捷；支持自助领用专票，上传电子发票原文件，上传报销附件影像信息，报销审批线上化，缩短报账周期。利用闭环优势，构建报账信息与前端项目预算、采购、合同等环节的全面关联控制关系网，大幅降低报账风险。

（5）发票管理。通过银税互通，将专票手工录入和认证的操作模式转变为电子化领用和自动认证，整合业务流程，提升财务报账效率。建立电子票据信息库，全量保存电子会计凭证；支持 PDF、OFD 导入等多种方式保存电子票据原文件，自动识别电子发票内容降低填单压力，有效防范重复报销风险。

（6）固定资产。固定资产信息接收前端自助报账，共享利用入库单中物品清单信息，自动生成固定资产建卡信息，减少手工重复录入；与上下游系统对接，实现资产信息全流程追溯，建立资产全生命周期管理。

（7）支付核算。业务驱动账务，接收自助报账信息并充分共享利用，记账网点、经办人、摘要、收款信息等全部自动获取；运用智能会计引擎，根据开支类别自动生成核算信息；精确获取报账申请人所在机构、部门等信息，自动实现成本的精准分摊，支付核算迈入信息共享和智能化时代。

（8）监测分析。平台通过整合加工事前申请、自助报账、支付核算等各环节各类型数据信息，为财务非现场监测提供完整的、连贯的、可比的、便利的数据监测信息。运用云计算、大数据、人工智能等新兴技术，支持复杂模型搭建及海量数据运算，内嵌监测分析模型及监测分析报表，通过各要素信息间关联比较，帮助财务监测分析人员及时发现各类潜在风险。

（9）事后评价。支持项目后评价反馈收集，完成闭环管理的最后一环。形成项目后评价、供应商后评价、商品/服务后评价三位一体的后评价体系，并将后评价结果进行有效应用，推广经验、吸取教训，为后续同类项目投入或采购提供决策参考。

（10）差旅招待。考虑到差旅、招待等事项金额小、频度高、业务量大等特点，单独设置差旅费、业务招待费模块，并支持手机版移动办公，提高处理效率。实现灵活分档设定参数标准，实时校验异常超标；支持OCR识别航空行程单、实名火车票等差旅交通票据，自动计算差旅包干补贴，实现智能识别、智能填单、智能算税、智能申报。支持按机构部门、人员职级、类型、事由、金额、特殊场景等条件，配置各类复杂的、个性化的差旅审批流程（见图14－2）。

图14-2　财务共享平台主要功能模块

三、应用成效

财务共享平台实现了“事前申请—集中采购—合同管理—自助报账—固定资产—支付核算”各环节全程信息不落地，打通信息传递“中梗阻”，实现系统全贯通、流程全覆盖、信息全共享，财务信息系统架构成功完成由“支付核算为主”向“全流程管控”的转型升级。

一是效率提升释放人力。财务共享平台实现事前申请和自助报账线上电子化审批，通过各系统间信息的充分共享和智能会计引擎运用，提高业务处理效率，减少人工简单重复劳动。

二是风险防控手段全面升级。财务共享平台通过系统间无缝对接和信息双向传导，实现了各环节相互约束控制，由“以点为主”的线下人工传递升级为“串珠成链”的线上自动流转。积累获取的信息呈现“井喷式”增长，为财务分析和监测提供强有力的信息支撑。

三是利用先进技术提升业务效能。财务共享平台覆盖了财务事项事前、事中、事后全流程，涵盖财务绝大部分业务应用场景，通过将人工智能、移动互联、RPA、OCR等先进技术紧密契合应用于业务场景，有效提升业务处理效能。

第五节　小结

财务共享服务实现的业财一体化，打破了原有核算体系下财务会计到管理会计信息流的单向传递，将更多的业务、财务数据分别应用到财务会计和管理会计，既保证了两个核算体系相同的数据来源和标准，也更大程度满足了管理会计对业务、财务多维度的信息需求。而随着新技术的不断发展，财务共享服务也将衍生出更多的服务形态，推动企业管理从自动化、智能化继续走向数字化、生态化。

第五篇

技术支持

第十五章　新技术应用

随着新科技的发展和应用，财务信息处理和管理方式也在不断改变。云计算、大数据、人工智能、物联网等新技术正在深刻地影响着财务信息的处理和管理方式，使得财务信息更加自动化、实时分析能力更强、安全性更高。新技术应用使得财务信息处理具有更低的错误率和更高的实时性，从而使得财务决策更加迅速和精准。在数字经济时代下，财务人员需要充分认识新技术对提升财务管理质效的重要意义，及时了解并应用新技术，以更好地应对当前和未来的财务变革挑战。

第一节　新技术概述

云计算、大数据、人工智能等新技术正在改变财务信息处理的方式。云计算使数据存储和处理变得更加便捷和高效，大数据技术的应用可以更好地理解和预测未来的趋势和变化，人工智能则可以自动化处理一些复杂任务并作出决策，这些技术的结合正在推动金融科技的发展。

金融科技是指支撑金融服务的计算机程序等技术，是技术驱动下的金融创新，旨在运用现代科技成果改造或创新金融产品、经营模式、业务流程等，推动金融发展提质增效。[①] 金融科技基于云计算、大数据、人工智能、物联网等新一代信息技术，深度融合金融业务与科技，提高金融效率，降低金融成本，提升金融服务体验。

2022 年 1 月，国务院印发《“十四五”数字经济发展规划》，指出要加快金融领域数字化转型，合理推动大数据、人工智能等技术在银行、证券、保险等领域的深化应用，发展智能支付、智慧网点、智能投顾、数字化融资等新模式。这些新技术可以更好地保护用户数据和隐私，提高金融

① 中国人民银行：《金融科技（Fintech）发展规划（2019－2021）》，2019 年 8 月 22 日。

服务的效率和便利性，推动金融业的创新和发展。随着新技术的逐步发展，商业银行可通过新技术提高经营质量和效率，降低财务运行风险，提升财务决策能力。商业银行应用新技术有效融合业务和财务，已经成为财务发展的新趋势。

第二节　云计算

一、概念与简述

云计算（Cloud Computing，Cloud）是分布式计算的一种，指的是通过网络“云”将巨大的数据计算处理程序分解成无数个小程序，再通过多部服务器组成的系统处理和分析这些小程序，得到结果并返回给用户。通过这项技术，可以在很短的时间内（几秒钟）完成对数以万计的数据的处理，从而达到强大的网络服务。

根据云计算平台服务类别，可以分为基础设施即服务（IaaS）、平台即服务（PaaS）、软件即服务（SaaS）。当前大中型金融机构已基本完成IaaS平台的建设，中小金融机构也已开始接入行业云IaaS服务。关于PaaS平台的建设，目前金融机构基本上处于研究和初始建设阶段，主要集中在大数据存储挖掘、容器、数据库等平台级服务。SaaS平台的建设更多的是基于产业链和合作伙伴，提供专业化的业务场景金融服务（见图15－1）。

商业银行可以利用云计算技术实现管理会计数字化、智能化和安全化。云计算技术支持资源的共享和集中管理，有助于提高银行管理会计的效率和准确性。同时，实时更新和共享数据也可以通过云计算技术实现，有利于银行快速获取最新的财务数据信息。最后，云计算技术可以实现对数据的安全管理和备份，这增强了银行管理会计的安全性和可靠性。

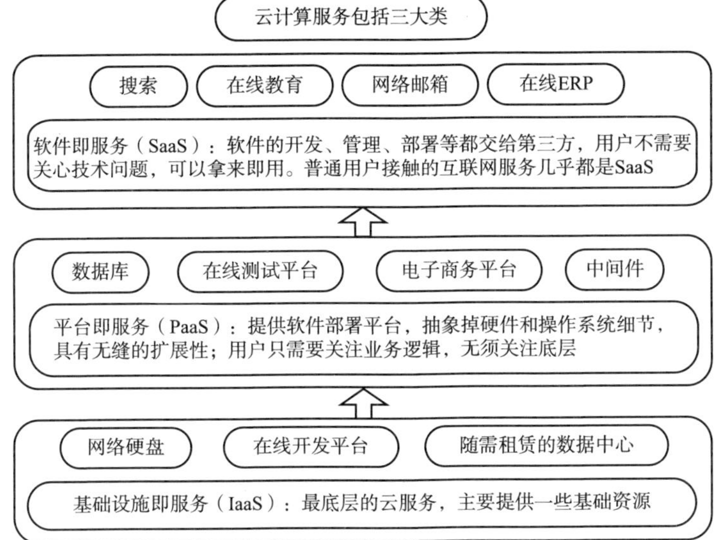

图 15-1　云计算架构

二、云计算应用

商业银行财务开支共享服务平台通过充分利用高质量的云服务能力，搭建财务 PaaS 云，在年中、年终等财务高峰时间能动态快速扩展财务服务能力，从而使财务系统从一个专业系统向全行服务系统转变，通过财务共享平台为每位员工提供服务。在 PaaS 云技术的支撑下，可弹性增加并发交易数量，提升高峰时点在线用户服务效率。强大的分布式运算能力可搭载更多、更复杂的技术，进一步拓展服务范畴，提升服务价值。

大数据云平台定位于企业级数据平台服务，负责企业级海量客户数据的存储、计算、分析、挖掘，借助分布式云计算和大数据技术，可以提供企业级大规模结构化和非结构化数据的查询服务、计算服务，同时，结合具体的业务场景，可以提供创新的服务和产品。比如，在客户营销领域，整合行内外客户数据，包括传统的生产经营、信用情况、财务信息，以及外部信息服务平台沉淀的社会关系、交易行为、资产信息等，通过大数据云平台进行分析挖掘，使商业银行能够更好地了解、分析客户信息，评估客户的综合价值，及时感知、洞察、准确预判客户需求，从而进行实时精准、个性化的客户营销和产品推荐。

某商业银行应用云计算技术，打造金融生态圈。目前已上线教育云、党费云、物业云、宗教云、财资管理云、理财综合服务云、景区云、金融风险服务云8款产品，构建了企业级大数据云平台服务，实现了客户服务的个性化和智能化。

第三节　大数据

一、概念与简述

大数据（big data）指无法在一定时间范围内用常规软件工具进行捕捉、管理和处理的数据集合，需要新的处理模式才能具有更强决策力的信息资产。麦肯锡研究所给出的定义是：一种规模大到在获取、存储、管理、分析方面大大超出了传统数据库软件工具能力范围的数据集合，具有海量的数据规模、快速的数据流转、多样的数据类型和价值密度低四大特征。[①]

大数据技术的战略意义不在于掌握庞大的数据信息，而在于对这些含有意义的数据进行专业化处理。换而言之，如果把大数据比作一种产业，那么这种产业实现盈利的关键在于提高对数据的“加工能力”，通过“加工”实现数据的“增值”（见图15－2）。

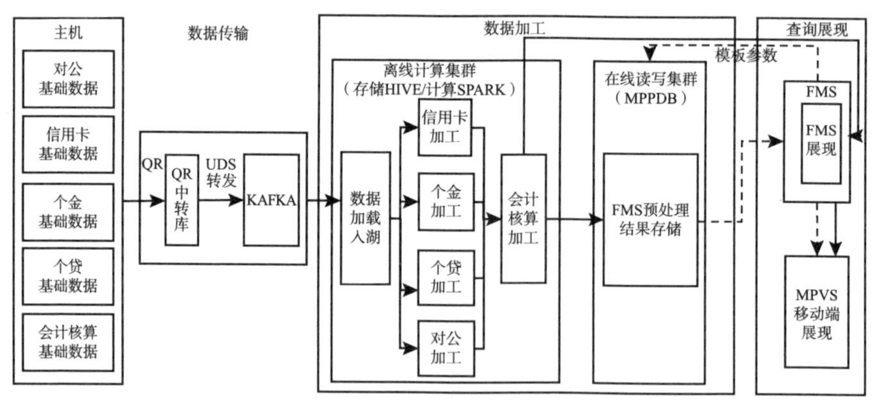

图15－2　大数据流

① James Manyika, Michael Chui, et al. “Big data, The next frontier for innovation, competition, and productivity”, McKinsey Global Institute, May 2011.

二、大数据应用举例

（一）损益预查询

利用传统技术，商业银行要在 T+1 日才可查询到上一日的交易数据，基于大数据则可实现损益数据的当日模拟查询。商业银行可以基于成熟的数据湖，将损益数据加工涉及的原始数据源纳入湖中，并基于大数据服务云实现数据加工处理，可实现准实时更新一个场次的准实时数据。依托损益预查询系统，商业银行可实现对全行财务数据的准实时监测，为经营决策提供重要支持。

（二）可视化报表定制

商业银行利用多维度管理会计数据和报表，真正践行大数据“全数据”理念。商业银行普遍以底层数据湖为支撑，提取存贷款、客户明细等逐笔交易记录，抽取数据至大数据平台，经过进一步的加工和批量处理形成通用指标和特色指标，并纳入统一指标池。最后再以指标为基础，形成多维的分析视图。

大数据技术可提升面向业务用户的数据服务能力，实现交互式、配置化、可视化的定制工具，让业务人员能够自行进行指标的定义、分析图表功能的定制，大大缩短了需求响应时间（见图 15-3）。

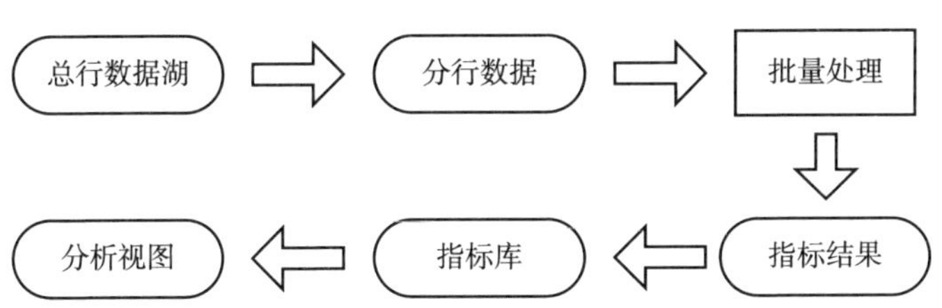

图 15-3　商业银行可视化报表定制流程

三、大数据与商务智能

商务智能（Business Intelligence，BI）这个术语起源自博弈论和仿生学，包括人工智能、统计学、运筹学等多种理论以及数据库、数据仓库、联机分析处理、数据挖掘等软硬件技术，同时也涉及咨询和应用服务。因此，商务智能是一种面向某一行业的特定的解决方案。商务智能系统以数据仓库为基础，收集、转化并存储海量业务数据，形成支持进一步分析的数据主题，通过构建各种多维分析和数据挖掘模型，实现信息到决策支持的转换。

目前，商务智能系统在银行经营决策中发挥着越来越重要的作用，其系统架构按照数据流向通常分为五个层次，依次为数据源层、数据操作层、主题数据层、数据分析层、数据展示层，此外还有系统维护管理模块，用于整个系统的管理、控制和优化（见图 15－4）。

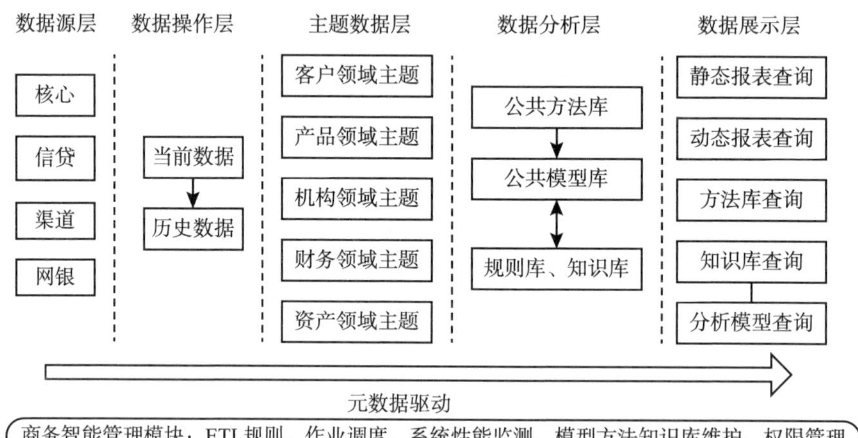

图 15－4　银行业的商务智能系统架构

数据源层包括银行中各种业务信息系统数据，各数据源经过抽取、转化、装载（Extract Transform Load，ETL）。数据操作层的过程以统一的数据格式存储在操作数据存储（Operational Data Store，ODS）层，ODS 包括各业务系统的当前数据和历史数据。主题数据层包含了按照功能划分的若干主题数据集，是商务智能系统的数据分析基础。数据分析层包括公共方法库、公共模型库以及规则和知识库：公共方法库中保存了各种数据处理方法的函数，供模型调用；公共模型库是商务智能系统应用功能的核心，包括报表查询、联机分析处理（Online Analytical Processing，OLAP）、统计分析和各种业务如风险管理、衍生品投资、客户关系管理等应用的数据挖掘模型；公共规则库和知识库保存模型分析采用的规则或模型生成的可应用的结果，可以是变量之间可应用的关系，也可以是领域专家的分析或判定结论。整个系统的优化工作基于元数据的驱动通过管理模块完成，元数据定义了商务智能系统内各层次的对象——数据源表、主题数据集、多维数据、方法、模型、前端展示以及各种商业规则及 ETL 规则，可以帮助用户更加灵活方便地使用系统，保证数据质量，帮助系统开发和维护人员优化系统功能，监视系统性能，支持用户与权限管理，全方位动态地掌握系统状况等。

在商业银行管理会计领域可应用商务智能技术，以数据为土壤，通过数据解析和管理会计建模，为决策支持提供方案。

（1）报表中心（仪表盘）。根据预设模板，快速生成图标、经营分析和管理建议，为经营分析、年报披露提供辅助支持。报表中心是一个强大的数据可视化工具，它为企业提供了综合的报表生成和处理功能。通过预设模板，用户可以快速生成各种类型的数据图表，包括柱状图、折线图、饼图等，同时还能自动生成经营分析报告和管理建议。报表中心的主要优点是它能够为经营分析提供重要的数据支持，无论是制定战略决策还是评估业务性能，报表中心都能提供及时、准确的数据信息，帮助企业更好地了解市场动态，评估业务绩效。

（2）经营分析与风险管理。通过经营分析，企业可以了解自身的经营状况，评价业绩，发现潜在的风险，并采取相应的措施来控制风险。而风险管理则是一项系统的管理工作，它包括风险识别、评估、控制和监控等多个环节。经营分析可以根据关键绩效指标（KPI）和实时经营业绩来评价企业的业绩和运营情况。通过分析各维度的数据和信息，企业可以了解自身的优点和不足，发现潜在的风险和机会，并制定相应的策略来应对。

（3）经营预测。利用历史数据和建模，根据各业务历史发展规律及外部经营环境、内部发展战略，形成业务发展预测报告（见表 15 - 1）。

表 15 - 1　　商业银行商务智能架构

功能板块	模块细分
报表中心（仪表盘）	管理层驾驶舱
	经营管理视图

续表

功能板块	模块细分
经营分析及风险管理	产品业绩表
	客户贡献
	部门条线管理
	风险控制
	费用管控
经营预测	损益预测
	存贷款预测
	财务费用预测

第四节　人工智能

一、概念与简述

人工智能（Artificial Intelligence，AI）是指由人制造出来的机器所表现出来的智能。近年来，人工智能在各个领域取得了令人瞩目的发展，并带来了许多新技术，例如生成式AI、流程自动化机器人（Robotic Process Automation，RPA）等。其中，以ChatGPT为代表的生成式AI技术已经实现了与人类的智能对话和问答，并有能力提供信息。ChatGPT可以根据用户的问题和需求，自动检索信息和知识，并模拟人类的对话和思维过程。在日常工作中，生成式AI技术已成为一种智能、友好、高效的通用助手。在流程执行方面，RPA是一种新兴的自动化技术，可将人工处理烦琐、重复的任务自动化，提高工作效率和准确性。

人工智能机器学习和深度学习方法的突破，使得人工智能应用更加广泛。机器学习是一种能够让计算机通过大量数据学习并改善性能的方法，通过训练数据集来建立模型，但仍需要人工设计特征。深度学习则是通过多层神经网络来自动学习特征，实现对大量数据的复杂模式学习。近年来，深度学习作为机器学习的一个分支取得了重大突破，尤其是在图像识别、自然语言处理和语音识别等领域。深度学习通过构建多层神经网络模型，对大量数据进行训练和学习，从而实现对模式和特征的自动学习和提取。相较于传统机器学习方法，深度学习具有更强的识别和预测能力，能够处理更为复杂的数据和任务，如图像识别、语音识别、自然语言处理等。深度学习也是实现人工智能通用目标的重要手段之一，被广泛应用于各个领域，如医疗、金融、交通等（见图 15 –5）。

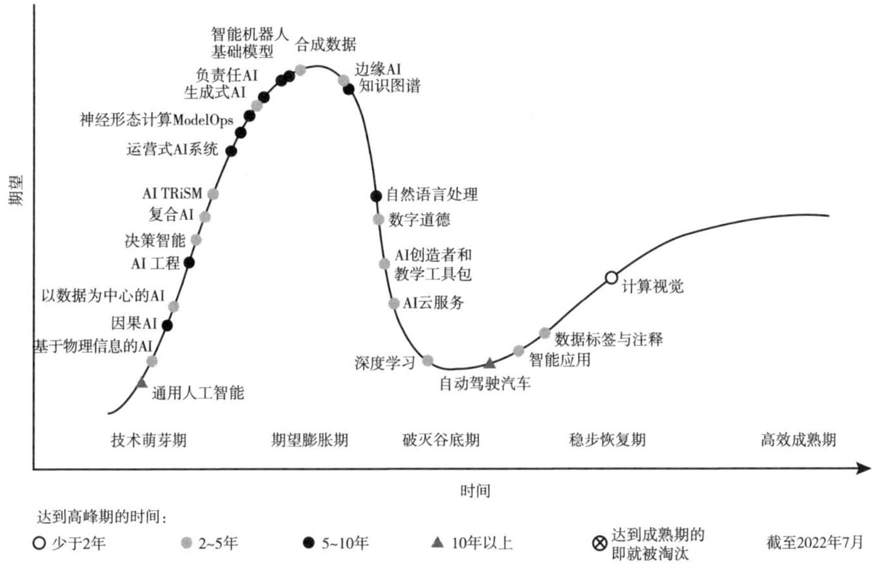

图 15 –5 Gartner 人工智能技术成熟度曲线（2022 年）

资料来源：what's New in Artificial Itelligence from the 2022 Gartner Hype Cycle. Gartner，https：//www. gartner. com/en/articles/what-s-new-in-artificial-intelligence-from-the-2022-gartner-hype-cycle，2022 –09 –05.

以 ChatGPT 的推广应用为标志，人工智能领域已逐渐走向通用人工智能阶段。通用人工智能是指具有与人类相似的智能水平，能够在各种任务上进行学习和推理的人工智能，可以自主地探索和解决问题，具有类似于人类的创造力和判断力，其实现需要具备多方面的能力，如自然语言理解、机器视觉、情感识别、推理和决策等。通用人工智能在金融行业中有着广泛的应用，它可以帮助商业银行实现高效经营分析、辅助投资决策、提供个性化的客户服务和辅助风险管理。

在数据处理分析方面，人工智能技术还可以实现对数据的自动化处理和管理，从而提高管理效率和准确性，实现数字化、智能化和自动化的目标。在高效经营分析方面，通用人工智能通过分析大量的金融数据来进行模式识别和预测分析，从而提高商业银行的安全性和风险控制能力。此外，通用人工智能还可以帮助商业银行优化业务流程，提高效率和效益。在投资决策方面，通用人工智能可以根据大数据和市场趋势进行分析和预测，辅助投资决策。例如，智能交易系统可以根据历史数据和模型进行自动交易，提高投资组合的回报率和效率。在风险管理方面，通用人工智能可以分析大量的金融数据，通过模式识别和预测分析来辅助风险管理。例如，利用机器学习和深度学习算法，可以识别出潜在的欺诈交易和异常风险，提高商业银行的安全性和风险控制能力。此外，通用人工智能还可以帮助商业银行建立更为完善的风险管理体系，提高风险管理的效果和水平（见图15－6）。

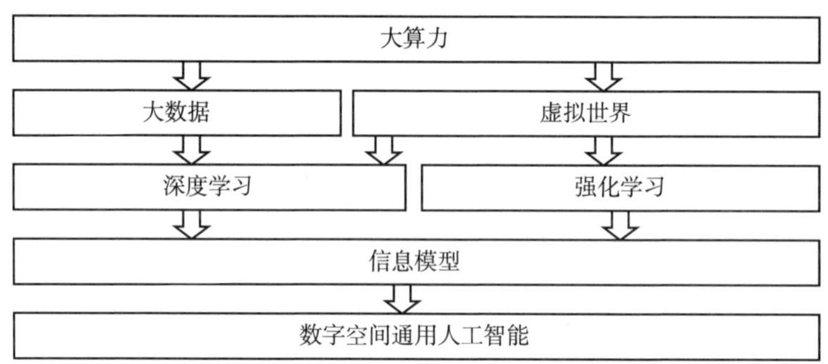

图15－6　通用人工智能技术发展路径

二、生成式AI应用

生成式AI（generative AI）是一种基于机器学习的人工智能技术，主要用于自动生成新的文本、图像、音频、视频等多媒体内容。与传统的机器学习模型不同，生成式AI模型可以通过学习大量的数据和规律，自动生成新的、与原始数据相似的内容。它不仅可以帮助我们创建更多样化、更创新的内容，还可以提高生产效率，降低成本。生成式AI技术的应用范围非常广泛，涉及多个领域，如自然语言处理、计算机视觉、音频处理等。例如，自然语言生成模型可以用于自动生成新闻、评论、小说等文本内容；图像生成模型可以用于自动生成艺术设计、3D 模型等图像内容。总之，生成式 AI 技术在提高生产效率的同时，也为我们创造更多新的机会和可能。在商业银行管理会计领域，主要有以下几方面应用。

（一）智能财务预测

随着人工智能、大数据等技术的日趋成熟，生成式 AI 推动了财务预测能力和水平的跨越式提升。通过打通企业内外部业务系统、财务系统等的数据壁垒，借助计算机的自动化分析处理能力，进一步提升了财务预测准确性、高效性和灵活性。例如，企业借助生成式 AI，在财务信息基础上，通过整合国家政策、宏观走势、市场数据、行业发展、同业竞争、产品属性、客户偏好等非财务要素信息，自动生成对企业营业利润的最优预测模型，同时根据最新输入的信息变化情况，动态调整预测模型参数和系数，按一定周期滚动模拟预测企业未来的营业利润。智能财务预测主要体现了以下特点：

智能财务预测拥有更强大的数据底座和知识图谱。数据是财务预测的基础，在传统财务预测方式下，由于不同系统之间存在数据孤岛，财务人员通常是根据以财务数据为主的关键指标发展规律及浅层次业务驱动要素（如规模、价格等），结合预算编制人员的专家经验进行财务预测，具有一定的主观性。但随着企业数据湖和数据中台的构建，打破了系统间的数据隔离，企业在财务预测时，通过深度整合财务小数据、业务中数据和互联网大数据，以核心经营指标为中心，借助人工智能构建各维度数据的立体式关系网络和预测模型，进而形成更加客观、精准的预测结果。

智能财务预测拥有更高效的预测能力。在传统财务预测方式下，较大程度依赖于财务预测人员的手工处理和逐层上报，效率较低、耗时耗力，因此传统财务预算管理往往采用年度预算管理方式，仅在关键时点对企业的全年经营业绩进行预测。但是，利用生成式 AI 技术，智能财务预测能够通过计算机对财务预测模型进行自动优化和快速运算，当宏观政策、市场环境、客户偏好等预测模型的输入变量发生动态变化，生成式 AI 技术能够始终保持财务预测结果的最优精确度，可实现短周期滚动更新财务预测结果。

（二）智能财务洞察

智能财务洞察是指在数据和信息逐渐积累的过程中，实现财务信息、经营信息和业务信息的集合，进一步丰富商业银行知识图谱数据体系，洞察财务数据背后机构、产品、客户等多维交织的深层次关联关系，与知识图谱数据体系形成相互促进和完善的双向循环，为商业银行分析经营业绩驱动因素、制定业务发展规划、挖掘潜在增长潜力等提供全方位的决策支持。智能财务洞察在财务领域的主要应用可分为四个层次。

第一层次是个性化图表生成。商业银行可以利用生成式 AI 工具，通过自动从内外部数据库中抓取图表所需指标，按照财务人员的个性化要求，对数据进行筛选、清洗、加工、处理，生成的图表支持通过人机交互的方式不断修订完善，系统提供了更加灵活便捷的数据分析处理方式，极大程度缓解了财务人员的数据处理压力，同时为管理人员提供更加直观、可视化、定制化的决策数据基础（见图 15－7）。

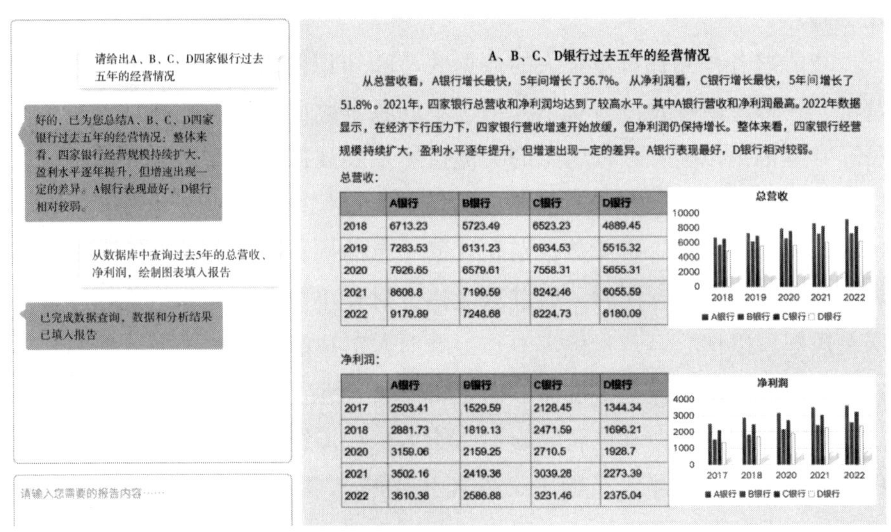

A、B、C、D银行过去五年的经营情况

从总营收看，A银行增长最快，5年间增长了36.7%。从净利润看，C银行增长最快，5年间增长了51.8%。2021年，四家银行总营收和净利润均达到了较高水平。其中A银行营收和净利润最高。2022年数据显示，在经济下行压力下，四家银行营收增速开始放缓，但净利润仍保持增长。整体来看，四家银行经营规模持续扩大，盈利水平逐年提升，但增速出现一定的差异。A银行表现最好，D银行相对较弱。

总营收：

	A银行	B银行	C银行	D银行
2018	6713.23	5723.49	6523.23	4889.45
2019	7283.53	6131.23	6934.53	5515.32
2020	7926.65	6579.61	7558.31	5655.31
2021	8608.8	7199.59	8242.46	6055.59
2022	9179.89	7248.68	8224.73	6180.09

净利润：

	A银行	B银行	C银行	D银行
2017	2503.41	1529.59	2128.45	1344.34
2018	2881.73	1819.13	2471.59	1696.21
2020	3159.06	2159.25	2710.5	1928.7
2021	3502.16	2419.36	3039.28	2273.39
2022	3610.38	2586.88	3231.46	2375.04

图 15－7　生成式 AI 技术生成经营分析图表

第二层次是结构化穿透分析。商业银行可以利用生成式 AI 工具，通过聚类分析、关联分析等技术，基于指标间的动因关系，实现对关键指标的层层挖掘，进而找到影响财务指标的业务和客户驱动因素，形成“业财融合”的深度财务分析。例如，工商银行开发了智能财务分析系统，应用结构化穿透的思路，实现营业利润向机构、产品部门维度的穿透，又按照业务动因和智能洞察，实现向产品结构、内外部价格、资产质量、关键客户特征等重要驱动因素的层层穿透，进而“一键式”生成分析结果（见图 15－8）。①

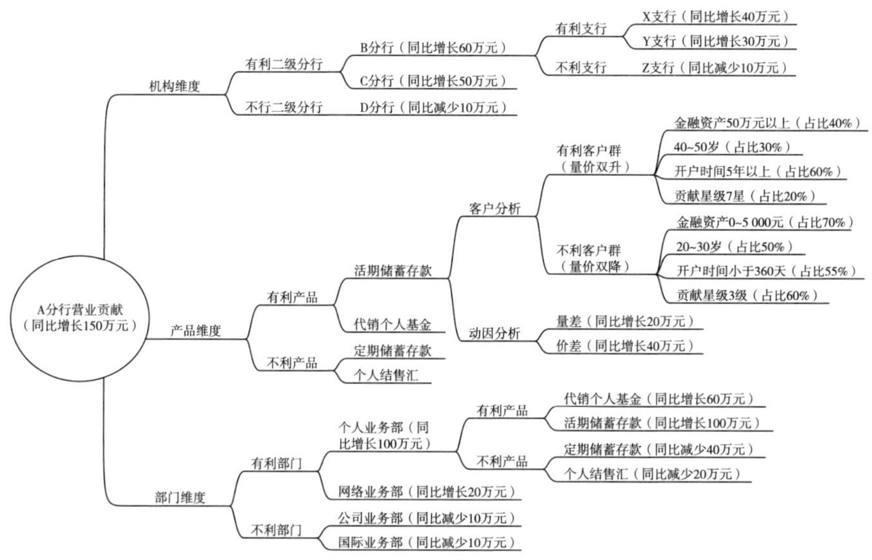

图 15－8　一键式结果穿透

第三层次是智能化深度洞察。商业银行可以借助生成式 AI 将异构多源的数据组织成网络，运用知识解析、神经网络、规则归纳等技术，并配套可视化的图谱构建和挖掘功能，提供从关系角度分析问题的能力，进而洞察不同维度、不同要素间的潜在关联，为经营管理提供更多主观难以识别的业务发展机遇和潜在经营风险。商业银行可通过建立客户知识图谱网络，做到对客户需求和偏好的精准预测，进而实现更加精准的产品推荐。例如，有客户在过去几个月内频繁使用银行的手机应用程序进行转账和付款，基于该客户的行为数据，商业银行可以使用精准产品推荐技术为该客户推荐一些与其行为相关的产品。此外，商业银行还可以推荐一些与客户行为相关的金融产品，如理财产品、基金产品、消费贷款等，提升产品营

① 中国工商银行管理会计课题组：《基于业绩穿透的智能财务分析——以中国工商银行为例》，载于《中国管理会计》2021 年第 1 期。

销的针对性和成功率。

第四层次是自动化管理会计报告。自动化管理会计报告是对智能财务洞察在个性化图表生成、结构化穿透分析和智能化深度洞察三个层次的融合和提升，借助生成式 AI 的学习、分析、诊断、预测能力，可以根据用户的管理需要，自动形成针对不同用户群体个性化的核心关注指标经营分析情况，同时结合对经营分析驱动因素的深度洞察，形成经营情况诊断书，并为后续的经营管理提供决策建议（见图 15－9）。

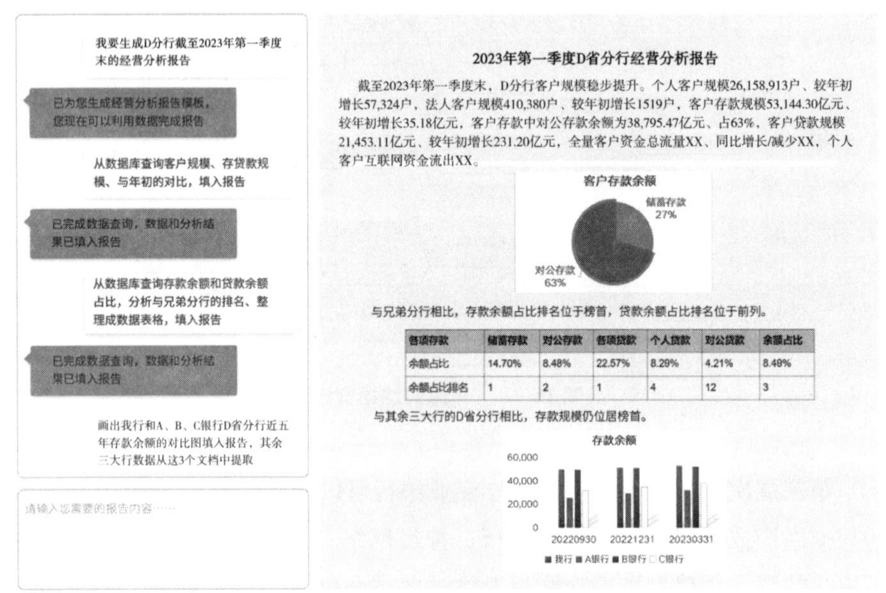

图 15－9　生成式 AI 企业经营数据深度分析报告撰写

三、人工智能流程自动化

流程自动化机器人 RPA 是一种新兴的自动化技术，可将人工处理烦琐、重复的任务自动化，提高工作效率和准确性。RPA 技术基于软件机器人来模拟人类处理数据、完成操作、通信等任务，可以自动进行各种业务流程和数据处理。RPA 技术主要包括两个组成部分：第一部分是软件程序机器人，用于执行各种任务，包括数据输入、处理、输出等；第二部分是控制模块，用于管理和监控软件程序的操作，包括任务分配、监测、更新和性能管理等。RPA 技术可以在各种业务流程中应用，包括财务会计、客户服务、人力资源、采购等。RPA 技术可以根据业务需求进行快速扩展和调整，具有较高的可扩展性和灵活性，可以减少人工操作和维护成本，提高了企业的盈利能力和服务质量，缩短了响应时间。

例如，某商业银行需要对各分行的业绩进行月度评估和排名。通过 RPA 技术，银行可以设置 RPA 机器人自动从总行或各分行系统中提取业绩数据，并对数据进行处理和清洗。RPA 机器人可以根据预设的绩效指标和规则，自动计算各分行的业绩得分和排名，并生成绩效报告。生成的报告可以直接保存到银行的绩效管理系统中，或通过自动化流程将报告发送给相关人员进行审核和审批。这样，银行可以大大减少人工操作的时间和成本，提高各分行业绩评价的效率和准确性。

四、其他领域 AI 应用

人工智能技术在商业银行还可应用在以下方面：智能客服、业绩计量、管会建模、决策支持等方面。

在智能客服领域，客户拨打客服热线后进入智能语音交互服务环节，语音输入经过语音转文本、语义分析、语音合成、语音播报等一系列处理实现自助问答。例如，某商业银行依托财务开支共享服务平台和办公系统，推出“财务智能答疑”服务，通过专家系统与模型，实现员工问题的自动识别与答复。

第五节　移动互联与物联网

一、概念与简述

移动互联技术（mobile computing）是指基于无线通信的无线设备（包括手机、Pad、笔记本电脑等）的信息技术融合，更是搭载运用新技术的平台，便于用户充分利用碎片时间使用，取消办公场地限制。移动互联网技术在商业银行中广泛应用于移动商旅、移动审批、移动客户服务和移动决策支持等方面，延伸了管理和服务的触角，释放了经营活力，管理效能显著提升。

二、移动互联应用

移动互联在财务上的应用主要可以体现在两方面：一是通过远程财务事项审批功能，实现更加高效的财务流程管理，例如可以通过移动端远程处理方式实现业绩分成、财务费用报销申请事项的审批。二是可以构建移动端数据终端，打破距离和空间的限制，为管理者提供更加灵活、便捷、快速的数据查询功能。例如，某商业银行通过精选管理会计系统的核心数据，开发手机端功能，每日定时为用户提供资产负债、财务收支、中间业务、资产质量、资金流向等多维度业绩信息，支持财务人员实时了解全行经营状况。

三、物联网

物联网技术（Internet of Things，IoT）是通过射频识别（Radio Frequency Identification，RFID）、红外感应器、全球定位系统、激光扫描器等信息传感设备，按约定的协议，将任何物品与互联网相连接，进行信息交换和通信，以实现智能化识别、定位、追踪、监控和管理的一种网络技术。

基于物联网RFID技术实现对固定资产的标识、盘点和监控等多方面的提升，能提高资产的盘点效率，加强对资产变更、转移等情况的监控。主要体现在以下几个方面：

（1）资产标识。将新购入或现有资产的相关信息输入计算机，通过RFID标签打印机/读写器写入标签，将RFID资产标签粘贴在资产上。

（2）资产盘点。通过手持RFID数据终端扫描资产上的RFID标签，即可迅速地获得资产的盘盈、盘亏等实际情况。

（3）资产监控。通过在存放重要资产的场所出入口设固定式RFID阅读器，可实时对资产的变更、转移等情况进行监控并预警。

（4）移动资产管理。在移动资产上安装防拆的基于全球定位系统

（GPS）的追踪器，日常对资产的运动轨迹和使用情况进行数据分析，一方面防止公物私用的情况；另一方面能够对资产的使用情况进行合理预测。同时通过在移动资产上安装传感器收集使用寿命等各方面信息，综合分析相关信息实现移动资产的智能保养和智能维修。

第六节　小结

新技术的蓬勃发展和金融科技的兴起繁荣对传统商业银行原有的会计核算流程带来了新的挑战，也创造了新的可能性。近几年，随着以云计算、大数据、人工智能、物联网为代表的新技术的持续涌现和渗透，商业银行管理会计实践有了更大的拓展空间，科技基础设施不断完善升级，大数据、云计算解决了海量交易数据、非交易数据的存储、加工和提取问题，优化了会计核算模式。基于移动互联网和5G技术的便携式外派终端让会计信息的采集触角从柜台延伸到客户，以大数据和生成式AI为代表的人工智能技术应用让会计信息采集的效率和质量显著提升，为进行海量数据分析计算提供了可能，一方面可使各维度财务信息的获取更加便捷，提升数据准确性；另一方面，管理会计也可进行更加灵活、时效性更强的经营分析。通过人工智能、大数据、云计算等技术提供的处理能力，将业务流程、财务会计流程和管理流程有机融合，将“事件驱动”概念引入流程设计，建立基于业务动因驱动的财务一体化信息处理流程，使财务数据和业务融为一体，为经营管理提供更加可靠和针对性的决策支持。总体而言，新技术支撑和驱动下的管理会计核算必将更加精准、高效和智能，会计服务于管理的能力必将显著提升。

第十六章　数 据 中 台

数字经济时代，数据已经作为重要的生产要素全面支撑企业的业务经营和创新。数据中台是实现“业务数据化”和“数据业务化”的重要基础，同时也是企业业务和管理系统建设的重要支撑。

管理会计天生具有数据基因，基于企业级数据中台构建的管理会计系统，可以充分复用企业级数据中台的管理体系、治理机制和安全措施，实现企业经营的业务数据、管理数据与财务数据全方位融合，达到数据共享复用、数据标准统一、数据驱动决策的总体目标。同时，通过企业级的数据中台体系构建，可同步支撑数据驱动的经营模式转变。

第一节　相关概念

2020 年 4 月 29 日，中共中央、国务院发布了《关于构建更加完善的要素市场化配置体制机制的意见》，明确将数据与土地、劳动力、资本、技术并列为五大生产要素。数据本质上是对物品、服务或经济主体等相关信息的电子或非电子形式的记录，是信息的表现形式和载体。数据和信息是具有价值或者可以创造价值的企业资产。构建企业级数据中台，实现数据资源化、数据资产化、数据资本化和数据价值化，也是实现企业数字化的基础。

数据中台以共享、复用、创新为目标，通过低成本转换和标准化输出，为企业建立客户画像、统计指标、知识图谱等数据基础体系，形成专业化的数据服务能力，更好地满足业务创新的需要。企业级数据中台源于企业内部通过组织架构调整所形成的公共数据能力，通常通过将企业各部门和业务线所需的数据能力提炼并整合形成，是企业内部可复用的统一数据能力集合。①

① CCSA TC601 大数据技术标准推进委员会：《数据中台实践指南（1.0 版）》。

数据管理是将数据作为组织资产而展开的一系列具体化工作，包括从组织架构、管理制度、操作规范、IT 应用技术、绩效考核支持等多个维度对组织的数据模型、数据架构、数据质量、数据安全、数据生命周期等方面进行全面梳理、建设以及持续改进的过程。企业级数据管理全面保障企业级数据中台建设，从业务视角看待数据，将数据看作资产，从数据全周期进行整体管理，降低数据管控难度，实现数据资产的应有价值。

第二节 企业级数据中台

一、中台架构

依托企业级的大数据管理平台，通过集中统一地建设数据中台，可以快速支持基于数据中台的各类应用建设。企业级数据中台建设需要做好顶层设计和平台规划，特别是要做好企业级中台架构。

以某商业银行为例，在遵循统一规划、统一设计、统一管控的原则下，通过数据资产沉淀、数据服务化、数据资产运营、数据产品输出，打造高效、智慧、开放、共享的数据服务体系。数据中台数据架构整体划分为贴源层、聚合层、萃取层三层。数据服务是数据中台对外提供服务的重要方式，通过数据服务打通数据供应侧和数据消费侧的纽带，数据服务提供方响应消费方的服务请求，满足数据消费方的数据需求（见图 16－1）。

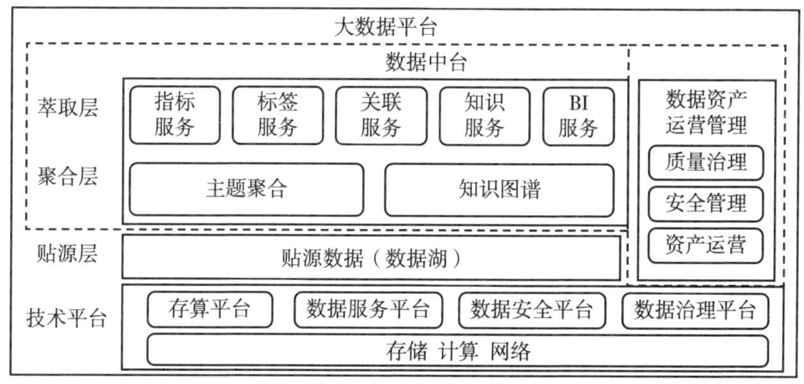

图 16－1 典型的数据中台架构框架

贴源层：把企业的全域原始数据都汇聚到数据中台，为聚合层、萃取层建设提供数据支撑。

聚合层：从业务完整性角度重新组织数据，建立标准化的数据连接聚合的基础，形成企业级的公用数据层，避免重复建设。其中主题聚合和知识图谱是核心基础。主题聚合解决业务数据多源异构问题，消除不同系统之间数据的重复定义与不一致性，形成统一规范的标准业务数据，保证用户使用的延续性与易用性。通过图谱构建、图谱计算等技术能力支撑，将异构多源的数据整合为一个知识图谱，从“关系”的角度去分析问题，便于进一步对数据进行深层次分析挖掘，提升数据价值密度。

萃取层：按照业务场景使用需要，通过建设通用共享指标、标签服务以提高复用与共享，建设各专业领域共享服务以支撑各业务领域灵活创新需要。

数据资产运营管理：从数据质量、安全等角度，实现对资产研发的管控和提升，同时对各类资产的使用情况进行运营和评价。一是通过加强元数据管控和研发过程管控，使用技术手段采集、统计、分析资产使用情况，从设计和开发层面减少重复建设。二是通过建立标准化的数据采集、治理工作机制和流程，推动数据问题源头治理，规范数据质量问题检查、发现、分析、解决和评估等过程。三是通过加强数据资产的安全管控，遵循“用户授权、最小够用、全程防护”的原则，充分评估潜在风险，把好安全关口。

二、数据管理

数据管理是企业级数据中台发挥价值的重要保证机制。数据管理主要包括数据标准管理、数据质量管理、元数据管理、主数据管理、数据生命周期管理、数据模型管理、数据架构管理和数据安全管理等。

数据标准管理：数据标准是针对企业内各种重要、共享类数据，经协商一致制定并由主管机构审核发布，供各部门遵循使用的规范性文件。通过数据标准管理，可以实现企业级数据资产规范性建设。

数据质量管理：数据质量指数据满足业务运行、管理与决策的程度。通过数据质量管理，可以提升数据资产的有效性和可用性。

元数据管理：元数据是关于数据的数据，即关于数据结构、数据字典、数据标准等及它们之间关系的各类描述都是元数据。通过元数据管理，可以规范底层数据的基础定义。

主数据管理：主数据是用来描述企业核心业务实体的数据，比如客户、机构、员工、产品、客户和科目等；它是具有高业务价值，在企业范围内跨业务条线重复使用的数据。通过主数据管理，可以确定企业级数据的产生来源和数据归属主责业务部门。

数据生命周期管理：数据生命周期管理是数据从产生到销毁的全过程，包括信息的采集、创建、使用、归档和销毁。通过数据生命周期管理，实现全方位资产的可用性保障。

数据模型管理：数据模型是数据特征的抽象，是管理数据的形式框架。它根据一定的规则，对业务概念或信息系统数据进行逻辑化的、一致的表现。通过数据模型管理，可以提升数据应用的业务价值。

数据架构管理：数据架构管理关注数据在企业中的部署结构，包括数据在各应用系统中的分布情况和相互间的流转情况。通过数据架构管理，可以清晰地定位数据流传和分布情况，提升数据使用效能。

数据安全管理：数据安全管理指对数据进行控制以防其被偶然或蓄意地错误使用。通过数据安全管理，确保数据的可靠性和数据访问权限的可控性。

其中，元数据管理、数据标准管理、数据质量管理是数据资产运营管理工具的核心，数据资产运营管理工具是数据资产化的有力保障。

基于企业级数据中台和数据管理体系，着力打造“体系化、规模化、敏捷化、智能化、数字化”五位一体的数据资产供给、应用、研发、管理和运营的整体能力，可以实现数据标准化、数据资产化和数据价值化。

聚焦建设世界一流财务管理体系目标，企业级数据管理体系能够有效服务于财务数据管理。针对商业银行财务数据管理制度不够完善、业务核算信息不够精细、财务信息传递速度与决策时效性不匹配、财务共享中心财务集成与共享水平不高等问题，可以依托财务数据职能架构顶层设计、财务数据管理、财务数据应用与服务等数据管理机制间的相互支撑和促进，丰富数据内涵、盘活数据资产、提升数据价值。整合的企业级数据资产也为管理会计应用系统建设提供了良好的数据基础和平台底座，助力管理会计系统向高效满足内外部管理要求、赋能业务发展、支持和辅助管理决策升级。

第三节　管理会计应用

一、系统建设

随着大数据应用的不断发展，数据要素价值作用逐渐明显，在产业发展、企业决策和经营管理等方面已经呈现出数据驱动价值创造的趋势。商业银行管理会计系统应用也将逐渐依托数据中台架构，提升对业务与财务数据、结构化与非结构化数据的整合、复用和创新能力，有效促进对业财融合的支撑能力。

通过构建数据中台，推进各业务系统数据入湖，并明确商业银行各项主数据和数据项元数据，可以进一步支撑管理会计核算体系的构建和运转。例如，将组织机构管理系统的分支机构和内设部门数据、人力资源管理系统的人员信息数据、风险管理系统的风险计量数据、营销系统和客户信息系统里的客户数据，以及各业务系统里的交易明细数据等进行聚合分析，结合核心业务系统里的总账、明细账，财务管理系统中的科目余额、资产负债表、损益表、现金流量表等信息，可以支持基于EVA的管理会计多维度业绩计量、监测和分析，也可以通过融合数据高效支撑多维度的业绩分成应用，实现业务经营数据和财务收支等数据的信息共享，从而支撑从战略规划到财务管理应用各个环节的层层传导和措施落地，呈现多维实时数据支持的经营管理“驾驶舱”，科学地进行业绩评价、资源配置和决策分析。

在管理会计系统建设思路方面，一是通过引入财务和业务数据，构建管理会计总账[①]体系。在财务会计账的基础上，立足商业银行机构间、部门间和客户间的业绩核算、绩效考核和资源配置等内部管理需要，快速获

① 参见本书第十二章“机构业绩”。

取数据中台里标准化、高质量的业财数据，依托成本分摊、业绩分成等方法，嵌入各类算法模型，对管理会计账户进行核算，形成多维度管理会计总账信息。二是按照全局视角设计统一的指标目录和建设标准，主要实现通用统计指标的沉淀和指标数据加工，并以指标为基础提供指标查询、报表生成等服务，通过共享指标充分结合 BI 工具能力，支撑数样分离的报表研发新模式，也减少指标的重复开发（见图 16－2）。三是支撑和强化业绩计量、预测分析、考核评价、资源配置等管理手段。以数据中台为底座的管理会计系统，在具备管理会计总账生成、指标查询和报表生成等功能基础上，得益于丰富的数据和高效的响应能力，能够传递更多有价值的信息至财务管理各阶段，如依托有用的业财信息，延伸财务向业务和客户洞察的深度；充分使用历史预算和成本数据，开展产品预算差异分析以及根据业务实时明细数据进行财务预测和成本管理，有效提升预算管理和成本核算的有效性、精准性和时效性。

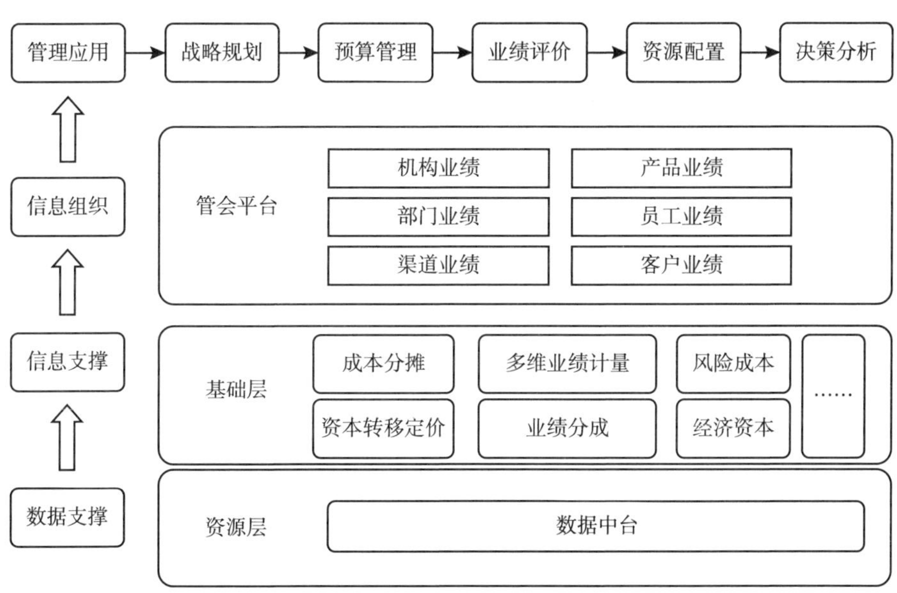

图 16－2 管理会计平台体系架构

从管理会计系统实现方式来看，主要有以下三个方面的特征：

在应用架构方面，管理会计指标沉淀基础的数据服务和指标服务，是实现业财融合发展的重要手段。某商业银行在报表建设方面，在零售、对公、金融市场等关键领域的管理类系统中，基于数据中台共享指标库和统一技术框架，构建灵活、可视化的数据报表在线发布功能，对通用统计指标进行低成本转化、标准化输出，支持各专业、各分行在统一标准和体系内快速定制“驾驶舱”，满足“报表随时定，数据随时取，指标不重复”的业务要求（见图16－3）。同时，按照专业板块，面向分支行打造报表和指标的集中导航，解决分支行数据资产分散、难以获取的问题。通过数据中台的支撑，形成了以财务基础业务数据为底座，管理会计核算引擎为核心，业务发展类指标和多维度的财务报表类指标为支柱的指标统计服务，全面支撑管理会计的多维度预算、业绩监测、绩效考核和财务预测等决策分析支撑的应用架构。

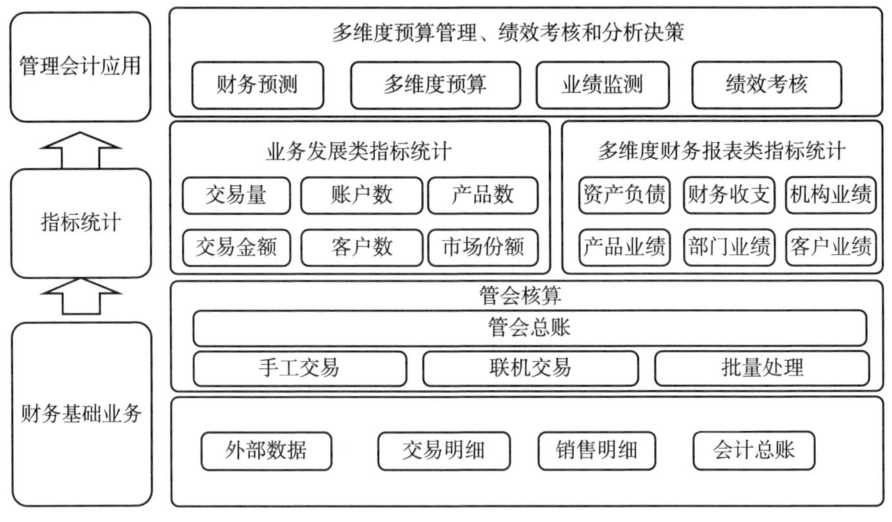

图16－3　管理会计类指标服务体系

在数据基础方面，高质量融合企业内外部数据的数据中台，是管理会计系统建设的坚实底座。一是数据中台可以汇聚企业内部业务系统产生的各类数据，以及结合业务需要引入的外部数据，构建企业级的数据模型和基础数据，有效提升数据供给能力。二是在数据中台建设过程中，通过数据资产运营的全程管控，有效提升数据质量，建立数据质量责任机制，推动数据价值的实现。三是通过构建统一的数据资产使用机制，可以快速提供各类数据服务，从而提升管理会计系统建设和运营效率。四是通过构建企业级数据中台，也可以高效快速地融合政务、医疗、电力、税务、社保等外部数据，实现商业银行业务与金融生态场景建设的数据连接。

在实施路径方面，数据中台建设围绕支撑财务管理核心需求，同时也兼顾对其他业务条线的支撑。首先，要对系统和系统数据进行梳理，全面梳理有哪些系统、每个系统中有哪些数据，明确哪些系统功能和系统数据可以抽取出来，按权限设置为共享服务；其次，构建数据中台架构，包括系统间互联互通、信息共享等，必要时对系统进行配套性改造；再次，组织业务核心团队和研发团队，无论是刚性还是柔性团队，均需确保团队有能力研发系统、管理系统、维护系统，并具备数据治理、数据加工等方面的能力；最后，系统建设全面支撑管理会计和其他领域的数字化转型需要，数据中台支持对内外部输出数据服务，重点是报表、指标、分析等。

二、能力共享

数据中台是提供数据支持服务的，也可以说是数据能力共享中心。基于数据中台的管理会计系统可以更充分整合管理会计相关指标服务和数据服务，进而支撑其他领域的系统建设和智能化应用，该领域数据也同时能够为管理会计系统提供新的输入，实现业财一体化相互深度融合。

风险管理能力方面，依托数据中台，从全面的风险管理业务视角出发，基于数据湖、主题聚合、客户特征、共享指标等通用数据资产，形成风险领域客户、机构、产品、员工等维度共享、易用的指标特征数据，全面支持风险领域的风险成本核算、风险分析、风险模型定制等的数据应用，实现风险名单、事件、特征等数据资产的统一整合、共享和服务，提升风险的全流程防控能力。其中，风险管理领域的风险成本计量、资产损失等关键数据，也可以进一步支持以 EVA 为核心的管理会计核算体系和系统应用。

客户营销能力方面，某商业银行以共享数据服务为基础，从“全、准、快”三个方面全面支撑数字化营销。依托客户基础信息、关联信息、预测信息、评价信息、营销信息、风险信息、社交信息、行为特征、客户产品交叉特征等客户 360 度的全景信息，结合准实时补充客户的行为特征，为产品与客户的智能匹配夯实了数据基础。基于数据中台的智能推荐服务向客户经理提供客户角度的整体推荐排序、概率等信息，形成单个客户的专属管户方案，直接为一线人员提供简单、直观、有效的营销服务指南及行动支持。通过准实时数据复制的方式，将客户在手机银行等线上渠道浏览、点击、购买产品等行为数据快速入数据湖，在模型中融合用户在不同渠道端最新一次操作的准实时计算，快速感知客户变化，提升服务的质量。其中，客户营销领域的产品销售数据、客户信息数据、营销成本等数据，也能进一步支撑客户业绩核算，为管理会计多维度核算体系提供有力支撑，也为基于客户场景的财务分析和业务洞察拓宽渠道。

决策支持能力方面，立足多维度分析架构，可以提出覆盖面广、精准度高的管理决策建议。例如，基于规模分析，提出业务“稳增长”发展策略；围绕产品价格和结构分析，提出产品“调结构”优化方向；针对客户群和单客户分析，提出客户资源配置、精准服务“增动能”等建议；以资产质量分析为基础，提出风险预警、资产管理等“防风险”措施，进一步发挥管理会计对经营管理的决策支持作用。从不同维度发现财务和非财务的问题，对经营和业务发展问题“透视”全面、“诊断”准确，与预算、考核、资源配置等其他财务管理工具共同形成一体化管理闭环，促进商业银行财务管理能力提升。

第四节　小结

基于数据中台的管理会计系统建设与应用，将逐步推进财务系统和各业务系统数据、信息和资源的整合，实现系统间串联、共享和兼容，打破系统壁垒，解决信息孤岛问题，推动商业银行内部数据向标准化和价值化转型，实现核算要素和核算维度扩展，为管理会计业绩核算及应用赋能。通过平台信息的整合和集约的数据管理，有助于降低管理成本，减少资源内耗，实现信息资源的集成管理和综合利用，提升管理决策的全局观和战略性意义。

数据作为一种重要的生产要素，在推进企业、社会健康发展方面起着越来越重要的作用。财政部在2023年8月发布《企业数据资源相关会计处理暂行规定》，进一步完善基础性制度供给，完善数据要素相关业务会计基础。商业银行可以通过打造企业级数据中台，全面支撑业财融合发展，紧抓数据智能化应用，打造数据价值运营体系，推进数据驱动的高质量发展，融合金融数据、政务数据和产业数据，建成全方位数据驱动发展的基础平台，打造数据价值运营体系，推进数据驱动的高质量发展，拓展数字金融产品布局，融入数字中国发展新生态，充分发挥数据要素的价值。

第六篇

结　　语

第十七章　研究价值与启示

第一节　研究价值

一、为建立商业银行管理会计核算体系提供实践参考

管理会计核算体系本质是多维度核算体系，它不局限于机构维度，还涉及产品、部门、客户、员工、渠道等维度。这需要将所有收支要素按照这些维度分别进行细化，而且这几个维度存在关联，还要保持一定的统一性。无论从理论还是实践上看，都是一项十分复杂的系统工程。多年来，国内商业银行一直推行以“块”（机构）为主的管理模式，相应的财务会计核算体系以及各项收支的配套管理也都是以“块”为主来进行。在这种管理模式下，各项收支核算略显粗放，只需保证“账平表对”即可，如果想获取“块”背后的更细粒度信息则显得有点“力不从心”。

管理会计多维度核算则能够解决这个问题。本书研究的维度，如产品、部门、员工、客户、渠道等，都是将“块”的业绩“打碎”，按一定规则重新组合，可以有效满足经营管理者的各种需求，也对银行提出了全面精细化管理的更高要求。

国内商业银行机构设置与业务类型的复杂性，注定了商业银行管理会计核算体系研究的复杂性。建立适合国内商业银行的管理会计核算体系，需要把所有层级、所有业务的所有收支因素按照相应的分类标准核算汇总，并保证汇总体系科学合理、不出差错，是一件极为复杂的研究。因此，本书在研究设计管理会计核算体系时，具有一定的前瞻性和稳定性，确保银行能够适应内外环境的剧烈变化，并克服一系列难题，构建了管理会计核算体系，为国内商业银行的相关实践提供了参考。

二、为提升商业银行管理会计核算水平提供思路借鉴

管理会计核算体系研究与设计，体现了商业银行精细化管理的思想，而这一点恰恰是国内商业银行与国际先进商业银行的差距所在，这一差距的缩小并非一日之功，是一个循序渐进的过程。本书在研究中，结合国内银行的实际和笔者自身的工作经验，有针对性地将国外先进经验引入银行内部管理，并结合国内银行实际和各维度核算要求进行了适当创新，这在以下几个方面均有体现：

关于费用成本核算，国外先进商业银行已经逐步进入作业成本法，但这是以能够区分作业、理顺业务流程以及在此基础上的作业成本核算为前提的，而国内商业银行的成本核算基础多数仍然停留在以机构作为核算主体，以财务会计准则作为核算标准，不能满足多维业绩核算的需要。要实现费用成本的分产品业绩核算，首先需要寻求适合我国商业银行的核算路径，在此基础上再进行分产品、分部门和分客户的成本核算，本书通过比较分析分步成本法和分批成本法的核算基础与特点，从国内不同层级机构设置的现实出发，提出了对支行以上层次采用分步成本法，对基层网点采用分批成本法的思路。

关于 FTP 研究，一方面需要考虑到外部市场逐步成熟的特点，需要保证内部资金转移价格的规范性；另一方面需要兼顾多资金池的特点，研究内部资金转移价格利差的确定因素，尤其是利率市场化改革带来的影响以及 LPR 的推出。这些都考虑了国内商业银行的现实情况，对国内商业银行具有较高的应用价值。

员工业绩计量也是如此。本书提出了三种营销业绩的计量方法，同时以“管户”为纽带，建立了员工与客户之间的关联，根据客户业绩得到员工业绩，进一步增强了员工维和客户维的业绩关联，夯实了管理会计核算体系的基础，也提升了员工业绩评价的应用。

三、为提升商业银行精细化管理水平提供解决方案

近年来，我国商业银行全面深化改革持续推进，无论是资产规模、风

险管控能力还是盈利水平都有了大幅提升。这背后离不开精细化管理水平的“软实力”支撑，尤其是激励机制，因为好的经营业绩是“撸起袖子干出来的”。

激励机制设计是商业银行完善公司治理的重要内容，也是一个多目标约束下寻求帕累托最优的问题。激励要有效，评价依据就需客观公平，准确的业绩核算便是基础，建立管理会计核算体系则能够夯实该基础。

通过管理会计核算体系，可以借助产品、部门和员工、客户的业绩核算方法，实现以部门、员工或客户业绩为标准的薪酬激励。如结合产品业绩核算情况，构建自身的部门业绩核算体系。在此基础上的激励机制也就具有了可操作的量化基础，商业银行激励机制建设在技术上变得更加可行。员工激励上，如个人客户经理，可以根据其负责维护管理的客户业绩情况来进行评价激励。如果客户业绩核算准确，员工薪酬的发放就有了依据。

由于激励机制在商业银行内部管理的重要性，对管理会计核算体系进行研究与设计，体现了本书的研究价值，不仅具有一定的理论意义，更具有应用价值。

第二节 局限性

一、渠道业绩核算精准度有待优化和提升

从核算角度看，目前商业银行业绩计量的基础主要是会计科目，通过会计科目形成多维度业绩，且多数业务收入还是按产品进行核算的，仅有少数业务能反映分渠道业绩，如电子银行商务收入等。从业务系统建设情况看，各业务部门不断强化渠道建设，通过不同渠道营销产品以及获客和活客，对销售类指标、客户类指标统计得比较多且相对完整，但对产生的收入以及 EVA 等核算不多。

本书所采用的渠道业绩核算方法是一种模拟算法，类似成本向产品分摊的方法，根据业务动因（业务量）将产品业绩向不同渠道进行分配，由

于各渠道笔均业务量消耗的成本不同，对业务量动因折算，力求分摊结果与实际贡献相接近。这种模拟算法在数据的精准度方面存在一定不足，首先分摊方法本身相对粗放，分摊与科目核算两种方法在精准度方面是不一样的，其次是动因选择，动因有业务量、销售量、资产负债余额以及营业收入和毛利等，不同的动因选择结果也不一样，更为重要的是不同渠道下同一笔业务消耗的成本不同，需要用折算系数进行调节，而折算系数的确定也受较多因素的影响。

之所以选择分摊方法计量渠道业绩，主要考虑了成本效益原则，在当前渠道业绩核算模型与系统建设尚没有较为成熟的案例，以及业绩核算体系未与业务系统深度融合的情况下，该方法简单实用，符合管理会计的成本效益原则。未来，可依托管理会计总账，完善渠道业绩核算模型，将各渠道发生各项收支准确反映到具体的管理会计总账科目，建立以财务会计总账为核心，以管理会计为补充的多维业绩总账体系，通过管理会计总账核算渠道业绩，以实现渠道业绩计量方法的科学性和业绩核算结果的精细度。

二、员工管户业绩计量对管户关系调整的适应性相对较弱

员工业绩核算的方法之一是管户模式，即员工业绩为管户客户的业绩，这种员工业绩计量的优点是简单便捷，免去员工认领业绩的工作量，也不用对认领业绩进行价值化转换，但有一个重要问题是员工与客户关系的稳定性问题。如果员工与管户的客户关系在年度内保持稳定，这种核算模式没有什么问题，但如果年度内管户关系进行了调整，则需回溯客户业绩的年初数，在实际工作中，对员工的考核多数是增量指标，如管户 EVA 增量、管户金融资产增量等，如调整过于频繁，则数据回溯必须跟得上。此外，还有跨区域客户维户问题，客户由一个地区调整到另一个地区，如果管户关系没有变，会导致本地区员工业绩和机构业绩产生差异，因为机构维业绩核算不包括异地客户，而员工维中包括了异地客户业绩，在这种情况下，将会给资源配置等财务管理带来一定困难。针对管户关系的调整问题，未来可以通过业绩分成，实现客户业绩在不同员工间的分配，相应地也可以调整机构业绩，以保证机构业绩与员工业绩相一致。

三、新技术在核算体系中的应用实例相对较少

目前，以云计算、大数据、人工智能为代表的新技术在不同行业“生根开花”、落地应用，极大推动了各行业业务发展和管理效率的提升。对于商业银行，新技术已广泛应用于征信系统、反洗钱、反欺诈、客户识别、智能网点选址及线上客服等。在管理会计领域，多数商业银行已将多维业绩信息从 PC 端移到手机端，应用大数据预测财务指标以及大额资金变动准实时提醒、固定资产盘点、财务共享中心等，但总体来讲，在核算领域应用的场景较少，成熟的案例不多，财务共享服务算是其中一项。要紧紧抓住当前技术革新的重要机遇，主动拥抱新技术，不断探索和开发应用场景，解决目前核算体系中智能化程度不高、时效性较低及部分核算不精准的问题。

未来，云计算、大数据、人工智能等技术必将推进管理会计在智能化、自动化以及精准性和时效性方面发生质的变化，具体到核算体系中，将实现信息一次采集多维应用的目标，商业银行要充分发挥大数据及人工智能优势，从多维业绩数据中挖掘营销机会，实现多维业绩画像、数据可视化、准实时业绩展现、智能管理会计报告等功能，以新科技推动管理会计迈上新的台阶。

第三节　展望

从国外管理实践和国内商业银行管理需要两方面看，管理会计核算体系对商业银行内部经营管理发挥着越来越大的作用，这一体系的完善与运用将会不断深入，并不断凸显出更大的实践价值。从未来发展趋势看，随着核算体系的日趋完善，将会出现以下几个方面的变化：

一、管理会计核算的功能将愈发重要

这将体现在以下几方面：一是核算精细度越来越高。随着管理会计多维度业绩核算体系推广的逐步深入，各个经营单位对各维度业绩计量的要求必

然越来越细化，商业银行需逐步细化计量方法和精细度，以满足日益提高的管理需要。二是核算准确度越来越高。本书把核算基础建立在会计总账基础之上，以会计科目作为核算基础。相对账户而言，会计科目的核算难免粗放。但随着业绩核算要求的不断细化以及科技水平的提升，基于账户的各维度业绩核算未来将成为一种普遍现象。三是业绩报告频度越来越高。目前，国内商业银行基本上按月生成各维度业绩报告，个别的能按旬甚至按日生成。管理会计多维度业绩核算涉及银行各个系统的整合，在初期的报告频度较低，随着银行各项管理效率和技术水平的提高，数据加工越来越及时，报告频度必然也越来越高。四是智能化程度会越来越高。主要体现在核算和报告两个环节：通过引用新技术，管理会计各要素的核算基本实现无人工干预的智能化程度；同时定期自动生成各种管理会计报表或报告。

二、管理会计核算体系与相关改革将良性互动

本书在文献综述基础上，主要结合国内商业银行的现实情况提出了各种设计方案。随着国内商业银行多维业绩核算体系研究与推广程度的不断深入，必将带动各项收支的核算与管理精细程度的提升，这些提升反过来又会进一步促进多维业绩核算体系的继续完善，以满足管理需要，形成良性互动。例如本书关于成本分摊的研究中，随着银行费用成本核算的深入以及业务流程的不断规范，按照作业核算成本并非遥不可及；随着我国商业银行预期信用损失法逐步成熟，银行关于风险成本的核算将会更加稳健和真实；随着外部监管政策的逐步完善，管理会计对资本成本的分产品核算将更加准确。

三、管理会计核算体系与经营管理将同频共振

管理会计核算体系的建立，为银行的财务管理职能发挥提供了基础性平台。这一平台取得突破之后，相应的预算管理、绩效评价、产品定价和客户管理等手段也会更加先进。在这些管理推动过程中，会遇到各种实际问题，反过来会对管理会计核算体系提出各种要求，各维度的核算模型也会逐步完善。例如，随着业绩评价的深入，业绩评价的主体已经逐步从部

门细化到个人、从产品延伸到渠道，这要求核算体系要持续细化，以适应新形势下的经营管理。

总之，管理会计业绩核算体系的研究设计，一定会带动各项收入、资金成本、费用成本、风险成本和资本成本管理精细化程度的提高，并给银行的预算、评价、定价和经营决策提供基础性平台。尽管在推行过程中可能会遇到一些问题，但这丝毫不会影响该体系研究的价值。可以预见，该体系的建立，必然会显著提升商业银行的公司治理水平，提高银行的核心竞争力，在实践中显示出蓬勃的生命力。

第四节　启示

管理会计核算体系的建立是一项复杂的系统工程，建设历程充满艰辛，需要有清晰严谨的目标定位、科学合理的方法论做支撑，需要对接、改造、集成全行各业务系统，系统建设还需要来自高层持之以恒的支持和指导，站在更高的视角统筹协调项目建设。

以中国工商银行为例，管理会计建设经历了20多年的探索和尝试，管理会计核算体系经历了从无到有、由有到精的过程，目前已建设成为覆盖全行五级机构、1.6万余个网点、包括五个维度（机构、部门、产品、客户、员工）的绩效管理平台，为全行提供集预算管理、绩效考核、资源配置、经营分析等于一体的整体解决方案。回顾整个建设历程，既有经验也有教训，以下几方面启示可以对实施管理会计核算体系建设的机构提供一些参考。

一、理清建设思路是前提条件

大多数论著将管理会计定位于预算、评价、作业成本法、标准成本、量本利分析等各类管理工具，这些管理理念和管理工具无疑是有用且有效的。但局限性在于，采用一种管理方法或管理理念相对容易，但让这些管理工具在实践中落地，却需要大量基础工作。会计准则是通过大量细则，对交易或者事项进行确认、计量，最终形成会计报告，并成为各利益相关者的重要决策依据。使用者的用途和方式各式各样，但其基础都是基于会计准则的核算信息。相比之下，管理会计过于关注使用工具，对这些数据的来源研究严重缺失。

管理会计核算体系要将利润、资产负债、资本、现金流等各类核算内容核算到更细的业务（决策）单元。业务（决策）单元的划分标准，通常根据管理需要确定，但这恰恰是管理会计建设中最为艰难的部分。对于一个企业，特别是大型企业，要想把各类要素全面核算到业务（决策）单元，需要将各经营要素进行统一设计，这不是一件容易的事。这得对企业内部各项管理进行统一规范，其中会涉及大量的改革，且公司内部各个领域管理水平不一，需要在参差不齐的管理水平中找到一个都能接受且可行的方案，也是一件非常不容易的事。

工商银行管理会计体系建设选取部门、产品作为突破口，通过分产品、分部门、分机构业绩价值管理系统的投产以及分部门、分机构预算评价体系应用落地，构建起从网点到总行的无缝隙业绩价值体系，也形成了业绩预算、核算、考核、绩效分配直至业务分部信息披露的较为完整、成熟的管理体系。“条块结合、总分平衡”的预算管理模式一直沿用至今，核心功能十余年来一直保持稳定运行，经受住了时间的检验。其核算结果准确合理、权责划分清晰，有效强化了专业部门在分支机构业务条线发展中的职责与作用，形成了全行计划“左右共同担，上下一起扛”的局面，使全行在注重规模发展的同时，加强成本效益分析，规模和效益发展并重，实现“规模、质量、效益”的良性循环。同时，通过预算的自动监测分析，及时发现经营过程中的短板和管理中的不足，查找差异，提示风险，为经营管理及时提供准确精细的支持信息。工商银行的经验表明，对使用工具的掌握是相对简单和快速的，但基础数据的缺失会导致这些工具难以施展。因此，管理会计要取得突破，首先需要解决基础核算问题，只有将核算体系搭建完善，管理会计的系统实现、应用实践等一系列工作才能顺利进行。

二、获得高层支持是关键因素

管理会计核算体系建设是名副其实的系统工程，在构建过程中涉及大量跨部门、跨层级的业务、技术、人员等问题，不仅涉及自身建设，更要完成对基础配套系统规范使用的集群优化与完善，很多问题需要上升到高层决策方可解决。工商银行在建设这一领域过程中，高层保持一以贯之的战略定力，坚持将其作为“一把手”工程抓紧、抓好、抓出成效，从未放松对管理会计建设的重视和资源投入。历任财务会计部总经理都对此项工作高度重视，使得工商银行的管理会计核算体系建设从无到有，从小到大，从局部到全局，从核算到预算、评价、定价等经营的各个环节，成为决策的重要工具。时至今日，工商银行管理会计建设已经成为决策不可或缺的一部分，发挥着越来越重要的作用。

三、借助信息技术是重要基础

管理会计涉及维度更多、精细化程度更高、弹性更大，数据量也更为庞大，单靠手工几乎不可能建立完整的核算体系，更遑论后续的应用。工商银行的管理会计建设过程，几乎与其信息技术变革同步进行。1999 年之前，工商银行的科技主要是将手工转换为自动，其 IT 开发分散在全国各地；1999 年之后，工行实施“9991 工程”，2002 年各分行数据全部挂接到北京、上海两大数据中心，开创国内银行业数据大集中先河，并逐渐实现了系统之间的互联互通，使得数据集合和数据交换成为可能，先后自主研发了 SAFE、CB2000、NOVA、NOVA + 四代核心银行系统。2015 年，又实施了智慧银行生态建设工程（ECOS），开始打造第五代全分布式开放银行生态系统。同时，管理会计体系的建设也给工商银行各项系统建设提供了标准化体系，两者良性互动、循环提升，内部管理水平不断取得进展。当前，随着云计算、大数据、人工智能等新技术的蓬勃发展，数据处理能力又出现了质的飞跃，管理会计核算体系建设的基础条件已今非昔比，应该比以往任何时候都具有成功的条件。

从很多企业的实际情况看，信息系统外购居多，自主研发很少。外购系统至少有两个缺陷：一是大多满足市场的共性需求，而管理会计建设由于服务于企业自身，个性化需求较强，因此往往会受到外购系统设计水平的制约，灵活性不够。如果不是按照企业自身需要开发升级，系统设计水平可能成为管理会计建设的天花板。二是数据交换方面存在困难，由于管理会计需要跨系统提取数据，如果系统平台不同，而企业又缺乏自主研发能力，数据交换往往存在困难，这会成为管理会计建设的巨大障碍。因此，若要加强管理会计体系建设，企业应该具备一定的系统自主研发能力，至少能将外购系统转换调整为满足自身需求的系统，以便于系统随时进行迭代优化和数据交换，否则自身的管理会计建设将一定程度上“受制于人”，难以取得实质性突破。

四、强化组织推动是必要保障

从上述分析可以看出，管理会计核算体系的建设涉及面非常广泛，几乎涉及经营的各个方面，是一项涉及全行多层级、多部门、多系统的庞大工程。在此过程中，需要一支非常专业、稳定的队伍，需要各方长期、持续的努力，需要强有力的统筹协调。工商银行在建设管理会计核算体系过程中，集合了银行与咨询公司、总行与分行、财务与专业、业务与科技等各个方面的人才共计近百人，对上千人进行了多轮培训，历时五六年，才将这一体系搭建起来，因此，管理会计体系建设，是对公司管理能力的重大考验。

管理会计平台的应用与业务核算系统推广后强制使用是不同的，绕开管理会计，银行的经营运转能够照样进行，受制于各级行管理惯性、固有思维、自有系统等因素影响，管理会计平台推广应用的协调难度是非常大的。在系统推广应用过程中，工商银行按照“循序渐进、重点突破、完善机制、统筹兼顾”的原则和策略，采取项目启动、系统功能投产、操作演练、管理展示、管理层观摩以及经验总结回头看六大步骤，确保了管理会计系统推广应用工作顺畅、平稳开展，也使管理会计工具与管理理念紧密相连，发挥出管理会计的应有价值。

五、重新认识管理会计与财务会计的关系

有一些观点认为，管理会计与财务会计不同，管理会计用于内部管理，弹性相对较大，可以不与财务会计建立对应关系。管理会计是为决策服务的，其决策内容是企业整体的一个组成部分，不能脱离整体业绩的约

束。如果要对企业各个维度进行评价，那么这些维度的业绩总和应与企业总体相符。在此过程中，允许出现一部分弹性，但这一弹性应该清晰并且有限，否则就会出现漫无边际的现象，可能导致财务管理的失控。例如，假设全行通过财务会计核算出的净利润为1，那么管理会计核算出的产品、员工、渠道等维度的业绩应该小于或等于1，如果大于1，那就要考虑是否核算出了问题。工商银行通过把产品分类与会计科目对接、资产负债科目与损益科目对接，在基础环节很好地解决了两者的衔接问题。同时，管理会计核算体系与财务核算体系并行，银行内部至少存在两套数据体系，也在无形中建立了一套数据核对体系，数据质量和审计能力大幅提升。

参 考 文 献

[1] Morris J. T., M. C. Kocakülah, M. Yeager. Evaluating Commercial Loans with Activity - Based Costing: A Solution for Banks in Current Economic Times [J]. *Journal of Performance Management*, 2014, 25 (2): 40.

[2] 曹骏：《大数据与人工智能技术的银行业应用》，载于《甘肃金融》2019 年第 7 期。

[3] 杜亚飞：《关系营销视角下中小商业银行个人客户价值评价体系研究》，载于《长春工程学院学报》（社会科学版）2019 年第 20 期。

[4]《管理会计助力银行业实现战略发展——对话中国工商银行行长谷澍先生》，载于《中国管理会计》2017 年第 2 期。

[5] 韩玉军、邓灵昭：《新形势下我国金融科技发展研究与思考》，载于《现代管理科学》2019 年第 7 期。

[6] 郝玉斌、王功旺、史瑞兰、张新宇、吴洁、罗莹：《农业银行管理会计的应用研究》，载于《西部金融》2019 年第 5 期。

[7] 贾志刚：《基于商业银行业绩分成的管理会计实践创新》，载于《中国管理会计》2020 年第 2 期。

[8] 金磐石、朱志、沈丽忠：《融合大数据技术架构在大型商业银行海量数据分析的应用》，载于《计算机系统应用》2018 年第 10 期。

[9] 李存：《商业银行以管理会计助推经营转型的创新策略研究》，载于《经贸实践》2018 年第 6 期。

[10] 李府员：《基于价值链的银行管理会计研究》，载于《纳税》2019 年第 18 期。

[11] 李文、杨红、王庆增等：《践行价值驱动型管理会计 赋能商业银行数字化转型——民生银行“价值云图”建设》，载于《金融会计》2020 年第 7 期。

[12] 廖继全：《价值经营的创新平台：新一代银行管理会计》，企业管理出版社 2016 年版。

[13] 娄文龙：《中国商业银行资产负债管理——利率市场化背景下的探索与实践》，中国金融出版社 2016 年版。

[14] 孟祥南、庞淑娟、陆正飞：《商业银行集团化管理与利益分配方式选择》，载于《现代管理科学》2015 年第 11 期。

[15] 彭寿春：《大数据环境下的商业银行成本分摊实践》，载于《中国管理会计》2018 年第 1 期。

[16] 芮烊潍：《商业银行成本分摊优化研究——以 X 城商行为例》，东南大学硕士学位论文，2021 年。

[17] 史晨阳：《以云计算为依托 赋能商业银行数字化转型》，载于《中国金融电脑》2018 年第 12 期。

[18] 孙源晨：《商业银行客户价值评价及客户分类研究》，载于《商业经济》2017 年第 12 期。

[19] 吴飞虹：《大数据应用下商业银行渠道建设转型研究》，载于《金融会计》2015 年第 12 期。

[20] 邢劼、杨帆、谌嘉席：《估时作业成本法在商业银行中的应用研究——以 X 支行信贷业务为例》，载于《金融会计》2016 年第 10 期。

[21] 徐福昌、李雪飞、李红杰、马成：《基于 ARFM 模型和 K 均值算法的理财客户价值分析》，载于《中国金融电脑》2017 年第 8 期。

[22] 许秀芬：《邮储银行管理会计系统建设研究》，载于《商讯》2021 年第 31 期。

[23] 于雯、邱卫林：《“大智移云”背景下的财务云问题探析》，载于《财务与金融》2018 年第 3 期。

[24] 张文武：《商业银行分产品业绩核算体系研究与设计》，中国金融出版社 2009 年版。

[25] 张文武：《关于构建管理会计体系的一些思考》，载于《金融会计》2014 年第 12 期。

[26] 张文武：《全球化视角下商业银行财务管理转变》，载于《金融会计》2018 年第 1 期。

［27］张文武：《发挥管理会计功能 有效防范金融风险》，载于《中国管理会计》2018年第3期。

［28］张文武：《共改革，同开放——中国工商银行会计工作的创新与发展回顾》，载于《金融会计》2018年第12期。

［29］张文武：《金融科技在工商银行财务会计管理领域的实践应用》，载于《金融会计》2020年第1期。

［30］张文武：《全面打造“科技强行”以数字化转型赋能高质量发展》，载于《中国金融电脑》2022年第1期。

［31］张文武：《规划指引 数字启航 以数字化转型迈向高质量未来》，载于《金融电子化》2022年第4期。

［32］张小红：《成本管理会计》，复旦大学出版社2017年版。

［33］中国银行业协会：《银行管理会计运营成本分摊方法指南》，2021年。

［34］中华人民共和国财政部：《管理会计应用指引》，立信会计出版社2018年版。

［35］周子康、王宁、杨衡：《中国国债利率期限结构模型研究与实证分析》，载于《金融研究》2008年第3期。

致　谢

在本书编写过程中，工商银行财务会计部副总经理黄焱同志在框架搭建、实证研究等方面提出了建设性意见；贾志刚同志利用自己在管理会计方面的丰富经验，对核算体系的实用性方面做了大量深入研究；雷良宏、邹燕、栾希、谌嘉席、赵昊和李欣悦等同志在建模分析、案例选编、搜集参考文献等方面做了大量工作。对上述人员的辛勤付出表示真挚的感谢！

此外，孙岩松、王颖、毛润丽、秦家熙、徐鹏飞、邓莉、刘君丽、汪锦、张琛、姜哲、李春敏、王茜、张晶晶和张华宇等同志参与了书稿校对和数据复核等工作，在此也表示诚挚的谢意！

张文武

2020 年元旦于北京

再版致谢

本书在修订和出版过程中，得到中国总会计师协会和中国财经出版传媒集团经济科学出版社的支持。许多同事也提供了帮助，工银科技副总经理贾志刚利用自己多年在管理会计和金融科技领域的实践经验，对业财技融合进行了大量深入研究；谌嘉席、栾希、文晓艳和李欣悦在新的理论、政策、案例等资料的收集更新方面提供了重要支持；孙科伟和徐传德在技术应用与支持方面提出了专业意见。

此外，马静、王鑫、王艺璇、杜洋、纪晓婷、白昱、王钰蓉、韩思雨、宋丽娜等参与了书稿校对和数据复核工作。

在此，对以上机构的支持和同事的辛勤付出表示真诚的感谢！

张文武
2023 年 9 月于北京